高等艺术职业教育实用丛书

旅游服务礼仪

张坤　编著

WUHAN UNIVERSITY PRESS
武汉大学出版社

图书在版编目(CIP)数据

旅游服务礼仪/张坤编著.—武汉：武汉大学出版社,2022.5
高等艺术职业教育实用丛书
ISBN 978-7-307-22917-4

Ⅰ.旅…　Ⅱ.张…　Ⅲ.旅游服务—礼仪—高等职业教育—教材
Ⅳ.F590.631

中国版本图书馆 CIP 数据核字(2022)第 026872 号

责任编辑:徐胡乡　　　责任校对:李孟潇　　　版式设计:韩闻锦

出版发行：**武汉大学出版社**　（430072　武昌　珞珈山）
（电子邮箱：cbs22@ whu.edu.cn　网址：www.wdp. com.cn）
印刷：湖北金海印务有限公司
开本:787×1092　1/16　印张:16　字数:331 千字　插页:2
版次:2022 年 5 月第 1 版　　2022 年 5 月第 1 次印刷
ISBN 978-7-307-22917-4　　定价:40. 00 元

高等艺术职业教育实用丛书

总 编 委 会

目　　录

第一章
认 识 礼 仪

【知识目标】

1. 掌握“礼”的基本概念、特点及基本原则。
2. 掌握旅游服务礼仪的起源和发展。
3. 了解礼仪的起源与发展。

【能力目标】

能理解礼仪的基本特征和原则，并尽量将其运用到服务工作中。

1.1 礼 仪 概 述

《案 例》

汉文帝刘恒，汉高祖第四子，为薄太后所生。高后八年（公元前180年）即帝位。他以仁孝之名，闻于天下，侍奉母亲从不懈怠。母亲卧病三年，他常常目不交睫，衣不解带；母亲所服的汤药，他亲口尝过后才放心让母亲服用。他在位23年，重德治，兴礼仪，注意发展农业，使西汉社会稳定，人丁兴旺，经济得到恢复和发展，他与汉景帝的统治时期被誉为“文景之治”。

（资料来源：黄海燕，王培英．旅游服务礼仪［M］．天津：南开大学出版社，2006.）

随着时代与社会经济的飞速发展，礼仪现已融入社会生活的各个领域，并且占据着越来越重要的位置。礼仪作为一种社会文化现象，从大的方面来讲，它反映了一个民族的文明程度和一个国家的国民素质。而具体到人们的社会生活，礼仪更是无处不在。无论是人际间的沟通与交往，还是企业的整体形象宣传；无论是企业产品品牌的推介，还是员工素质高低的衡量，都离不开礼仪这个参照物。学习礼仪知识，研究不同的礼仪文化和礼仪现象，提高个人的道德修养，按照礼仪规范去规定和约束个人的行为等，都需对礼仪的形成与发展追根溯源。

1.1.1 礼仪的含义

礼仪是由“礼”和“仪”两个词组合起来的合成词。“礼”和“仪”这两个词在我国古代分别表示虽有联系却不尽相同的两个概念。

什么是“礼”?“礼”字的繁体为“禮”。《说文·示部》解释为:“礼，履也，所以事神致福也。”“礼”字古时候通“履”字，意为鞋子。人穿上了鞋才能更好走路，但鞋子大了不行，小了也不行，因此“礼”一定要适度，正所谓“礼贵从宜，事难泥古”。

《辞海》中对礼的解释是：本谓敬神，引申为表示敬意的通称。由于“礼”的活动都有一定的规矩仪式，于是又有了“礼节”“仪式”的概念。进入文明社会后，人们逐渐把这种礼仪活动由祈神转向敬人，所以“礼”成了表示敬意的通称，是人们在社会生活中处理人际关系并约束自己的言行以表示尊重他人的准则。

“礼”属于道德的范畴，是社会公德中极为重要的部分。它渗透于人们的日常生活中，体现着人们的道德观念，确定了人们交往的准则，指导着人们的行动。在社会生活中，人人以礼相待并使之成为自觉的行动是社会文明进步的表现。

(1) 礼貌

礼貌是人们在社会交往过程中相互表示敬重和友好的行为准则，它体现了时代的风尚和人们的道德品质、精神风貌、文化内涵、个人修养和文明程度。它通过人们的言谈、表情、姿态等来表示对他人的尊重和关心，是一个人在待人接物时的外在表现。

礼貌包括礼貌行动和礼貌语言两个部分。礼貌行动是一种无声的语言，如微笑、点头、欠身、鞠躬、握手、双手合十、拥抱、亲吻等；礼貌语言是一种有声的行动，如使用“请您指教”“欢迎光临”等敬语，“对不起，打扰您了”“请稍后”“这边请”等雅语，“我能为您做点什么”“服务不周，请多指教”等谦语。

现在提倡的礼貌语言为五声十个字，即“您好”“请”“谢谢”“对不起”“再见”，充分体现了语言文明的基本要求。

(2) 礼节

礼节是人们在日常生活，特别是在交际场合相互问候、致意、祝愿、慰问以及给予必要协助与照料的常用形式。

礼节是礼貌的具体体现。在社会交往活动中，人与人之间的相互尊敬，大多通过不同的礼节形式来表达。礼节的具体表现形式很多，如中国古代的作揖、跪拜，当今世界通行的点头、握手，南亚诸国的双手合十，欧美国家的拥抱、亲吻，少数国家和地区的吻手、吻脚、拍肚皮、碰鼻子等。

礼貌和礼节之间的关系是相辅相成的。有礼貌而不懂礼节，容易失礼。对旅游从业人员来说，要熟知各国、各民族的礼节，要了解各民族的风俗习惯，以避免在实际工作中出现不必要的失误。礼节往往是本国或本民族对接待服务对象表示尊敬、善意和友好的行为，对一个人来说，是其心灵美的外在表现。如餐厅的引座员在接待客人时，要主动微笑问候客人："小姐（先生），您好！""请问，一共几位？您预订过吗？"在服务过程中，餐厅服务员倒茶、上菜、斟酒、递毛巾等应遵循先主宾后主人、先女宾后男宾等礼遇顺序进行。

（3）礼仪

礼仪是一个复合词语，包括"礼"和"仪"两部分："礼"指"事神致福"的形式（即敬神），"仪"指"法度标准"。《辞源》把礼仪明确概括为："礼仪，行礼之仪式。"在礼学体系中，礼仪是有形的，它存在于社会交往的一切活动中，其基本形式受物质水平、历史传统、文化心态、民族习俗等众多因素的影响。因此，语言（包括书面和口头的）、行为表情、服饰器物是构成礼仪最基本的三大要素。一般情况下，任何重大典礼活动都需要同时具备这3种要素才能完成。

现在，人们对礼仪比较重视。为表示敬意而隆重举行的仪式，均可称作礼仪。仪式是一种较为正式的礼节形式，它表示对所含内容的重视程度。在举办仪式时要遵循严格的规范和程序。仪式依照举办的目的不同，分为迎送仪式、签字仪式、开幕式、闭幕式、颁奖仪式等。如大型工程、奠基和竣工活动、交易会或展览会的开幕式，轮船下水的剪彩仪式以及迎接国家元首而鸣放礼炮等均属礼仪的范畴。

1.1.2 礼仪的起源与发展

我国是一个文明古国，素有"礼仪之邦"的美称。我国最早的三部礼书《周礼》《仪礼》《礼记》，详细记载了秦汉以前的礼仪。

现代礼貌礼仪起源于礼，而礼的产生可追溯到远古时代。自从有了人，有了人与自然的关系，有了人与人的交往，礼便产生和发展起来。从理论上讲，首先，礼起源于人类为协调主客矛盾的需要，为维持自然"人伦秩序"而产生礼，为"止欲制乱"而制礼，被人们普遍尊崇的"圣贤"黄帝、尧、舜、禹等，不但为"止欲制乱"而制礼，而且还身体力行为民众做典范，因此人们才更加遵礼尚礼。其次，礼也起源于原始的宗教祭祀活动，从祭祀之礼扩展为各种礼仪。

人类最初的礼仪主要是对自然物表示神秘不可知的敬畏和祈求，他们对自然现象充满了好奇、敬畏和恐惧，于是各种宗教、原始崇拜便由此产生，如拜物教、图腾崇拜、祖先崇拜等。为了表达这种崇拜之意，人类生活中就有了祭祀活动，并在祭祀活动中逐渐完善了相应的规范和制度，正式形成了祭祀礼仪。随着社会生产力水平的提高，人们的认识能力得以提高，对复杂的社会关系有了一定认识，于是人们就将"万神致福"活动中的一系列行为扩展到了各种人际交往活动中，从最初的祭祀之礼演变为社会各个方面的各种礼仪。

在中国则产生了由崇拜自然物转而崇拜人类自身的另一种模式，即由对“龙”的崇敬扩展到对君主的崇敬。随着人类社会活动的发展，人们表达敬畏、祭祀的活动日益频繁，并逐步形成种种固定的模式，最终成为正规的礼仪规范。从历史发展的角度看，我国礼仪演变可分为几个时期。

（1）礼仪的萌芽时期（公元前770年之前）

礼仪起源于原始社会，在原始社会中、后期（约旧石器时期）出现了早期礼仪的萌芽。此时的礼仪较为简单，还不具有阶级性。例如，当时的北京周口店山顶洞人，就已经知道打扮自己，他们将兽齿、石珠作为装饰品，穿孔后用绳挂在脖子上。公元前1万年左右，人类进入新石器时期。在其后数千年岁月里，原始礼仪渐具雏形。例如，当时的人们已经开始注意尊卑有序、男女有别。长辈坐上席、晚辈坐下席、男子坐左边、女子坐右边等礼仪日趋明确。古代尧舜时期，已经有了成文的礼仪制度，即“五礼”：祭祀之事为吉礼，冠婚之事为嘉礼，宾客之事为宾礼，军事之事为军礼，丧葬之事为凶礼。

之后进入了礼仪的形成时期——夏、商、西周三代。尧舜时期制定的礼仪经过夏、商、周这三个时代1000余年的总结、推广而日趋完善。周期还在朝廷设置礼官，专门掌管天下礼仪，使礼仪臻于完备。在这个时期，礼仪被打上了阶级的烙印。为了维护自己的统治地位，奴隶主开始将原始的宗教礼仪发展为符合奴隶社会政治需要的“礼制”，并将礼仪制度化，形成了典章制度和刑典法律。

（2）礼仪的变革时期（公元前770—前221年）

在此期间，相继涌现出孔子、孟子、荀子等思想巨人，发展和革新了礼仪理论。他们对礼仪的起源、本质和功能进行了系统阐述，第一次在理论上全面而深刻地论述了社会等级秩序划分及其意义。

孔子对礼仪非常重视，把“礼”看成治国、安邦、平定天下的基础。孔子认为“不学礼，无以立”。他要求人们用礼的规范来约束自己的行为，要做到“非礼勿视，非礼勿听，非礼勿言，非礼勿动”，倡导“仁者爱人”，强调人与人之间要有同情心，要相互关心、彼此尊重。

孟子把“礼”解释为对尊长和宾客要严肃而有礼貌，即“恭敬之心，礼也”，并把“礼”看作人的善性的发端之一。在道德修养方面，他主张“以德服人”“舍生而取义”。

管仲把“礼”看作人生的指导思想和维持国家的第一支柱，认为“礼”关系到国家的生死存亡。

荀子把“礼”作为人生哲学思想的核心，认为“礼”是做人的根本目的和最高理想，“礼者，人道之极也”。他认为“礼”既是目标、理想，又是行为过程，“人无礼则不生，事无礼则不成，国无礼则不宁”。

(3) 礼仪的强化时期（公元前221—1796年）

公元前221年，秦王嬴政最终吞并六国，统一中国，建立起中国历史上第一个中央集权的封建王朝。秦始皇在全国推行“书同文”“车同轨”“行同伦”。秦朝制定的集权制度，成为后来延续两千余年的封建体制的基础。

在我国两千余年的封建社会里，礼仪文化尽管在不同的朝代具有不同的社会政治、经济、文化特征，但却一直有一个共同点，就是为统治阶级所利用，是维护封建社会等级秩序的工具。这一时期礼仪的重要特点是尊君抑臣、尊夫抑妇、尊父抑子、尊神抑人。在漫长的历史演变过程中，它逐渐成为妨碍人类个性自由发展、阻挠人类平等交往、束缚人们思想自由的精神枷锁。

西汉时期，思想家董仲舒把封建专制制度的理论系统化，把儒家礼仪具体概括为“三纲五常”。“三纲”即“君为臣纲，父为子纲，夫为妻纲”；“五常”即“仁、义、礼、智、信”。董仲舒认为，在人伦关系中，君臣、父子、夫妻三种关系是最主要的，而这三种关系存在着天定的、永恒不变的主从关系：君为主，臣为从；父为主，子为从；夫为主，妻为从。君、父、夫永远处于主宰、尊贵的地位；臣、子、妻永远处于服从、卑贱的地位。他以此确立了君权、父权、夫权的统治地位，把封建等级制度、政治秩序神圣化为宇宙的根本法则。“五常之道”实际上是“三纲”的具体化。他认为，五常之道是处理君臣、父子、夫妻等上下尊卑关系的基本法则，坚持五常之道，就能维持社会的稳定和人际关系的和谐。

宋代时，家庭礼仪研究硕果累累。在大量家庭礼仪著作中，以司马光的《涑水家仪》和朱熹的《朱子家礼》最为著名。

明代时，交友之礼更加完善，而忠、孝、节、义等礼仪日趋繁多。

(4) 礼仪的衰落时期（1796—1911年）

满族入关后，逐渐接受了汉族的礼制，导致礼仪复杂化，一些礼仪显得虚浮、繁琐。例如，清代的品官相见礼，当品级低者向品级高者行拜礼时，动辄一跪三叩，重则三跪九叩。清代后期，清王朝政权腐败，民不聊生，古代礼仪盛极而衰。同时，一些西方礼仪传入中国，北洋新军时期的陆军便采用西方军队的举手礼等，以代替不合时宜的打千礼等。

(5) 现代礼仪时期（1911—1949年）

1911年末，清王朝土崩瓦解，孙中山于1912年1月1日在南京就任中华民国临时大总统。孙中山先生和战友们破旧立新，用民权代替君权，用自由、平等取代宗法等级制；普及教育，废除祭孔读经；改易陋俗，剪辫子、禁缠足等，从而正式拉开了现代礼仪的帷幕。

民国期间，由西方传入中国的握手礼开始流行于上层社会，后逐渐普及于民间。20世纪三四十年代，中国共产党领导的苏区、解放区重视文化教育及移风易俗，进而谱写了现代礼仪的新篇章。

(6) 当代礼仪时期（1949 年至今）

1949 年 10 月 1 日，中华人民共和国宣告成立，中国的礼仪建设从此进入一个崭新的历史时期。中华人民共和国成立以来，礼仪的发展大致可以分为三个阶段：

①礼仪革新阶段（1949—1966 年）

摒弃了昔日束缚人们的“神权天命”、愚忠愚孝，以及严重束缚妇女的“三从四德”等封建礼教，确立了同志式的合作互助关系和男女平等的新型社会关系，而尊老爱幼、讲究信义、以诚待人、先人后己、礼尚往来等传统礼仪精华得到继承和发扬。

②礼仪退化阶段（1966—1976 年）

“十年动乱”使国家遭受了难以弥补的严重损失，也给礼仪建设带来一场“浩劫”。礼仪受到摧残，社会风气败坏。

③礼仪复兴阶段（1977 年至今）

1978 年党的十一届三中全会以后，中国的礼仪建设进入新的全面复兴时期。各行各业的礼仪规范纷纷出台，岗位培训、礼仪教育日趋红火，讲文明、懂礼貌蔚然成风。

1.1.3 现代礼仪的原则

现代礼仪作为社会交往中行为规范的准则，是由人们共同完善、共同认可的。在人际交往和沟通过程中，在商务活动、旅游接待与服务工作中，人们应当自觉学习和遵守现代礼仪，按章办事，遵循“尊重”“遵守”“适度”“自律”等原则。

(1) “尊重”原则

孔子对于礼仪曾有一句精辟的概括——“礼者，敬人也”。敬人，就是尊敬他人。这是礼仪的核心与重点。

作为一种社会性的高级动物，人类不仅有满足物质生活的需要，更有获得精神、心理满足的渴求。一般来说，人们对于那些尊重自己的人会产生一种自然的亲和力和认同感。尊重的原则要求人们在自尊、自爱的同时，尊重他人的人格、劳动和价值，以平等的身份与人交往；此外，人们还要尊重他人的爱好和感情。可以说，在与人交往时，最关键的就是敬人之心长存。互谦互让、互尊互敬是交际成功的关键。在人际交往中，只要不失敬于人，即使具体做法一时失礼也能够获得对方的谅解。

(2)“遵守”原则

礼仪作为行为的规范、处事的原则，反映了人们共同的利益。每个人都有责任、有义务去维护它、遵守它。各种类型的人际交往，都应当自觉遵守下列准则。

①遵守社会公德。社会公德指公共道德，它直接反映出一个社会公民的礼节、礼貌、道德修养程度和水准，其内容包括几个方面：爱护公物；遵守公共秩序；救死扶伤；尊重老人、妇女；爱护儿童；在邪恶面前主持正义；爱护、保护动物。

②遵时守信。遵守时间、讲求信用，是建立和维持良好社会关系状态的基本前提。人际交往时，遵守规定或约定的时间，不得违时，更不可失约。守信就是要讲信用，不可言而无信。限定时间的聚会或社交活动应比规定的时间稍微提前或按时到达。

(3)“适度”原则

适度是指在实行礼仪的过程中必须熟悉礼仪的准则和规范，把握好人们彼此之间的情感尺度，并据此确定自己的行为尺度，控制好与人交往的距离。只有这样，才能建立并保持健康、良好、持久的人际关系。

凡事过犹不及，运用礼仪时如果做得过了头，或者做得不到位，都不能正确地表达自己的自律、敬人之意，进而影响到交际效果。一般来说，在人际交往过程中如果言行过于拘谨，就难以形成宽松融洽的氛围，影响深入交流；但如果与他人交往时我行我素、目中无人，会走向另一个极端，易招人反感。适度这一原则要求人们在交际中要做到感情适度、谈吐适度、举止适度。既要彬彬有礼，又不能低三下四；既要友好坦率，又不能言过其实；既要优雅得体，又不能夸张做作。要做到这些，就必须注意技巧，把握分寸，在社会交际实践中勤学多练，使礼仪行为成为自己的习惯性行为。

(4)“自律”原则

礼仪规范是为了维护人与人之间的和谐关系、为了维护社会稳定和发展而存在的，它符合每个社会成员的根本利益要求。作为社会的一员，每个人都应该严格自律，自觉地遵守并执行礼仪规范，以促进人际关系的和谐与社会的稳定。所谓自律，就是自我约束、自我控制、自我反省。

礼仪规范主要由对待自己的要求和对待他人的方法两个部分组成。对待自己的要求是个人培养礼仪修养的基础和出发点。古人常说：“己所不欲，勿施于人。”如果没有对自己的要求，只要求别人如何如何，那么遵守礼仪也就无从谈起。

学习礼仪的目的不仅仅是要了解礼仪的内容，更要在社会生活中应用礼仪。任何人，不管其身份如何都应该自觉地应用礼仪，使自己成为一个高尚的、受欢迎的人，否则就容易受到公众的指责，不但交际很难成功，还会严重损害个人形象，影响其个人发展。因此，在与他人的交往过程中，每个人都要时时注意自我约束、自我反省，避免给他人带来不快。

（5）“平等”原则

礼仪的核心是尊重交往对象。尽管在具体运用礼仪时要因人而异，根据不同的交往对象采取不同的具体方法，但是在面对众多各方面相同或相近的交往对象时，必须一视同仁，给予他们同等的礼遇，不能因为交往对象之间存在着年龄、性别、种族、文化、职业等方面的差异而厚此薄彼。如握手时可以先与职位高者握，再与职位低者握；也可以先与年老者握手，再与年轻者握手。但是不能只与职位高者或年纪老者握手而置其他人于不顾。在涉外交往中尤其要注意：不能根据对方所属国家的大小、贫富而区别对待外国人士，那样不仅会破坏彼此间的关系，甚至会产生国际争端。

1.1.4 礼仪的特征

礼仪的基本特征，是时代特征与社会特征的完美结合。它以科学精神、民主思想和现实生活为基础，以新颖、实用、简单、灵活的形式体现出高效率、快节奏的时代特点。一般说来，现代礼仪具有四种特性。

（1）国际性

礼仪作为一种文化现象，是全人类的共同财富，它跨越了国家和地区的界线，为世界各国人民所共同拥有。尽管不同的国家、不同的民族、不同的社会制度所构成的礼仪有一定的差异性，但在讲文明、懂礼貌、相互尊重原则基础上形成的完善的礼仪形式，已为世界各国人民所接受并共同遵守。

（2）民族性

礼仪作为约定俗成的行为规范，在拥有共性的同时，也表现出一种较为明显的民族差异性。如东方民族的含蓄、深沉；西方民族的开放、直率；东方人见面习惯于拱手、鞠躬；西方人见面习惯于亲吻、拥抱。礼仪的民族差异性，在不同宗教信仰的民族行为方式中表现得最为明显。

（3）继承性

礼仪的形成和完善，是历史发展的产物，它经过一个又一个时代，不断地去粗取精，最后逐渐固定下来。礼仪一旦形成，通常会长期沿袭、经久不衰。特别是诸如尊老敬贤、父慈子孝、礼尚往来等一些反映民族传统美德的礼仪，一代一代流传至今，并将被子孙后代不断继承和发扬光大。

（4）时代性

礼仪具有时代性，会与时代同步发展。随着社会经济的不断发展、人际交往的日益频繁，礼仪已经融入社会生活的各个方面，表现出较为强烈的时代特色。

1.1.5 礼仪的功能

礼仪作为人们调整和处理相互间关系的手段，一经形成和固定，就成为一个民族、一个国家传统文化的重要组成部分，世代继承相传，并且融入人们日常生活的方方面面，发挥着重要的作用。礼仪的功能是多方面的，集中表现在以下几个方面。

（1）教育功能

礼仪是现代文明的集中体现。从大的方面讲，它可以衡量一个国家的文明程度和国民素质的高低。从小的方面讲，具体到个人，是否讲礼节、懂礼貌，则是衡量其综合素质高低的一个重要标准。礼仪蕴含着丰富的文化内涵，体现着社会的要求与时代的精神。让国民都来接受礼仪教育，可以从整体上提高国民的综合素质。

《案　例》

新加坡的国民素质之高为世界所公认，但凡到过新加坡的人，都对这个美丽的花园岛国留下了深刻的印象。这与新加坡长期在国民中大力开展礼仪教育有很大的关系。20 世纪 70 年代后期，当时的新加坡总理李光耀就提出了要把新加坡建成一个“富而有礼”的国家。他们在大力抓国民经济建设的同时，将以“礼仪”教育为中心的国民素质教育，提高到一个非常重要的位置，甚至将“忠、孝、仁、爱、礼、义、廉、耻”八种美德列入政府必须贯彻的“治国之纲”。在新加坡，礼仪教育是每个公民都必须接受的教育内容之一。为规范国民行为，使之养成良好的礼仪习惯，他们甚至运用了法律手段来强化国民的礼仪意识。这些措施的实施，最终使新加坡在短时间内变成了神话般的现代“礼仪之邦”，提升了新加坡的国际地位。

（资料来源：马保奉．外交礼仪漫谈［M］．北京：中国铁道出版社，1996.）

（2）沟通功能

人们在社会交往过程中会产生各种关系，主要有经济关系、政治关系和道德关系，这些构成了人们的社会关系。在人际交往中，不论体现的是何种关系，维系人与人之间沟通与交往的礼仪，起着十分重要的“润滑剂”作用。交流双方的行为只有符合“礼仪”的要求，人际交流才能得以正常进行，才能增进双方之间的感情。热情的问候，友善的目光，亲切的微笑，文雅的谈吐，得体的举止等，都可以唤起人们的沟通欲望。建立起彼此的好感和信任，可以促进交流的成功和范围的扩大，进而促进人们所从事的各种事业。

（3）协调功能

人们受教育的程度不同，成长环境不同，以及个性、职业、年龄、性别等方面的差异，导致人们在人际交往中会产生不同的角色取向。因此在人际交往中，人们为了维护自身利益，在行为方式上往往不同程度地带有“利己排他”的倾向，这就必然会使交往双方发生不同程度的矛盾和冲突。礼仪的原则和规范，约束着人们的动机，指导着人们立身处世的行为方式。从一定意义上说，礼仪是人际关系和谐发展的调节器。人们在交往时按礼仪规范去做，有助于加强人们之间互相尊重、友好合作的新型关系，可缓和或避免某些不必要的情感对立与障碍，从而很好地协调人与人之间的关系、人与社会的关系。如家庭生活中的尊老爱幼、夫妻恩爱，兄弟姐妹间情同手足，朋友中的赤诚相见，同事间的无私帮助等，都能因礼仪而造就和谐的亲情关系、人际关系、社会关系，而人际关系的不和谐同样可以借助礼仪来进行有效的调节，如聚会、宴会、联谊活动的开展，有助于改善不和谐的人际关系，还可使原本和谐的人际关系得到更健康的发展。

（4）服务功能

现代社会的旅游与服务行业，优质服务的标准是最大限度地满足客人的需求，尤其是满足客人的精神需求。

在客人的各种需求中，尊重的需求始终处于第一位，而礼仪的“退让以敬人”原则，恰好满足了客人的这种需要。所以，在旅游与服务行业，礼仪服务是优质服务的主要内容。它通过服务人员良好的仪容、仪表、仪态，规范得体的礼貌服务用语与标准的服务操作程序，亲切的笑脸，诚恳的态度，细致而周到的体贴与关怀，将“顾客是上帝”这一服务理念演绎得淋漓尽致。

（5）塑造功能

礼仪作为规范和约束人们行为的准则，不仅潜移默化地净化和熏陶着人们的心灵，还从行为美学方面指导着人们不断地充实和完善自我。通过接受良好的礼仪训练，人们的谈吐变得越来越文雅，服饰与装扮变得越来越富有个性，并符合大众的审美标准，人们的仪态变得越来越符合规范，体现出时代的特色和精神风貌。总之，礼仪帮助人们塑造了一个全新的自我，使人们在社交场合、在公众面前更加注重塑造自身良好的形象，充分展示各自的风采。

(6) 维护功能

礼仪既会反映整个社会文明发展的程度，又会反作用于社会，对社会的精神文明产生广泛、持久和深刻的影响。社会的发展与稳定，家庭的和谐与安宁，邻里的和睦，同事之间的信任与合作，都依赖于人们共同遵守礼仪的规范与要求，社会上讲礼仪的人越多，便会更加和谐、稳定。在维护社会秩序方面，礼仪起着重要的作用。

1.1.6 中西方礼仪文化的差异

随着我国改革开放的步伐日益加快，跨国交际日益增多，中西方礼仪文化的差异越发显露，这种差异带来的影响不容忽视，在中西方礼仪还没有得到完美融合之前，我们有必要了解这些礼仪的差异。

(1) 在对待血缘亲情方面

东方人非常重视家族和血缘关系，“血浓于水”的传统观念根深蒂固，人际关系中最稳定的是血缘关系；西方人独立意识强，对家庭血缘关系依赖性不强，他们将责任、义务分得很清楚，责任必须尽到，义务则完全取决于实际能力，绝不勉为其难。

(2) 在表达形式方面

东方人以“让”为礼，凡事都要礼让三分，常显得谦逊和含蓄；面对他人的夸奖，常常会说“过奖了”“惭愧”“我还差得很远”等来表示自己的谦虚。西方人强调实用，表达率直、坦诚；面对别人真诚的赞美或赞扬，往往会用“谢谢”来表示接受对方的美意。

(3) 在礼品馈赠方面

东方人的人际交往特别讲究礼数，重视礼尚往来，往往将礼作为人际交往的媒介和桥梁，受礼时，通常会客气地推辞一番。接过礼品后，一般不当面拆看礼物，唯恐难堪或显得自己重利轻义，有失礼貌。送礼时，绞尽脑汁、精心挑选，但在受礼人面前却总是谦虚而恭敬地说“微薄之礼不成敬意，请笑纳”之类的话。送礼的名目繁多，除了重要节日互相拜访需要送礼外，平时的婚、丧、嫁、娶、生日、提职、加薪都可作为送礼的理由。西方人交际强调务实，在讲究礼貌的基础上力求简洁便利，反对繁文缛节、过分客套造作。一般不轻易送礼给别人，除非相互之间建立了较为稳固的人际关系。送礼时，会向受礼人坦诚地说“这是我精心为你挑选的礼物，希望你喜欢”之类的话。一般不推辞别人的礼物，接受时，先对送礼者表示感谢，接受后会当面拆看礼物，并对礼物赞扬一番。

(4) 在对待“老”的态度方面

东方人一般是老者、尊者优先，凡事讲究论资排辈。西方人崇尚自由平等，不突出强调等级，而且西方人不愿老、不服老，特别忌讳“老”。

(5) 在时间观念方面

东方人时间观念比较淡薄。西方人工作时间和业余时间区别分明，时间观念强，做事讲究效率。有约必须提前到达，至少要准时，且不应随意改动。在他们看来，是否遵守时间直接反映了一个人的形象和素质。

(6) 在对待隐私权方面

东方人非常注重共性拥有，强调群体，强调人际关系的和谐，邻里间的相互关心、嘘寒问暖是富于人情味的表现。西方人处处强调个人拥有的自由，将个人的尊严看得神圣不可侵犯。尊重别人的隐私权，同样也要求别人尊重他们的隐私权。

(7) 在交际语言方面

日常打招呼，中国人大多使用“吃了吗”“上哪呢”等语言，这体现了人与人之间的一种亲切感。可对西方人来说，这种打招呼的方式会令对方感到突然、尴尬，甚至不快，因为西方人会把这种问话理解为一种“盘问”，感到对方在询问他们的私生活。在西方，日常打招呼时，他们只说一声“Hello”（你好），或按时间问好，说声“早上好”“下午好”“晚上好”就可以了。而英国人见面会说：“今天天气不错啊！”

称谓方面，在中国，一般只有彼此熟悉、亲密的人之间才可以“直呼其名”。但在西方，“直呼其名”比在中国常见得多。在西方，常用“先生”和“女士”来称呼不知其名的陌生人，对十几或二十几岁的女子可称呼“小姐”，结婚了的女性可称“女士”或“夫人”等。在家庭成员之间，不分长幼尊卑，一般都可互称姓名或昵称。在家里，孩子可以直接叫爸爸、妈妈的名字。对所有的男性长辈都可以称“叔叔”，对所有的女性长辈都可以称“阿姨”。而在中国，必须要分清楚辈分、老幼等关系，否则就会被认为不懂礼貌。

中西方语言中有多种不同的告别语。如在和病人告别时，中国人常说“多喝点水”“多穿点衣服”“早点休息”之类的话，表示对病人的关心。但西方人认为这样说会被认为有指手画脚之嫌，他们会说“多保重”或“希望你早日康复”等。

(8) 在餐饮礼仪方面

中国人有句话叫“民以食为天”，由此可见饮食在中国人心目中的地位。中国菜注重色、香、味、形、意俱全，甚至超过了对营养的注重，既要好吃又要好看，营养反而显得不重要了。西方的饮食比较讲究营养的搭配和吸收，是一种科学的饮食观念。西方人多注重食物的营养，而忽略食物的色、香、味、形、意如何，他们的饮食多是为了生存和健康。

在餐饮氛围方面，中国人吃饭喜欢热闹，很多人围在一起吃吃喝喝、说说笑笑，营造出一种热闹欢快的用餐氛围。除非是很正式的宴会，一般中国人在餐桌上并没有什么很特别的礼仪。而西方人在用餐时，喜欢幽雅、安静的环境，他们认为用餐时一定要注意自己的礼仪，不可以失去礼节，比如在进餐时不能发出很难听的声音。

中西方宴请礼仪也各具特色。在中国，从古至今大多以左为尊，在宴请客人时，要将地位很尊贵的客人安排在左边的上座，然后依次安排。在西方则是以右为尊，男女间隔而坐，夫妇也分开而坐，女宾客的席位比男宾客的席位稍高，男士要替位于自己右边的女宾客拉开椅子，以示对女士的尊重。另外，西方人用餐时要坐正，认为弯腰、低头，用嘴凑上去吃很不礼貌。吃西餐的时候，西方人不提倡大肆饮酒，而中国的餐桌上酒是必备之物。

(9) 服饰礼仪的差异

西方男士在正式社交场合通常穿保守式样的西装，内穿白衬衫，打领带，穿黑色的皮鞋。西方女士在正式场合要穿礼服套装，佩戴耳环。西方国家，尤其是美国，人们平时喜欢穿着休闲装，如T恤加牛仔裤。当今中国人穿着打扮日趋西化，正式场合男女着装与西方并无二异。

礼仪是一种文化，是文化就有纵向的传承与发展和横向的借鉴与融合。随着世界全球化步伐不断加快，经济、文化高速碰撞融合的大背景下，西方文化大量涌进中国，中国传统礼仪正不断受到西方礼仪文化的冲击。如何保护中华民族传统礼仪，并与西方礼仪进行合理的融合，成为人们不断思考和探讨的话题。越来越多的人认识到中西方礼仪文化必将互相渗透，不断发展。

中西方礼仪文化的融合，在今日我们更多的还是借鉴西方的礼仪标准。借鉴西方礼仪，我们不仅要借鉴它的形式，还应当借鉴其内在灵魂，只有这样我们才能建立起自己的自信和优越感，确立我们的感染力。民族的复兴不仅是国力的复兴，更是一种文化的复兴。只有别人也认同我们的文化，才能真正使我们的礼仪行于世界。

人无礼则不立，事无礼则不成，国无礼则不宁。一个礼仪缺乏的社会，是不成熟的社会。而一个礼仪标准不太统一甚至互相矛盾的社会，则是一个不和谐的社会。礼仪，是整个社会文明的基础，是社会文明最直接、最全面的表现方式。创建和谐社会，必须先从礼仪开始。中国今天所面临的前所未有的挑战，在物质、精神、文化各个方面，都急迫地需要一套完整而合理的价值观进行统一。而礼仪文化无疑是这种统一标准的“先行军”，只有认清中西方礼仪文化的差异，将二者合理有效地融合，方能建立起适合中国当代社会的礼仪文化体系，达到和谐社会的伟大构想。

1.2 旅游服务礼仪

《案 例》

曼谷东方饭店坐落在泰国首都曼谷风光秀丽的湄南河畔，最近被美国权威的《公共事业投资者》杂志评为“世界最佳饭店”。东方宾馆具有114年的历史，宾馆经理认为：“最佳宾馆是由最佳员工创造的，而最佳员工则是靠严格的培训产生的。”该酒店有员工2980人，年培训费高达11万美元，酒店的新员工在上岗前均须经过为期半年的与业务技能相关的礼仪训练。此后每隔一段时间还要进修。酒店规定，员工不能与客人争吵，否则将立即被解雇。东方酒店员工训练有素的优质服务为酒店赢得了声誉，同时树立了良好的形象，许多客人慕名而来，络绎不绝。

（资料来源：洪美玉．旅游接待礼仪［M］．北京：人民邮电出版社，2006.）

1.2.1 旅游服务礼仪的概念

旅游服务礼仪，是指旅游工作者在为旅客服务过程中所遵循的，对他人表示尊重与友好的行为规范和处世准则，通过语言、动作，并以约定俗成的程序方式表现出来的规范自己、恭敬旅客的行为。旅游服务礼仪是旅游业中“人情味”最浓的因素，旅游服务人员的礼貌服务，可以使身处异国他乡的宾客有在家一般的亲切、温暖之感。

1.2.2 旅游服务礼仪的功能

中国古代的颜元曾对礼仪作过如下的描述：“国尚礼则国昌，家尚礼则家大，身尚礼则身正，心尚礼则心泰。”礼仪作为一种行为规范或行为模式，在人类社会生活的各个方面都发挥着重要的作用。

（1）有助于旅游从业人员与旅游者之间的交流与沟通

吃、住、行、游、购、娱是旅游活动的具体表现。旅游本身就是社交活动，旅游从业人员与旅游者之间需要不断地交流、沟通与协调。从心理学的角度讲，人际交往之初，由于交往的双方还是陌生的，相互之间不十分了解，因此会不可避免地产生某种戒备心理或距离感。如果交往双方在交往之初都能做到以礼相待，则可以消解当事人之间的心理隔阂，拉近双方的距离。

小资料

1956年，当时的印尼总统苏加诺应邀访华，在他访问北京的行程中，有一站是在清华大学的校园内给大学生做演讲。当天，苏加诺总统由当时的外交部长陈毅陪同，来到清华校园。学生们早已等候在会场，一见到苏加诺一行人的到来，都非常激动，队伍的秩序一度有一点骚动。苏加诺不愧是老练的政治家，他面带亲切和善的笑容，走近麦克风，在正式演讲之前，先加了两句题外话。第一句是："我请诸位向前移动几步，我愿意更靠近你们。"学生们一听此言，立刻活跃起来，队伍很快向前移动了几步。苏加诺又接上一句："我请诸位笑一笑，因为我们正面临着一个光辉的未来。"学生们顿时笑起来，气氛也随之轻松。苏加诺这才开始正式的演讲。在人们初次交往时，一个善意的笑容、一句亲切的话语往往就能拉近双方的心理距离，进入沟通与理解的状态。

（资料来源：鄢向荣．旅游服务礼仪［M］．北京：清华大学出版社，2008.）

在旅游活动的交往中，旅游者与旅游从业人员由于不了解，存在着距离感。旅游者是客人，那么相对而言，旅游从业人员就是主人，作为主人，应该先对客人施之以礼。当客人来到一个新的环境，听到一句热情的问候，看到一个亲切的微笑，心里顿时会生出浓浓的暖意来。这时，礼仪就像是春风，滋润着人们的心灵，沟通着人们的情感。旅游工作者通过热情、周到的礼仪服务，向客人表示真诚的尊重和友好，使客人产生亲切感、信任感。基于这种朋友般的亲切与信赖，当客人有特别的旅游需求或在旅游中遇到个人困难时，他们会愿意向工作人员倾诉或咨询，工作人员也能及时了解并解决客人的需要和难处，这样才能真正实现旅游工作人员与旅游者之间的相互了解和沟通。

（2）有助于妥善处理旅游纠纷问题

旅游服务所面对的客人形形色色，由于职业、年龄、素质、宗教信仰等方面的不同，对服务质量也有个性化的需求，无论服务工作如何出色，都难免出现纠纷。纠纷发生，无论是什么原因，也不管是旅游服务方的问题还是旅游者本身的问题，有理有节地处理纠纷都是第一原则。如果是旅游服务方的问题，要主动向旅游者道歉，并尽快妥善处理好；如果是旅游者的问题，切不可得理不让人，要先耐心听其讲完，再有礼貌地作解释说明工作。任何情况下，与旅游者争吵甚至打斗的言行都只会激化双方之间的矛盾，解决不了问题。

案　例

某酒店内，一位女客人怒气冲冲地找到大堂副理，说她放在房间卫生间的外国名牌洗发液不见了，肯定是让服务员给扔掉了。副理通过调查后了解到，的确是服务员看到洗发液只剩一点点，以为客人没什么用就扔掉了，而客人表示，这最后一点洗发液正是她准备住在这里的最后一晚要用的。在这场纠纷中，服务员的确存在过错。为了消除客人的怒气，使客人满意，副理当即表示："这件事确实是我们的过错，给您带来麻烦，实在抱歉。看来这种外国洗发液在本地没有卖的，是否可以这样办，我们照价赔偿，今天晚上您就使用本酒店的洗发液吧。其实，我们酒店的洗发液质量也是不错的，您试用后或许会喜欢。"副理的一番话有理有节，客人见他赔礼道歉，态度诚恳，气也就消了，对饭店的过失完全原谅了。在处理此事过程中，副理礼貌的言语和态度起了重要的作用。可见，旅游礼仪是解决旅游纠纷问题的润滑剂。当由于各种原因与客人发生纠纷时，良好的礼仪服务可以弥补不足，得到客人的谅解。

（资料来源：黄海燕，王培英．旅游服务礼仪［M］．天津：南开大学出版社，2006.）

（3）可以约束旅游从业者的行为

礼仪对于人们的社会行为，特别是非礼貌的、不道德的行为具有很强的约束作用。在社会生活和活动中，人们很多不文明、不道德的行为，无法通过行政或法律手段去干预，而往往是靠道德规范、社会舆论来引导和约束人们的行为。在旅游服务工作中，从业人员也同样受到旅游礼仪的约束。一方面，旅游礼仪中的具体行为准则可以规范和约束从业人员在工作当中的行为表现；另一方面，礼仪作为道德的载体，也影响着从业人员的工作意识和态度，进而约束他们的行为。

旅游行业讲究旅游职业道德，职业道德和旅游礼仪是密切相关的。一个从业人员在工作中有时可能会受外界因素或主观意识的影响做出一些不文明的行为，这时候，道德标准可以起到约束的作用，让他具有判断是非曲直、辨别善恶美丑的能力。例如，一个具有高尚道德品质、懂得礼仪规范的人，会明白破坏集体荣誉、损坏公物的行为会受到鄙视，违反操作规程会受到批评，刁钻耍滑的工作作风会受到反对等。明白了孰对孰错，就知道在工作中哪些行为该做，哪些行为不该做，这就是职业道德意识和旅游礼仪规范的力量。

旅游从业人员面对的不仅有我国的客人，还有其他国家或地区的客人，从一定意义上来说，他们代表的是我们国家的形象和风貌，所以他们的行为是否符合礼仪标准尤为重要。旅游工作中，自觉地接受旅游礼仪约束的人，才是被人们认可、符合旅游业要求的人，如果一个人我行我素，不能遵守礼仪要求，他就会受到人们的谴责和反对，最终被旅游行业甚至社会所淘汰。

（4）可以提高服务质量

在旅游业的竞争中，最根本的是质量的竞争。服务质量是旅游业的生命线，是旅游业的中心工作，它不仅关系着旅游业的经营、效益、声誉，更关系着旅游业的兴旺与发展。为此，服务质量越来越受到行业人士的关注。

服务质量是指旅游业向客人提供的服务，指其产品在使用价值上、在精神和物质上适合和满足客人需要的程度。由于服务水平的高低在很大程度上是由礼仪服务水平所决定的，因此，礼仪服务也就成为服务质量的核心。这就要求旅游业所有管理者和员工都应该明白“质量就是生命，质量就是效益，质量的关键是服务，服务的核心是礼仪”这个道理。

服务态度是影响服务质量的主要因素之一。态度是一种内在的心理表现，它无法直接观察，只能从当事人的言行举止去判断。在旅游服务中，优质的服务态度能使客人在感官上、精神上有“亲切感”，有“宾客至上”“宾至如归”的感觉。这种亲切情绪的体验，往往通过服务人员提供的实质性服务内容和彬彬有礼、得体大方的言行举止及仪表仪容来表达。良好的服务态度来自于教化，来自于服务人员对所从事的服务工作的正确认识和热爱，来自于对客人的理解和尊重。

服务人员如果能够讲究旅游礼仪，采取主动的、礼貌的服务态度和服务技巧，让客人了解你、理解你、谅解你，使旅游者在旅游过程中对服务人员有亲切感、温暖感、信任感，对服务工作认可和满意，那么也就达到了提高服务质量的要求。

1.2.3 旅游服务礼仪应遵循的原则

(1) 自律原则

礼仪的最高境界是自律，即从业人员在没有任何监督的情况下，仍能自觉地按照礼仪规范约束自己的行为。旅游工作者不仅要了解和掌握具体的礼仪规范，而且要在内心树立起一种道德信念和行为修养，从而获得内在的力量。在对客服务中从自我约束入手，时时检查自己的行为是否符合礼仪规范，在工作中严格按照礼仪规范接待和服务宾客，而且要做到有没有上级主管在场都一样，客前客后一个样，把礼仪规范变成自觉的行为、内在的素质。

(2) 宽容原则

在旅游服务与交际活动中运用礼仪时，既要严于律己，又要宽以待人，更要“得理也让人”。要多宽容他人不同于自己的行为，要多体谅、理解他人，切不可求全责备、过分苛求。比如，在服务工作中，宾客有时可能提出一些无理的甚至是失礼的要求，旅游工作者应冷静而耐心地加以解释，绝不要反驳旅客，甚至把旅客逼到窘地，否则会使旅客产生逆反心理，形成对抗，特别是当旅客有过错时，要“得理也让人”，让宾客体面地下台阶。

（3）适度原则

在旅游服务过程中应用礼仪时，必须坚持礼仪规范，讲究运用技巧，把握分寸，适度得体。比如在交际活动中，既要彬彬有礼，又不低三下四；既要热情大方，又不阿谀奉承。尤其在接待外宾时，要以“民间外交家”的姿态出现，特别要注意维护国格和人格，做到“自尊、自爱、不卑不亢”，既不盛气凌人，又不妄自菲薄。

（4）平等原则

旅游活动中具体运用礼仪时，允许根据不同的交往对象，采取不同的方法。但是，必须坚持平等原则，即尊重所有的旅客，对所有的旅客以礼相待，这是旅游服务的核心。旅游工作者应做到敬人之心常存，处处不可失敬于人，尤其不可侮辱对方的人格，做到对任何交往对象都一视同仁，真诚关心，给予同等程度的礼遇。具体地说，无论是外宾还是内宾，是官还是民，都要满腔热情服务，决不可看客施礼，更不能“以貌取人，以财取人”。

1.2.4 旅游服务的基本要求

旅游服务的对象来自天南海北、四面八方，所以旅游服务人员要有过硬的文化知识、语言能力、组织能力和公关能力，而且还应具备高水准的礼仪水平，这样才能使旅游接待工作尽善尽美。

（1）强化职业道德

服务行业的职业道德是指服务人员在服务过程中，接待自己的服务对象，处理自己与服务对象、所在单位和国家之间的相互关系时所应当遵守的职业行为准则。服务行业职业道德的具体内容包括思想品质、服务态度、经营风格（如是否货真价实、诚信无欺等）、工作作风、职业修养等方面。

（2）明确角色定位

角色定位理论主要是要求服务人员在为服务对象提供服务之前，必须准确地确定好在当时的特定情况下扮演何种角色。作为一名服务人员，应该按照服务对象的需求不断变换自己的角色，找准位置，将自己的角色作用发挥到极致，这样才是成功的、出色的服务人员。

（3）善于双向沟通

双向沟通理论是服务礼仪的重要理论支柱之一，其中心内容是主张以相互交流、相互理解作为服务人员与服务对象进行相互合作的基本前提。服务对象的实际需要大体上可分为两类：一类是服务对象的正常需要；另一类是服务对象的特殊需要。通过双向沟通，可以了解服务对象的真实需要，为相互之间的成功合作奠定良好的基础。

(4) 坚持 3A 法则

根据服务礼仪的规范，服务人员欲向服务对象表达自己的尊敬之意时，必须善于抓住如下三个重点环节：接受（accept）对方、重视（attach）对方、赞美（admire）对方，即 3A 法则。3A 法则要求服务人员要亲和友善地接受服务对象；要牢记服务对象的姓名，善用服务对象的尊称，倾听服务对象的要求；赞美服务对象要适可而止、实事求是、恰如其分。

(5) 注重形象效应

形象效应指的是企业形象在人们心目中所产生的反应和效果。在服务行业，形象效应表现得尤为突出的是“首轮效应”。

小资料

什么是“首轮效应”

“首轮效应”也叫“首因效应”，是指当人们第一次认知客体时，在大脑当中留下的“第一印象”，这个“第一印象”通常会在对该人、该事、该物的认知方面发挥明显的，甚至是举足轻重的作用。

因此，服务人员应当把握好自身形象，尤其是在初次接触客户时，要尽量给客户留下良好的印象，之后再遇到客户时，对方就很容易延续以前良好的印象来认知和评价你。

首轮效应理论对服务行业的重要启示有两条：第一，必须注意认真策划好自己的“初次亮相”，以求使顾客对自己的良好形象先入为主，萌生好感，并且予以认同。第二，服务人员在面对顾客之时，均应力求使对方对自己产生较好的第一印象。

1.2.5 旅游从业人员的素质要求

(1) 具备良好的思想品德和职业道德

旅游服务人员首先应具有强烈的民族自尊心和个人自尊心，能将全心全意为人民服务的思想和“宾客至上”“服务至上”的服务宗旨紧密结合起来，热情地为海内外游客服务。认真学习礼仪规范，并严格要求自己，树立为人民服务的职业道德观，以确保旅游接待工作顺利完成。

(2) 具有良好的工作态度

良好的工作态度主要表现在：不管在哪个工作岗位，平凡的或重要的，喜欢的或不喜欢的，都应尽心尽力、脚踏实地，对职责范围内的事不推托、不拖拉，认真地完成每一项任务，这是对从业人员的基本要求。对于接待人员而言，良好的工作态度是其所应具备的基本素质。

(3) 具有高雅、亲切、自然、礼貌的态度

旅游服务人员在做接待工作时，要做到面带微笑、充满自信，具体要求如下。

①站如松，行如风。站姿应给人以挺拔、优美的感觉，而不是疲软、精神不饱满的印象。

②眼神应保持坦然、和善、亲切，以促进人际关系的和谐。“眼睛是心灵的窗口”，从旅游接待与旅游服务人员的眼神中，客人可以感受到他的个人修养、职业修养、工作态度等。因此，工作人员应合理地、恰当地运用眼神以帮助自己表达情感、促进沟通。眼神交流时要注意以下几点：不回避正常的目光交流，也不盯着别人，以免造成对方的不适与尴尬；忌用冷漠、轻视，甚至狡黠的眼神与客人交流，如不可白眼或斜眼看人、不可上下打量人等。

③手势语言要自然、得体、到位、有力。手势除了在人际沟通时能辅助语言，表达一定的思想内容外，还能表现出旅游服务者的职业素质与修养。手势美是一种动态美，在工作或交际中，要适当运用手势辅助语言传情达意，为交际形象增辉。

(4) 具有丰富的文化知识和较强的语言表达能力

旅游服务是知识密集型、高智能的工作，尤其是导游人员，旅游者总希望他们的导游是一位“万事通”。因此，作为一名导游，知识面要广，拥有的知识越丰富越好，而且要能融会贯通，这样才能最大程度满足游客的要求。

旅游服务人员每天和形形色色的人打交道，每一件事情的完成、每一件事情的处理都必须以语言为沟通媒介，故语言表达能力是检验旅游服务人员专业素质高低的一个重要标准。事实证明，语言能力强的旅游服务人员常常可以在工作中从容应对、游刃有余，让客人满意甚至欣赏，可以说在某种程度上旅游服务人员职业素养的高低取决于语言表达能力的高低。

(5) 熟悉旅游业务，具有组织接待能力

旅游服务人员要有扎实的业务基础，能够认真履行自身的职责，在服务时间、工作

范围内尽一切可能为客人提供尽善尽美的服务。旅游服务人员要有协调能力，具有合理安排、组织、接待活动的能力，讲究方式、方法并及时掌握不断变化着的客观情况，灵活地采取相应措施，临危不惧，遇事不乱，有高度地责任感和较强的独立工作能力，以保证接待任务顺利完成。

《案 例》

日本人讲礼貌，行鞠躬礼是司空见惯的。一位中国留学生却对一次背后的鞠躬印象深刻。当时是日本的旅游旺季，大阪日航饭店的大堂宾客络绎不绝。一位手提皮箱的客人走进来，行李员立即微笑地迎上前去，鞠躬问候，并跟在客人身后问是否需要帮助提皮箱。这位客人也许有急事吧，嘴里说了声："不用，谢谢。"头也不回径直朝电梯走去，那位行李员朝着那匆匆离去的背影深深地鞠了一躬，嘴里还不断地说："欢迎，欢迎！"留学生困惑不解，便问身旁的日本经理："当面给客人鞠躬是为了礼貌服务，可那位行李员朝客人的后背鞠躬又是为什么呢?"经理说："既为了这位客人，也为了其他客人。如果此时那位客人突然回头，他会对我们的热情欢迎留下印象。同时大堂里其他客人看到，他们会想，当我转过身去，饭店的员工肯定对我一样礼貌。"

这个案例使我们对日本人行鞠躬礼的作用有了进一步了解：当面鞠躬热情问候，是为了向客人提供礼貌服务；背后鞠躬虔诚备至，是为了在更多的客人面前树立饭店的良好形象，进而争取更多的客源。日本饭店极少收到客人的投诉，并不是说饭店的一切服务工作都完美无瑕，而是由于饭店细致周到的礼貌服务使客人的享受需求和自尊心理得到最大限度地满足。这样即使工作中出现小小的瑕疵，客人也不会大动肝火。消费心理学研究结果告诉我们，进酒店的客人通常把尊重看得比金钱更重要，这就要求我们认真讲究礼节礼貌，使客人感受到他被充分尊重了。

（资料来源：黄海燕．旅游服务礼仪［M］．天津：南开大学出版社，2006.）

☞ 课后思考

1. "国尚礼则国昌，家尚礼则家大，身尚礼则身正，心尚礼则心泰。"这是古代哪位大家说的？(　　)

A. 孔子　　B. 孟子　　C. 颜无　　D. 老子

2. 现代礼仪应遵循的原则有哪些？(　　)

A. 尊重、遵守、谦虚、自重　　B. 遵守、自律、自尊、尊重

C. 尊重、自尊、遵守、自律　　D. 尊重、遵守、适度、自律

3. 现代礼仪的特征。(　　)

A. 民族性、继承性、国际性、地域性

B. 继承性、民族性、地区性、国际性

C. 民族性、地区性、国际性、通用性

D. 国际性、民族性、继承性、时代性

☞ 实训项目

项目一：东西方礼仪文化的差异

训练要求：

(1) 熟悉并掌握东西方礼仪文化。

(2) 分小组讨论。

(3) 其他各小组为该小组的讨论结果进行评议并打分。

项目二：在旅游中如何服务并尊重游客

训练要求：

(1) 掌握旅游服务礼仪的功能和意义。

(2) 分小组讨论。

(3) 其他各小组为该小组的讨论结果进行评议并打分。

第二章
形 象 礼 仪

【知识目标】

1. 了解仪容的概念。
2. 掌握仪容礼仪的要素。
3. 了解仪表的概念、仪表的重要性。
4. 掌握仪表礼仪的要素。

【能力目标】

1. 能把仪容礼仪的要素合理地运用到服务中，提升旅游企业服务质量。
2. 能把仪表礼仪的要素合理地运用到服务中，提升旅游企业服务质量。

《案 例》

让你看见我的“美”

7月中旬的一天，徐小姐和朋友相约去做一次免费的私人形象咨询体验。短短一小时里，形象顾问根据她的皮肤、发色、瞳孔色等身体特征，结合她的五官、神态等，运用专业的测试工具，为徐小姐进行了个人色彩诊断和个人风格诊断，测试出最适合她的服饰用色范围，以及适合的服装款式、质地、图案等。徐小姐拿到了一份私人形象咨询结果报告，对此她非常满意。“初涉职场，对于从大学生到职业女性形象如何过渡一直很苦恼。常常花了很多时间去逛街，买了一堆自认为很职业，穿上却多数都不适合自己。”谈及来做这个形象咨询的初衷，徐小姐认为自己很有代表性，“进入社会才发现，面临的竞争是全方位的，个人形象是获得社会认可非常重要的一面。我觉得自己在这方面，特别需要专业的指导”。

（资料来源：《经济日报》2011年8月2日第6版。）

形象是人的精神面貌、性格特征等的具体表现，每个人都通过自己的形象让他人认识自己，而周围的人也会通过这种形象对你做出认可或不认可的判断。一般的形象礼仪包括仪容礼仪和仪表礼仪。

2.1 仪 容 礼 仪

仪容是指人的容貌，包括由人的五官所构成的面部长相及发型等。就个人的整体形象而言，容貌是整个仪表至关重要的一部分。良好的仪容能反映出一个人积极的精神面貌，也是一个人文化素养、生活情趣及审美意识的写照。

在旅游服务实践中，当顾客选择服务单位时，服务人员的个人容貌对其产生重要的心理影响。旅游业虽然不必要求每一位服务人员都是俊男靓女，但至少应当做到美观、自然、整洁、卫生、得体等。

2.1.1 仪容礼仪基本要求

无论服务人员的长相如何，在服务工作中是否能够保持仪容仪表干净整洁并进行得体的修饰，是服务人员职业素养的重要考核标准。

具体来讲，服务人员平时应当做到以下几点：

(1) 勤洗澡，勤换衣

勤洗澡、勤换衣可以避免身体或头发产生令顾客不愉快的浓重气味。一般来说，服务人员夏季应当每天洗澡、清洗头发、更换袜子和内衣，有条件的情况下，在上班之前应将自己的制服、衬衫等熨烫平整备用。

(2) 勤剪指甲，勤理发

服务人员的手指甲要经常修剪，以符合自身所在服务岗位的要求，不可在工作场所剪指甲，应当在家里或洗手间等私密场所进行。服务人员的头发要求保持干净整洁，无异味、无头皮屑，还要定期理发。

男士每日都要认真剃须，修剪过长的鼻毛或耳毛。男士每月至少理发一次。服务岗位男士发型的具体要求为：头发长度要适宜，前不及眉，旁不遮耳，后不及领，不能留长发、大鬓角，不能光头。

女士要注意护发养发，根据自身情况选择合适的理发频率。平时梳理头发应当避人，不可在工作场所梳头，不宜在公众场合当着别人的面解开自己盘着或束着的头发。服务岗位女士发型的具体要求为：应盘发，不梳披肩发，头发过肩最好扎起来；头发不可遮挡眼睛，不留怪异的新潮发型；刘海不要及眉，头饰以深色小型为佳，不可夸张耀眼。

(3) 勤洗脸、勤洗手，勤刷牙、勤漱口

服务人员每天至少早晚各洗一次脸，每天早上起来及就寝前必须刷牙。平时吃东西或喝饮料之后要立即漱口。一日三餐之后都必须漱口或刷牙，工作时间应避免食用气味过于浓烈的食物，比如生葱、生蒜等。

洗脸的时候要注意把眼角、耳窝、鼻孔、脖子等细节之处都洗干净。上班之前、饭

前便后、外出归来或者接触脏东西后都应该用肥皂或洗手液洗手。擤鼻涕、吐痰、咳嗽、打喷嚏、打嗝不可对着他人，应立即转身朝向无人处，并尽量用纸巾遮掩，之后立刻洗手。服务人员应注意不可在工作场合剔牙齿、掏鼻孔、挖耳朵、搓泥垢。

2.1.2 头发

(1) 头发的保养

①洗发。

对头发勤于梳洗，作用有三：一是有助于保养头发；二是有助于消除异味；三是有助于清除异物。若是对头发懒于梳洗，弄得自己蓬头垢面，满头汗馊、油味，发屑随处可见，甚至生出寄生物来，是很影响个人形象的。

要洗好头发，有两条必须注意：首先要注意水的选择。洗涤头发，宜用大约40℃左右的温水。水温过低或过高，都对头发有害而无益。其次要注意洗发剂的使用。除了要挑选适合自己发质的洗发剂外，还应挑选去污性强、营养柔顺头发、刺激性小、易于漂洗的洗发剂。

②定期修剪。

对于从事旅游接待工作的男士来说，这一点尤为重要。男士的头发应半个月修剪一次，最长也不应超过一个月。头发过长，不仅会引发客人的厌恶感，还不符合旅游行业的规定。一般来说，从事旅游接待工作的女士应选用干净、利落的发型，这意味着整洁和效率。

③按摩。

经常按摩可使头皮健康，头皮健康头发才能健康。按摩的方法是伸开十指沿着发际线由前额向头顶，再由头顶到脑后，做环状揉动，然后再由两侧向头顶揉动按摩。

④注意饮食。

爱护自己的头发，不要吃辛辣刺激的食品：多吃蛋白质含量高的食物，多吃维生素含量高的食物，这样可以减少头皮屑；如果头发枯黄，应该多吃黑芝麻、核桃等食物。

(2) 选择合适的发型

①女士发型。

旅游业对女职员的要求是长发不过肩，短发不盖脸，不披肩。

女性应根据年龄、职业场合、个人风格、场合不同，选择得体的发型。发型跟整体风格要统一协调，正式场合的女性发型要求露出眉毛，束发或者盘发，减少发型中随意和松散的感觉，以打造干练形象。

②男士发型。

旅游业对男士发型的要求是前面头发不能覆盖额头，侧面不能盖住耳朵，后面不能盖住颈部，不能烫发，不能将头发染成鲜艳的颜色，更不能剃光头，要显示出旅游工作者干练、稳重的气质。男士选择发型也有讲究，长脸形的男士不要选择过短的发型；宽脸形的人不能留长发，蓄鬓角；头发稀少或秃顶的人，不能将所剩无几的头发留长。

小资料

如何选择适合自己的发型

第一，发型与脸形协调。发型对人的容貌有极强的修饰作用，甚至可以“改变”人的容貌。任何一种脸形都有其特殊的发型要求，所以要根据自己的脸形选择发型，这是发型修饰的关键。例如，椭圆形脸可以选择任何发型；圆脸适宜将头顶部头发梳高，避免遮挡额头，两侧头发适当遮住两颊，使脸部视觉拉长；长脸适合遮住前额，并设法使双颊显得宽；方脸应设法掩饰棱角，使脸型显得圆润；额头窄的脸型，应增加额头两侧头发的厚度。

第二，发型与体型协调。发型的选择得当与否，会对体型的整体美产生极大的影响。比如，脖颈粗短的人，适宜选择高而短的发型；脖颈细长者，宜选择齐颈搭肩舒展或外翘的发型；体型瘦高的人，适宜留长发；体型矮胖者，适宜选择有层次的短发。

第三，发型与年龄、职业相协调。发型是一个人文化修养、社会地位、精神状态的集中反映。通常年长者要求端庄稳重；而年轻人则适合活泼、简单、富有青春活力的发型。大学生的发型要给人以自然、清新、轻便的感觉，女生以齐耳短发、自然式束发、运动式短发为主；男生以板寸、平头、分头等为主，但男女生都不宜披发。时尚白领的发型要求干练、知性、简洁；着工作帽职业者的发型要简洁、美观，以中短发为宜。

第四，发型与服饰协调。头发为人体之冠，为体现服饰的整体美，发型必须根据服饰的变化而变化。如穿着礼服或制服时，可选择盘发或短发，以显得端庄、秀丽、文雅；穿着轻便服装时，可选择各种适合自己脸型的发型。

第五，发型与气质相协调。开朗活泼的人应选择新颖俏丽的发型，轮廓不要太刻板、生硬；文静、内向的人应选择秀丽、淡雅柔美的发型。

2.1.3 面部保养

(1) 面部清洁

清洁面部可以去除新陈代谢产生的老化物质，清除空气污染、卸妆等残留物，以及耳、鼻、口的分泌物，起到神清气爽、令人愉悦的功效。洗脸时应注意要洗到脖子，下巴底部、耳下等也要仔细洗净。

（2）皮肤护理

好的皮肤底子是化妆的前提和关键。服务人员应当注意日常的皮肤保养，为仪容美打下良好的健康基础。人的皮肤，通常可以分为干性皮肤、中性皮肤、油性皮肤、混合性皮肤、敏感性皮肤等几种类型，一定要注意选择适合自己皮肤类型的护肤品。

另外，还要保持乐观的情绪，养成良好的睡眠习惯，多喝水，注意合理饮食。

女士日常皮肤保养的步骤有清洁、爽肤、均衡滋养与保护、面膜、防晒等。如果白天化妆，夜间还要进行卸妆，洗脸的动作要轻柔，不要用手掌使劲地搓脸，否则会将皮肤“搓”出皱纹。

护肤的终极目标是保持皮肤表面的水油平衡。不同的皮肤类型有着不同的需求：干性皮肤应当补充油分和水分，中性皮肤需要保湿，油性皮肤在控油的同时也要保湿。

防晒是化妆的第一步，也是护肤的最后一步，白天护肤完毕后要涂抹防晒霜或者带有防晒功效的隔离，防止紫外线和脏空气的侵害。

（3）面部化妆

在工作相关的社交环境可以化淡妆，妆容以增加面部轮廓和调整气色为主，保持口腔清洁。

女士化淡妆的步骤：

①打粉底。在做好基础防晒后，就可以上粉底了。粉底颜色的选择要适合自己的皮肤，一般选比自己皮肤亮一个色号即可，切忌一味追求美白，造成假白现象，涂抹式要将脖颈一起带到，防止分界线太过明显。

②定妆。定妆可选择粉饼、散粉、蜜粉或定妆喷雾。使用粉状定妆产品要配合散粉刷使用，使妆看起来更加均匀，并保持妆面的持久。干性肌肤建议使用定妆喷雾。

③描眉。眉型决定着妆容的风格，不同的脸型要化不同的眉形，在画眉前要先对眉毛进行修理，去除杂毛。

④眼妆。眼妆是妆容的关键，选择适合的眼影颜色和眼线可使眼睛明亮有神。此外，还有睫毛膏和高光，可提亮眉骨，使得眉线更清晰、立体。

⑤打造面部轮廓。一般使用高光和阴影，粉状和膏状都可以，在眉骨、鼻梁、颧骨、下巴等部位打高光，在鼻梁两侧、颧骨侧面等需要暗化的地方打阴影，目的是使面部看起来更立体、轮廓更清晰。

⑥腮红。无论冷暖肤色都可以通过腮红为面色增添红润光泽，并修饰脸型。选腮红时，冷肤色选用粉红色、玫瑰红色；暖肤色选择桃粉色、杏色或珊瑚色。

⑦涂唇彩。唇彩有唇膏、唇釉、唇蜜等多种选择，根据妆容选择适合的质地及颜色，使妆容更加靓丽完整。

(4) 其他卫生礼仪

①口腔。要保持口腔清洁，坚持早晚刷牙，可以有效减少口腔中的细菌和异味。工作前不要吃生蒜、生葱等带刺激性味道的食物。进餐时要注意细嚼慢咽，不要在别人面前发出很大的响声，进餐后不可当众剔牙，如果确实有需要，应该用手或者餐纸遮掩。与人交谈时要保持一定的距离，切勿口沫横飞。

②鼻腔。要保持鼻腔清洁卫生，经常清理，并按时修剪鼻毛。切勿在他人面前挖鼻。

③手部。在日常生活中，手需要经常接触他人和物体，为了清洁、卫生和健康，手应当勤洗。餐前便后，外出回来及接触各种东西后，都应及时洗手。手指甲要定期修剪，保持整齐。旅游服务人员切勿留长指甲，也不要涂抹有颜色的指甲油，指甲里不能有污垢。在工作时不能用手挖耳鼻、挠头皮。

2.2 仪表礼仪

仪表是指一个人的外表，是一个人外在形象的综合，除容貌、发型之外，还包括人的服饰、身材、姿态、表情等。一个人的仪表不但可以体现他的文化修养，还可以反映他的审美趣味。仪表美是一个综合概念，它包括三层含义：

第一，人的容貌、形体、体态的协调美。容貌的协调是指人的五官端正；形体的协调是指人体外部的线条比例适当；体态的协调是指人在空间运动中所表现的神情姿态大方自然。这种美是一种自然美，由形式美的法则决定，是仪表美的基础。

第二，通过修饰打扮以及后天环境影响产生的美。这是一种创造的美，是仪表美的发展。

第三，通过面部表情和体态变化所表现出的淳朴高尚的内心世界和蓬勃向上的生命活力，它反映一个人的内在修养，是一种深层次的美，是仪表美的本质。

前两者称为“外在美”，后者称为“内在美”。仪表美是外在美与内在美的和谐统一。外在美与内在美互为表里、相得益彰。本节主要探讨的是第二层含义，主要讨论职场着装的相关知识。

2.2.1 着装的基本原则

(1) TPO 原则

“TPO”原则是目前国际上公认的着装标准，由日本男装协会于 1963 年提出。

“TPO”是“time”“place”“object”3个单词的首字母缩写。“T”指时间，“P”代表地方、场合和职位等，“O”代表目的、目标和对象等。该原则的基本含义是要求人们弄清着装的时间、地点和目的，使着装与环境气氛相协调，与不同国家、区域民族的不同习惯相吻合，与不同交往对象和不同交往目的相适合，以达到服饰搭配得体、文明大方的整体美和协调美。

①时间。在不同的时间，着装的类别、式样、造型应有所变化，做到顺应自然。例如，当人们在工作之余，身穿一套牛仔服、足蹬一双旅游鞋前去风景区观光旅游，或是头扎发带、身着短小的网球裙，在网球场上奋力挥拍击球，都与环境非常协调，让人无可挑剔。工作时间的着装，应根据工作特点和性质，以服务于工作、庄重大方为原则。如晚间的宴会、舞会等正式社会活动，社交距离缩小，穿着应讲究，以晚礼服为宜。

②地点。根据TPO原则，将人们所涉及的场合分为3种情况，即上班、社会交往和休闲，然后据此来穿衣打扮。例如，上班时的穿着要“正统”；社会交往的穿着可以展现时尚和个性；而在休闲场合，着装的基本要求是舒适、自然。

③目的。不同的场合有不同的服饰要求，着装要与特定场合的气氛相一致。正式场合，男士应着西装、打领带，女士不能赤脚穿凉鞋等。服装的款式、颜色、质地在表现服装的目的性方面发挥着一定的作用。

（2）协调原则

协调原则是指人们的服饰必须与自己的年龄、形体、肤色、脸型、社会角色相协调。只有充分地认识与了解自身，一切从实际出发来进行着装打扮，才能真正达到扬长避短、美化自己的目的。具体应考虑以下几方面因素。

①年龄。年龄是人们成熟程度的标尺，也是选择服饰的重要“参照物”。不同年龄层次的人，只有穿着与其年龄相适应的服饰，才算得体。

②体形。树无同形，人各有异。人们的体形千差万别，掌握一些有关服装造型的知识，根据自己的身材选择服装，才能扬长避短、显美隐丑。例如，身材富态的人不应穿横条纹的服装，以避免产生体型增宽的视错觉；身材高而瘦的人如穿上竖条纹的服装，就会越发显得“纤细”；身材矮小的人，穿上同质同色的套装，可以产生整体加长的效果；身材高大的人则适合穿不同颜色的上衣和下装。

③肤色。人的肌肤颜色是与生俱来且难以改变的。人们在选择服饰时，应注意使服饰的颜色与自己的肤色相般配，以产生良好的着装效果。一般来说，面色偏黄的人适宜穿蓝色或浅蓝色上装，将偏黄的肤色衬托得洁白亮丽，而不适合穿品蓝、群青、蓝紫色上衣，这会使皮肤显得更黄。肤色偏黑的人适宜穿浅色调、明亮色系的衣服，如浅黄、浅粉、月白等，这样可衬托出肤色的明亮感，而不宜穿深色服装，最好不要穿黑色服装。皮肤白皙者选择的颜色范围较广，但不宜穿近似于皮肤色彩的服装，而适宜穿颜色

较深的服装。

④脸型。面孔是人们视线最集中的部位。服饰审美的选择，最先考虑的就是如何有效地衬托人的面孔。领型适当，可以衬托面孔的匀称，给人以美感；反之，则会有损人的视觉形象。例如，面孔小的人，就不宜穿着领口开得太大的无领衫，否则会使面孔显得更小。而面孔大的人，通常脖子也比较粗，所以领口不能开得太小，否则会给人勒紧的感觉，如果穿V形领的服装，使面部和脖子有一体感，效果会好得多。

⑤符合“社会角色”。人们的社会生活是多方面、多层次的，在不同的社会场合，需要扮演不同的社会角色。在社会活动中，人们的仪表、言行只有符合其身份、地位、社会角色，才能被人理解，被人接受。作为职业人士，应依场合、人物、事件对衣服进行搭配。

小资料

色彩的魅力

有学者曾通过实验证明：当一个人从远处走来，观察者首先注意到的是这个人服装的色彩，然后才是体型轮廓、五官容貌，最后才是衣服的款式、花纹和其他饰物。所以，色彩能够最先吸引他人的注意力，而且比外形、形态更具功效，且有效距离更远。

所有的色彩都具有三个最基本的要素，即色相、明度和彩度。

色相是指色彩的名称。十二个基本色相（按光谱顺序）为：红、橙红、黄橙、黄、黄绿、绿、绿蓝、蓝绿、蓝、蓝紫、紫、红紫。这些都称为“有彩色”，而黑、白、灰称为“无彩色”。

色彩的明度是指色彩的明暗强度。明度高的色彩（比如浅黄色）感觉比较明亮，而明度低的色彩（比如深蓝色）感觉比较灰暗。

彩度又叫纯度，它是指色彩饱和的程度，或是指色彩的纯净程度。例如，红、暗红和粉红，它们的色相都相同，都属红色，但纯度不一。纯度最高的正红，颜色最鲜艳醒目；纯度低的暗红或粉红，颜色就感觉比较浑浊，同时给人的刺激感也比较小。

不同的色彩，常常会使人产生不同的心理感受，详见表2-1。

表2-1 **不同色彩使人产生的心理感受**

色彩	正面感受	负面感受
红色	积极、热诚、温暖、前进、热烈、朝气、活力	警告、危险、禁止、着火、流血、侵略、残忍、骚动
黄色	明亮、活泼、阳光、喜悦、光彩、乐观	警告、嫉妒、挑衅

续表

色彩	正面感受	负面感受
绿色	清爽、理想、希望、生长、和平、平衡、和谐、诚实、富足、肥沃	贪婪、猜忌、厌恶
橙色	温暖、活泼、热情	警戒、刺眼
紫色	细腻、温存、女性化、神秘、浪漫	不稳定、偏见、傲慢
蓝色	沉稳、理智、准确、秩序、忠诚	忧郁、疏远、压抑、寒冷、无情
褐色	古典、优雅、亲切	无个性、平庸、陈旧
黑色	权威、高贵、稳重、庄严、执着	压抑、忧郁、沉重
灰色	柔和、高雅、科技、沉稳、考究	沉闷、呆板、僵硬
白色	纯洁、无私、善良、信任	寒冷、平淡、严峻

（3）着装配色原则

①上下装同色。即穿着上下同一颜色的套装，以饰物点缀。同一套服装，也可以利用衬衣的样式和颜色的变化与之相配合，表现出不同的风格。

②同色系搭配。利用同色系中深浅、明度不同的颜色搭配（如深蓝与浅蓝搭配、暗红与粉红搭配），整体效果比较协调。

③对比色搭配。指以不同明度的颜色（如白与黑）做对比，或以相互排斥的颜色（如红与绿、黄与紫）做对比，运用得当，会有相映生辉、令人耳目一新的亮丽效果。

④上装深下装浅的搭配。显得活泼、飘逸，富有青春气息。

⑤上装浅下装深的搭配。显得沉着、稳重。

（4）整体原则

要求着装的各个部分相互呼应，精心搭配，在整体上尽可能做到完美、和谐，展现着装的整体之美。服饰的整体美构成因素是多方面的，包括人的体形和内在气质，服装饰物的款式、色彩、质地、加工技术乃至着装的环境等。着装应综合考虑，无论是衣服本身的要素，还是穿着者自身的状态，都要相互辉映才有整体性。

（5）整洁原则

着装不一定追求高档时髦，但必须端庄整洁，避免邋遢。整洁原则要求：整齐，不折不皱；清洁，勤换勤洗，不允许存在明显的污垢、油迹、汗味和体臭；完好，无破损、无补丁。

2.2.2 男士西装着装礼仪

西服套装一般可分为两件套和三件套。按西服上衣的纽扣数量划分，可分为单排扣和双排扣两类（酒店制服以单排扣为多）。单排扣西服又可分为一粒扣、两粒扣和三粒扣三种。西服背心只能和单装上衣配套。双排扣的西服上衣，常见的有两粒扣、四粒扣、六粒扣三种。

（1）选好面料与颜色

西装面料与颜色，是最引人注目的方面。就面料而言，鉴于西装往往作为正装穿着，因此面料的选择应力求高档，以纯毛面料为首选，高比例含毛的混纺面料也可以，化纤料子则尽量不选。就颜色而言，适合于接待穿着的西装首推藏蓝色。黑色是礼服西装的颜色，更适合于在庄重而肃穆的礼仪性活动中穿着。

（2）穿着合体

西装之所以使人显得精干、潇洒，是因为西装裁剪合体、制作精良。西装领子的选择应注意，一般长脸形应选用短驳头；圆脸形、方脸形宜选用长驳头。西装领子应紧贴衬衫领口，上衣长度宜在垂下手臂时与虎口相平，袖长至手腕，胸围以穿一件“V”领羊绒衫后松紧度适宜为佳。

西裤要求与上装互相协调，以构成和谐的整体。裤长以裤脚盖住脚背 2/3 部分最为适合。西裤穿着时，要烫出裤线，裤扣要扣好，拉锁全部拉严。西裤的腰带首选黑色，宽度在 2.5~3 厘米较为美观，腰带系好后留有皮带头的长度一般为 12 厘米左右，过长或过短都不符合美学要求。穿西服要穿正装皮鞋，并搭配深色高筒袜，以坐下不露出小腿为宜。白色袜子可以搭配白色皮鞋和白色西裤，不能搭配深色西裤和皮鞋。

（3）选好衬衫

穿西服时衬衫的选择颇有讲究。一般来说，与西服配套的衬衫首选白色，此外，蓝色、灰色、棕色等也可考虑，其他单色或花色皆不可取。穿着硬领衬衫，领口必须挺括、整洁、无皱。领围以合领后可以伸入一个手指为宜。既不能紧卡脖子，也不可松松垮垮。西装穿好后，衬衫领应高出西装领口 1~2 厘米，衬衫袖应比西装袖长出 0.5~1 厘米。这样可以避免西装领口、袖口受到过多的磨损，而且能用白衬衫衬托西装的美观，显得更干净、洒脱。衬衫的下摆必须扎在西裤里，袖口扣好，不可卷起。不系领带时，衬衫领口可以敞开。一般来说，衬衫里面不应穿内衣，若特殊原因需穿时，内衣领和袖口不能外露，否则很不得体。

（4）系好领带

领带被誉为西服的“灵魂”，在西装的穿着中起画龙点睛的作用。一般在正式场合，都应系领带。领带的质地，以丝、毛为好，化纤为次。领带的色彩可以根据西装的色彩搭配，以单色为好；图案以圆点、条纹、方格等几何图形为宜，以达到与西装相映生辉的效果。在穿着时需保证领带干净、平整。

领带的系结长度。领带系好后，两端都应自然下垂，上面宽的一片须略长于下面窄的一片，长度以大箭头正好垂到皮带扣为宜。如有西装背心相配，领带应置于背心之内，领带尖亦不可露于背心之外。

(5) 系好纽扣

西装纽扣除实用功能外，还有很重要的装饰作用。双排扣西装一般要求把纽扣全部系好。单排扣西装，三粒扣的可系中、上两粒，两粒扣子的可系上面一粒，或全部不系。

(6) 整体协调

正确选用西装、衬衫和领带后，应注意三者间的和谐搭配。一般来说，单色西服应配单色衬衫；杂色西装，配以色调相同或近似的衬衫，效果也可以。但带条纹的西装不可配方格的衬衫，反之亦然。衬衫、领带和西装在色调上要形成对比，西装颜色越深，衬衫、领带颜色越要明快；若西装的色调朴实淡雅，领带则应华丽而明亮。

在商务交往、正式社交场合，男士着西装是为了体现自身的身份和品位，应当遵循“三个三”原则：(1) 三色原则，即全身上下不超过三种颜色。(2) 三一定律，即腰带、皮鞋、公文包应保持同一颜色：黑色。(3) 三大禁忌，西装左袖的商标没有拆；穿白色袜子、尼龙袜子出现在正式场合；领带的打法出现错误。

2.2.3 女士着装礼仪

(1) 套装着装礼仪

女士职业套装款式，最常见的是西服套装。女士的西服套装又可分为套裙和套裤两类，依照欧洲传统习惯，套裙比套裤更为正式。

西服套裙中的上衣是平整、贴身裁剪的女式西装，下面搭配的是西服裙，俗称“一步裙”。女士职业套装在领型、袖口等细节之处与男士的有很大的不同，有时不一定采用西服领，但线条干练，更贴近人体曲线，使得职业套裙与传统的西服套裙一样具有很强的职业感。

套裙要穿得端正，衣扣要扣好，正式场合不可以随便解开扣子，即使里面穿着正式的衬衣，脱外衣时也要避人。

职业套裙中的裙子最好不短于膝盖以上 3 厘米，不长于膝盖以下 5 厘米。穿套裙时要把裙子里的里衬拉平。

服务人员在正式工作场合不能光腿，必须穿与套裙相配的丝袜。不可以把健美裤、九分裤当成袜子来穿。搭配套裙时，应当选择弹力好的长筒丝袜。

与职业套裙相配的鞋最好是传统式样的船鞋，鞋的颜色与式样要与套装相互搭配（黑色牛皮鞋为首选）。

职业女士着装“五不宜”：一不宜穿黑色皮裙。二不宜光腿，正式场合不宜光腿是不成文的规定，要穿丝袜。三不宜袜子出现残破。四不宜穿西服裙子配穿凉鞋。穿正装凉鞋可以，但须是前不露脚趾后不露脚跟的凉鞋。五不宜在裙袜之间露一截腿肚子。

小资料

表 2-2 **不同体型的女士对服装款式的要求**

体型	体型特征	服装款式要求
直筒形	三围差距不大，身体瘦且显长；肩、腰、臀的宽度基本相等	可以穿加宽肩膀、加宽臀部的款式，使腰部显细，增加身材的曲线感
		忌穿过于紧身或贴身的服装款式，否则会显得身材过于平直
		要选择有腰线设计的上衣或衬衫，并将上衣或衬衫放在裙子或裤子之外，这样可以美化平直的腰部线条
葫芦形	臀围比胸围大，臀宽比肩宽大，腰部较细	上衣应当选择有细节的款式，如特别设计的领型、色彩对比强烈的衬衫搭配外套，还可以使用独特的项链或胸针以强化醒目的效果
		下装宜选择垂性较好的面料，颜色上应当上装浅下装深，这样可使下身显瘦
		忌穿让肩膀显窄的袖型，如蝙蝠袖等。下装的臀部附近忌有复杂的设计。如果腰围和臀围相比很小，则不要使用太宽太紧的皮带，以免使臀部看起来过大
倒三角形	肩膀宽且厚实，臀窄、臀围小，臀部总体较扁平	可以穿比较宽的裙型（如 A 字裙），以及有醒目的条纹、格子、印花图案的裤子或裙子，这样可以取得上下平衡的良好效果
		配包上可以采用上装颜色深、下装颜色浅的搭配方法
		忌穿所有加宽肩膀的款式，如大垫肩、大荷叶领、一字领、泡泡袖等

续表

体型	体型特征	服装款式要求
椭圆形	三围差距不大，腰部不太明显，胸部、腰部、臀部线条都很圆润	适合穿着有弧形线条设计的服装，如圆领、荷叶领、鱼尾裙等，与椭圆形的整体轮廓相呼应。但不可以全身都是圆形线条，也不可以全身都是刚硬的直线条
		下装腰部设计不可太复杂，穿较长的上衣可以掩饰腰部的宽度。大格子、大花、太复杂的图案都应当避免
		应选择质地柔软挺括、薄厚适度的服装面料。过厚会产生沉重感，过薄容易贴身，也会显胖
X形	肩宽、腰细、臀宽；胸围和臀围基本相等，腰围小	这种体型看上去很完美，应当选择能够展示身材曲线的款式
		过于宽松、过于紧身、过于刚硬的款式都不适合

(2) 制服的选择

很多旅游企业会统一制作制服。制服，是同一团体内的人们所穿着的统一样式的服装。制服可以用来区分从事不同职业的人，如军人、警察、医生、护士、厨师或酒店服务人员，他们的制服能够很清楚地表明其职业。制服也可以用来区分同一团体内部不同级别的人，例如，餐厅经理和餐厅服务员的制服颜色不同，从而可以辨别出穿深色制服的是餐厅经理，穿浅色制服的是餐厅服务员。

制服是服务人员形象的重要组成部分，制服应当合身、整洁，穿着制服时应符合礼仪规范，这样才能把制服穿出职业风采。

制服的款式、颜色是统一规定的，不能随意更改。要将制服穿得“有模有样”，展示出制服原本的设计意图，就必须穿着尺寸合身的制服。

2.2.4 配饰礼仪

饰品，是指能够起到装饰点缀作用的物件，主要包括服装配件（如鞋、帽子、领带、手套、包、腰带等）和首饰（如戒指、胸花、项链、耳环等）两类。得体的配饰能够提高服装的整体造型水平，为服装增光添彩，体现服务人员的审美品位。

首饰按材料可划分为贵金属首饰、仿金首饰和珠宝首饰；按用途可划分为摆件首饰、挂件首饰、时装首饰和婚礼首饰；按使用对象可划分为男性（男装）首饰和女性（女装）首饰。常见的首饰类别有发饰、耳饰、颈饰、胸饰、腰饰、手饰、足饰等。服务人员佩戴首饰的礼仪见表 2-3。

表 2-3 **服务人员佩戴首饰的礼仪**

首饰类型	佩戴礼仪
发饰	应当简洁、实用，色彩不宜过于鲜艳花哨，材质不宜过于贵重
耳饰	应选择与自己气质、脸型、发型、着装等协调搭配的耳饰，以获得良好的装饰效果
	男士在服务岗位上不宜佩戴任何耳饰
	女士在服务岗位上不宜佩戴任何大的耳环或长的耳坠，只宜佩戴小巧含蓄的耳钉。耳钉的色彩应与制服的色彩搭配协调
颈饰	项链的款式应与自己的年龄相协调，与自己的体型相协调。例如，脖子细长的女上应该佩戴较短的项链
	项链的材质应与服装相协调。例如，穿职业套裙时，应该佩戴纤巧精致的金属项链
	项链的色彩也要与肤色及服装相协调。例如，穿暖色调服装的女士，佩戴金色的项链更为美观；穿冷色调服装的女士，更适宜佩戴银色的项链
	除有特殊规定外，在工作岗位上，男性服务人员一般不宜佩戴项链；女性服务人员可以佩戴项链，但其款式应简洁精致，色彩要与工作服装相协调
丝巾	根据场合可选用小方巾搭配套装穿着，男士可选男式丝巾进行颈部装饰。服务人员只可根据工作岗位要求选择佩戴与否
胸饰与腰饰	胸针（胸花）常佩戴于服装衣领上或外衣左侧胸前
	若单位要求佩戴本单位的徽章、姓名牌等上岗，则不宜同时再佩戴其他装饰性胸针
	在工作岗位上时，只能佩戴单位统一样式的领带夹。一般来讲，对于五粒扣的衬衫，将领带夹夹在第三粒与第四粒纽扣之间；六粒扣的衬衫，夹在第四粒与第五粒纽扣之间。还有一条规则，就是系上西装上衣的第一粒纽扣后尽量不要露出领带夹
	服务人员穿着制服时，必须按规定使用制式腰带。其余正装可佩戴深色简洁款腰带

续表

首饰类型	佩戴礼仪
手饰	服务人员工作时间内不宜佩戴手镯或手链
	戒指一般戴在左手上。戴在食指上表示未婚或求婚，戴在中指上表示恋爱中，戴在无名指上表示订婚或已婚，戴在小指上表示单身
	酒店服务岗位上的服务人员，出于卫生要求，一般不允许佩戴戒指
皮鞋	女士选用深色无装饰的3~5cm高的船鞋；男士选择三接头系带黑色或棕色牛皮鞋
皮包	女士根据颜色协调配以相应的公文包；男士最好选择与皮带皮鞋相一致颜色的公文包
足饰	除特殊规定外，服务人员一般不宜佩戴足饰
口袋巾	选择与西装相配套的口袋巾，视觉美观、时尚
袖扣	当男士穿着法式衬衫时，选用适合的袖口，不得选用过于张扬的质地及款式
手表和眼镜	应当选择走时准确的手表，并经常注意校对时间。不要用手机代替手表读取时间，否则容易造成客户的误解
	工作场合佩戴的手表，造型应简洁大方
	服务人员在室内应佩戴镜片透明无色的眼镜。眼镜框的颜色和式样应与自己的肤色及整体着装风格相配
	在室外强光下可佩戴墨镜，但与客人打招呼或谈话时，应当摘掉墨镜
香水	在使用香水时要注意选择清淡雅致的香型
	必须控制香味的浓度。通常，客人在与服务人员相距0.5米之内能闻到若有若无的淡淡的香气，这样才是合乎礼仪的
	如果不能准确地把握香水的“度”，则以不用为好

综上所述，服务人员在选择首饰时，一定要遵循符合身份，以少为佳，同质同色，与服装、季节、场合、环境等相搭配，扬长避短和尊重习俗等原则。例如，选用款式风格一致的、均为银色调的耳钉、项链和戒指，就很容易产生协调美和统一美。

内容小结

个人是社交的基本参加者，是礼仪实施的主体。旅游从业人员的职业形象设计是对旅游从业人员社交形象设计、塑造的基本规范。

通过该项目的学习让学生们对仪容礼仪的常识有了充分的认识，同时也对自我仪容有了清晰的判断。在仪表礼仪这部分内容中，首先，介绍了着装的基本原则，为旅游从业人员在服饰穿着上提供了一个基本的要求；然后，对女士套装的选择和穿着、男士西装的选择和穿着、旅游企业制服的穿着进行了详细的阐述。

☞ 课后思考

1. 请选择几位你喜欢且有代表性的女式商务装穿着典范，搜集她的图片，并从她的个人风格及穿衣风格中汲取可参考的地方，制作成 PPT 并上台为大家讲解。

2. 为自己（男生）或父亲（女生）选一套适合的西服，搭配好相应的配饰，并为大家说明挑选时是如何考虑的。

☞ 实训项目

项目一：女士化妆大赛

训练要求：

(1) 熟练掌握化妆的步骤，能根据实际情况选择适合自己的妆容风格。

(2) 根据本小节的内容挑选适合自己的妆容。

(3) 让学员共同学习和分享彼此的化妆经验和心得。

(4) 老师挑选出有代表性的同学上台讲述化妆技巧及对化妆的认识。

(5) 学生自评，老师评分，同学互评，共同为化妆打分。

项目二：学习打领带

训练要求：

(1) 以小组为单位，两两互相为对方打领带。

(2) 为自己打领带，至少三种打法。

第三章
仪 态 礼 仪

【知识目标】

了解基本举止仪态，学会用目光、微笑等表情与人交流。

【能力目标】

1. 学会正确的站姿、走姿、坐姿、蹲姿等，并能够在旅游服务工作中熟练运用。

2. 在旅游服务工作中，能够使用得体的表情和微笑。

《案　例》

出错的无声语言

小刘是某国际旅行社的英语导游员，英语运用相当熟练，已经独立带团有近一年的时间，其工作能力也是全社有目共睹的。但是，旅游者对他的评价却往往不尽如人意，这让小刘很是纳闷。为了找出问题所在，在小刘接待了一个英国旅游团时，旅行社的李总跟团观察，来帮他分析问题，提高服务质量和水平。

在带领该旅游团的成员参观时，小刘思路清晰，语言表达熟练，讲解词中不仅包含了大量的知识信息，同时还融入了自己的感受和评论。在游览的过程中，他也随时随地关心旅游者动向，给他们以帮助。这样看来，小刘的表现还不错，但同时，李总也注意到小刘有意无意间的一些小动作，如在旅游车上清点人数、在景点讲解时，小刘都喜欢使用食指，通过"指指点点"的方法来辅助表达；在景区参观时，遇到坎坷不平的道路，小刘没有征得他人的允许就去搀扶等。而且，小刘的语言虽然很生动，但他的表情却很严肃，一路下来，基本上没有微笑过。这些，可以说是小刘的"问题"所在了，难以让游客充分感受到礼貌和友好。在工作中，不仅需要注意掌握和运用导游的"有声"语言，也需要注意与游客交往时的各种"无声"语言。

社会心理学家很早就通过观察分析得出结论：在人际交往中，人们的每个细胞动作都能影响到对方的情绪，都会给对方一定的感染，这对从事服务行业的人来讲尤其应该引起重视。一举一动，一言一行，音容笑貌，可以说直接关系到服务质量的提高和企业形象的树立。

3.1 旅游从业人员的静止仪态规范

仪态是指人在行为中的姿势和风度。姿势是指身体所呈现的样子，而风度则属于内在气质的外化，是人际交往中个人素质修养的一种外在表现。旅游从业人员在工作中的站立、行走、手势和表情等，都应当正确、得体、美观。

3.1.1 站立姿态

站立姿态又称为站姿或立姿，是人最基本的姿势，它是一种静态的身体造型，也是培养一个人全部仪态的基础。

站姿是人的一种本能。常言说“站如松”，就是说站立应像松树那样端正挺拔。站姿是静力造型动作，呈现的是静态美。站姿又是训练其他优美体态的基础，是表现不同姿态美的起始点。

（1）规范站姿的要求

①头正。两眼平视前方，嘴微闭，收颌梗颈，表情自然，稍带微笑。

②肩平。两肩平正，微微放松，稍向后下沉。

③臂垂。两肩平整，两臂自然下垂，中指对准裤缝。

④躯挺。胸部挺起、腹部往里收，腰部正直，臀部向内向上收紧。

⑤腿并。两腿立直、贴紧，脚跟靠拢，两脚夹角成60°。

这种规范的礼仪站姿，同部队战士的立正是有区别的。礼仪的站姿较立正多了些自然、亲近和柔美。

（2）工作中常见的几种站姿

男士的站姿有两种。

①在一般场合，身体直立，挺胸抬头，下颌微收，双目平视；两腿分开或两脚平行，两脚间距离不超过肩宽，以20厘米为宜，两手叠放在背后或交叉在体前，一般为右手握住左手。如一手持公文包，另一只手可自然垂放，姿态稳重，如图3-1所示。

②在正式场合，身体直立，抬头挺胸；两膝并严，脚跟靠紧，脚掌分开呈V字形，提髋立腰，吸腹收臀；双手放置裤缝处，双眼看着对方，如图3-2所示。

女士的站姿一般也有两种。

①在一般场合，女士站姿应做到身体立直，挺胸抬头，下颌微收，双目平视，面带微笑；两膝并严，脚跟靠紧，脚掌分开呈V字形或呈平行；提髋立腰，吸腹收臀，双手

在腹前交叉，即右手搭在左手上，置于腹部，如图 3-3 所示。

②在正式场合，女士站姿应体现挺、直、高的姿势，抬头平视，表情自然，收腹，胸部上挺，自然、舒展、大方，右手放在左手上，轻贴腹前，两脚尖向外略展开，右脚（左脚）在前，将右脚跟（左脚跟）靠于左脚（右脚）内侧（脚弓处），形成左丁字步或右丁字步，如图 3-4 所示。

图 3-1

图 3-2

图 3-3

图 3-4

(3) 注意事项

①切忌双脚内八字形站立、双腿交叉站立、弯腿站立。

②切忌双手叉腰、抱头、交叉抱于胸前。

③男士可双脚适当分开站立，女士不能分腿直立。

④不要倚靠在墙上或椅子边。

⑤不抖腿，不摇晃身体，不东歪西靠，不挺肚子。

(4) 正确站姿的训练

把身体背着墙站好，使后脑、肩、腰、臀部及足跟均能与墙壁紧密接触，这就说明站立姿势是正确的，假若无法接触，那就是站立姿势不正确。

(5) 站立禁忌

在工作岗位上，服务人员要力争做到“立如松”。忌身躯歪斜、弯腰驼背；忌双手抱胸或叉腰；忌半坐半立、趴伏倚靠；忌身体在站立时频繁地变动体位，或是手位、脚位不当。

3.1.2 坐的姿态

所谓坐有坐相，是指坐姿要端正。优美的坐姿让人觉得安详舒适，不能一副懒洋洋的模样。

(1) 坐姿的规范要求

正确的坐姿，从医学的角度来讲，有利于健康；从交际的角度来讲，有利于维护个人的形象；从礼仪的角度来讲，是尊重别人的表现。坐姿应给人以端庄、文雅、稳重之感。具体来说，规范的坐姿要满足以下几个方面的要求：

①入座时左进左出。

要注意入座的礼节，一定要请受尊重的人先入座，比如领导、长者、客户，然后自己再坐下。正式场合一般从椅子左边入座，离座时也要从椅子左边离开，这是“以右为尊”的一种具体体现，而且也容易就座。入座时，背向座位，双腿并拢，右脚后退半步，使腿肚贴在座位边，轻稳和缓地坐下，然后将右脚与左脚并齐，身体挺直。起座时，右脚向后收半步，用力蹬地，起身站立，右脚再收回与左脚靠拢。入座与起座都应舒缓、自然大方，动作不可迅猛。

②坐椅面的2/3。

为了体现对客户的尊重，一般不能坐满整个椅面，应该只坐椅子的2/3。坐1/3会给人局促紧张的感觉，坐满又显傲慢失礼。如果把身子靠在椅背上，会让人感觉精神不振，而坐椅面的2/3时会因脊背直立而显得很有精神。

③注意坐姿手位。

a. 放在大腿上。正面与人交谈时，双手可各自放在一条大腿上，也可以双手叠放或双手相握。侧身与人交谈时，宜将双手置于自己所侧一方的那条大腿上，双手叠放或双手相握。

b. 放在皮包、文件上。当穿短裙的女士面对男士而坐，而身前没有屏障时，为避免“走光”，一般可将自己随身携带的皮包或文件放在并拢的大腿上，将双手或扶或叠或握后置于皮包或文件上。

c. 放在身前桌子上。双手平扶在桌子边沿上或双手相握，叠放于桌上。

d. 放在身旁的扶手上。正身而坐时，宜将双手扶在两侧扶手上；侧身而坐时，则应将双手叠放或相握后置于一侧的扶手上。

④其他应该满足的要求：

a. 坐立时，头正、颈直，双目平视前方，或注视对方，嘴微闭，面带微笑。

b. 身体自然坐直，挺胸收腹，使背部与臀部成一直角。

c. 双肩放松下沉，双臂自然弯曲内收，双手放在腹前双腿上或座位扶手上。

d. 双膝自然并拢，双腿正放或侧放，双脚并拢或交叠或呈小 V 字、小丁字步（左前右后）。男士两膝间可分开一拳左右的距离，但不可打开过大。

e. 入座和离座需挪动椅子时，要用双手搬起，动作要轻巧，不能拖拉椅子发出较大的响声，如果不小心发出较大响声，要向其他人表示歉意。

f. 在与人交谈时，为表示重视，不仅应面向对方，而且要把整个上身朝向对方，而不仅仅是把头扭向对方。

（2）女士的几种常见坐姿（如图 3-5 所示）

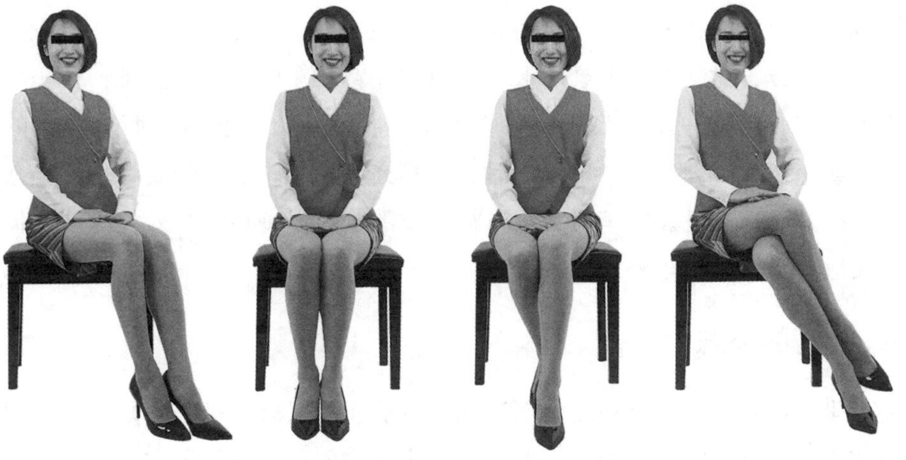

图 3-5

①标准式。身体重心垂直向下，上身挺直，两肩平正，双腿并拢，大腿和小腿成 90 度角，两臂自然弯曲，两手交叉叠放在双腿上（中间、偏左腿或是偏右腿），并靠近小腹。

②侧点式。两小腿向左斜出，两膝并拢，右脚跟靠拢左脚内侧，右脚掌着地，左脚尖着地。注意大腿小腿要成 90 度角，小腿要充分伸直，尽量显示小腿长度。

③交叉式。身体的重心垂直向下，双腿并拢，大腿和小腿成 90 度角，双脚在脚踝处交叉，双手虎口相交轻握放在腿上，挺胸直腰，面带微笑。常见的交叉式有前交叉式和侧交叉式。

④侧挂式。在侧点式的基础上，左小腿后屈，脚绷直，脚掌内侧着地，右脚提起，用脚面贴住左踝，膝和小腿并拢，上身右转。

男士的坐姿主要有标准式、前伸式、交叉式、前后式、重叠式等几种。具体的要求与女士的坐姿要求类似。

(3) 坐姿禁忌

①猛坐猛起。

②弯腰曲背，前俯后仰。

③与人谈话时，用手支着下巴。

④女士双膝分开，男士双膝分开过大。

⑤摇腿、抖脚。腿部上下抖动或左右摇晃都是非常不礼貌的。

⑥把脚尖指向他人。无论采用哪种坐姿，都应该将膝盖朝向对方，尽量避免把脚尖指向他人。

须强调的是，女性在乘坐小汽车的时候还应注意坐车的姿势。要想在上汽车时显得稳健、端庄、大方，做起来并不难。上车前应首先背对车门，款款坐下，待坐稳后，头和身体进入车内，再将并拢的双腿一并收入车内，然后方才转身，面对行车的正前方向，同时调整坐姿，整理衣裙。坐好之后，两脚亦应靠拢。下车的姿势也不能忽略，一般应待车门打开后，转身面对车门，同时将并拢的双腿慢慢移出车外，等双腿同时落地踏稳，再缓缓将身体移出车外。

3.1.3 蹲的姿态

蹲姿与坐姿都是由站立姿势变化而来的相对静止的仪态。蹲是由站立的姿势转变为两腿弯曲和身体高度下降的姿势。一般来讲，服务中的蹲姿时间不宜过久。

(1) 正确的蹲姿

①高低式蹲姿。

其要求是：下蹲时，双腿不并排在一起，而是左脚在前、右脚稍向后。左脚应完全着地，小腿基本上垂直于地面，右脚则应脚掌着地，脚跟提起。此刻，右膝须低于左膝，右膝内侧可靠于左小腿的内侧，形成左膝高右膝低的姿态。女性应靠紧两腿（如图3-6所示），男性则可以适度地将其分开（如图3-7所示）。

这种蹲姿的特征就是双膝一高一低，服务人员在工作中选用这种蹲姿较为方便。

②交叉式蹲姿。

其要求是：下蹲时，右脚在前，左脚在后，右小腿垂直于地面，全脚着地。右腿在上，左腿在下，两者交叉重叠。左膝由后下方伸向右侧，左脚脚跟抬起，并且脚掌着地。两腿前后靠近，合力支撑身体。上身略向前倾，臀部朝下（如图3-8所示）。

图 3-6

图 3-7

图 3-8

这种蹲姿通常适用于女性，尤其是身着裙装的女性。它的优点是造型优美典雅，基本特征是蹲下后双腿交叉在一起。

(2) 蹲姿的注意事项

①下蹲的时候，切勿速度过快。并注意与他人保持一定的距离，避免彼此迎头相撞。

②在他人身边下蹲时，最好是与之侧身相向。正面面对他人或是背部对着他人下蹲，通常都是不礼貌的。

③在大庭广众之下下蹲时，身着裙装的女性一定要避免个人的隐私暴露在外。

④蹲姿是在特殊情况下的姿势，所以，不要随意乱用。另外，不可蹲在椅子上，也不可蹲着休息。

3.2 旅游从业人员的行进仪态规范

行走是人生活中的主要动作，是一种动态的美。人行走的时候比站立的时候多，而且一般都是在公共场合进行，所以，有着矫健轻快、从容不迫的优美走姿，就显得尤为重要。

3.2.1 基本走姿

走姿是一种动态美。每个人都是一个流动的造型体，优雅、稳健、敏捷的走姿，会给人以美的感受，产生感染力，反映出其积极向上的精神状态。

(1) 规范走姿的要求

①头正。双目平视，收颌，表情自然平和。

②肩平。两肩平稳，防止上下前后摇摆。双臂前后自然摆动，前后摆幅在30°~40°，两手自然弯曲，在摆动中离开双腿不超过一拳的距离。

③躯挺。上身挺直，收腹立腰，重心稍前倾。

④步位直。两脚尖略开，脚跟先着地，两脚内侧落地，走出的轨迹要在一条直线上。

⑤步幅适当。行走中两脚落地的距离大约为一个脚长，即前脚的脚跟距后脚的脚尖一个脚的长度为宜，不过不同性别、不同身高、不同着装，步幅会有些差异。

⑥步速平稳。行进的速度应当保持均匀、平稳，不要忽快忽慢，在正常情况下，步速应自然舒缓，显得成熟、自信。

行走时要防止八字步，防止低头驼背，不要摇晃肩膀，双臂大甩手，不要扭腰摆臀，左顾右盼，鞋不要摩擦地面。

(2) 变向走姿

变向走姿是指在行进中，需转身改变方向时，采用合理的方法，体现出规范和优美的步态。

①后退步。与人告别时，应当先后退两三步，再转身离去，退步时脚轻擦地面，步幅要小，先转身后转头。

②引导步。引导步是用于走在前边给宾客带路的步态。引导时要尽可能走在宾客左侧前方，整个身体半转向宾客方向，保持两步的距离，遇到上下楼梯、拐弯、进门时，要伸手示意，并提示请客人上楼、进门等。

③前行转身步。在前行中要拐弯时，要在距所转方向远侧的一脚落地后，立即以该脚掌为轴，转过全身，然后迈出另一脚。即向左拐，要右脚在前时转身，向右拐，要左脚在前时转身。

（3）穿高跟鞋的走姿

由于穿上高跟鞋后，脚跟提高了，身体重心就自然地前移，为了保持身体平衡，膝关节要绷直，胸部自然挺起，并且收腹、提臀、直腰，使走姿更显挺拔，会平添几分魅力。穿高跟鞋走路，步幅要小，脚跟要先着地，两脚落地脚跟要落在一条直线上，像一枝柳条上的柳叶一样，这就是所谓的“柳叶步”。

小资料

不同着装的走姿

所穿服饰不同，步态应有所区别，走姿要展现服装的特点。

（1）穿西装。走姿以直线为主，应当走出穿着者的挺拔、优雅的风度。穿西装时，后背保持平正，两脚立直，走路的步幅可略大些，手臂放松，伸直摆动，手势简洁大方。行走时男士不要晃动，女士不要左右摆髋。

（2）穿旗袍。行走时，要求女士身体挺拔，胸微含，下颌微收，不要塌腰撅臀。走路时，步幅不宜过大，以免旗袍开衩过大，露出皮肉。两脚跟前后要走在一条线上，脚尖略微外开，两手臂在体侧自然摆动，幅度也不宜过大。站立时，双手可交叉于腹前。

（3）穿裙装。穿着长裙能显出女性身材的修长和飘逸美。行走时要平稳，步幅可稍大些。转动时，要注意头和身体相协调，调整头、胸、髋三轴的角度。穿着短裙，要表现轻盈、敏捷、活泼、洒脱的姿态，步幅不宜过大，但脚步频率可以稍快些，保持轻快灵巧的风格。

3.2.2 工作中的行进特例

在具体的实践工作中，服务人员的走姿有着许多特殊之处，需要留心注意。

（1）迎面相遇

如果在行进过程中，客人从对面走来，员工需要向客人行礼。先放慢步伐，在离客人大约2米处，目视客人，面带微笑，轻轻点头致意，并且伴随“您好”“早上好”等礼貌问候语言。在与客人擦肩而过时，不能用眼睛斜视，而应伴随着头和上身的转动。在路面较窄的地方，或是在楼道与客人相遇，应面向客人行走，而不是将后背转向客人行走。

（2）陪同引导

在服务工作中，陪同指陪伴客人一同行进，引导指的是在行进中带领客人，又可以称为引领、引路或是带路。服务工作者在进行陪同引导时，要注意以下几点。

①若双方并排行进时，服务人员应处在左侧。若双方单排行进时，则服务人员应居于客人左前方1米左右的位置。当客人不熟悉行进方向时，一般不应请其先行，同时也不应让其走在外侧。

②在陪同引导客人的时候，服务人员的行进速度须与对方相协调，切勿走得太快或太慢，显得我行我素。

③陪同引导时，一定要处处以对方为中心，及时给予关照和提醒。在经过拐角、楼梯或道路不平、昏暗之处时，须请对方加以留意。

④陪同引导客人时，有必要采取一些特殊的体态，这时切记要体态正确。如请对方开始行进时，应面向对方，稍微欠身；在行进中与对方交谈，或回答其询问时，头部和上身应略微转向对方。

（3）上下楼梯

作为旅游从业人员，尤其是在饭店工作的员工一定要走指定的楼梯通道，而且要减少在楼梯上的停留时间。在上下楼梯时，应坚持“右上右下”原则，以方便对面上下楼梯的人。另外还要注意礼让客人，上下楼梯时，出于礼貌，可以请对方先行。

在陪同引导中，如果是一位男士和一位女士同行，上楼梯时男士应行在后，下楼梯时男士应行在前。如果是服务人员和客人，则应为服务人员上楼梯时行在后，下楼梯时行在前。

（4）进出电梯

在乘电梯时应遵循的基本原则是“先出后进”，即里面的人先出来之后，外面的人方可进去，这样秩序井然，不至于混乱。进出时，应侧身而行，以免碰撞、踩踏他人，进入电梯后，应尽量站在里边。

①如果饭店有专门为工作人员提供的员工电梯，就不要与客人混用一部电梯。

②如果饭店电梯没有专门的划分，则应牢记照顾客人的原则，在乘无值班员的电梯时，服务人员应有意识地先进先出，以便为客人控制电梯；在乘有值班员的电梯时，服务人员就应该后进后出了。

(5) 出入房门

在进入他人房门时，尤其是进入饭店客房时，一定要先叩门或按门铃向房内之人进行通报。在得到信息可以进门之后，务必要用手轻轻开门，而不可以用身体的其他部分，如用肘部顶、用膝盖拱、用臀部撞、用脚尖踢、用脚跟蹬等不良方式开门。

出入房门，特别是在出入一个较小的房间，而房内又有自己熟悉的人或客人时，最好是反手关门、反手开门，并且始终注意面向对方，而不可以用背部对向对方。与他人一起出入房门时，礼貌的做法应是：服务人员一般应自己后进门、后出门，而请对方先进门、先出门。特别是在陪同引导客人的时候，服务人员有义务在出入房门时替客人开门、关门。

(6) 搀扶帮助

在生活中，特别是在旅游工作中，我们往往要对一些老、弱、病、残、孕等客人主动给予搀扶帮助，以示体贴与照顾。搀扶是指在行进中，用自己的双手或一只手，去轻轻架着行动不方便的人。

在为他人提供搀扶帮助时，要注意以下几点。

①注意选择对象。在帮助他人时，应区分对象，给那些需要帮助的人以搀扶，而不是对任何人都主动搀扶，那样会令人觉得滑稽，适得其反。

②在发现需要搀扶帮助的人时，一定要预先征得其同意，以免造成不必要的误会，同时注意照顾对方的自尊心。

③在搀扶他人时，注意步速不宜过快，应主动和对方的步调保持一致。同时，考虑到对方的身体因素和身体状况，在搀扶对方的行进过程中，应适当地“暂停几次”，以便被搀扶者缓一口气，稍作休息。

(7) 变向行走

①侧行。当与同行者交谈时侧身行走，上身应注意正面转向交谈对象，身体与对方保持一定距离。在与他人狭路相遇时侧身行走，应使两肩一前一后，胸部正面转向对方。

②后退。在与对方结束交谈后退时，应先面向对方后退几步，再转身离去。通常面向他人至少后退两三步。后退时的步幅宜小，脚应轻擦地面。最后切记，转体时宜先转

身体，后转头部。

③前行转身。即在向前行进中转身而行。一是前行右转，以左脚掌为轴心，在左脚落地时，向右转体90°，同时迈出右脚。二是前行左转，这个与前行右转相反，在前行中向左转身，应以右脚掌为轴心，在右脚落地时，向左转体90°，同时迈出左脚。

④后退转身。即在后退中转身而行。一是后退右转，先退行几步，以左脚掌为轴心，向右转体90°，同时向右迈出右脚。二是后退左转，这个与后退右转相反，在后退中向左转身，应以右脚掌为轴心，向左转体90°，同时迈出左脚。

3.2.3 工作中的礼仪要求

(1) 以右为尊，以前为尊

如果是两个人一起行走，行走的规则是以右为尊、以前为尊。比如和客户或上司一同行走时，就应该站在他们的左侧，以示尊重。如果是一位男士和一位女士同行，那么就应该遵照男左女右的原则。

(2) 以中间为尊

如果三人同行，都是男性或都是女性，那么以中间的位置为尊，右边次之，然后是左边；如果是一位男士和两位女士同行，那么男士应该在最左边的位置；如果是一位女士和两位男士同行，则女士在中间。很多人一起行走时，以前为尊，按照此原则向后排序。

(3) 以里侧为尊

如果在室外行走，应该请受尊重的人走在马路的里侧。在道路上行走，不能三人以上并排，这样会妨碍其他的行人和车辆通行，也是不安全的做法。

(4) 女士优先

到达电梯口、车门口或房门口时，男士应该快走两步为女士服务；在不太平坦的道路或是下比较高的台阶时，男士也应该适当帮助女士。“女士优先”是国际通行的礼仪规则，同时也是绅士行为的体现。

(5) 靠右侧行走

当一个人行走时，要靠右侧行走，将左侧留给急行的人，乘坐自动扶梯时也是这样。

3.3 旅游从业人员的手臂姿态规范

手臂姿势，通常称作手势或手姿，指的是人们在运用手臂时所呈现的具体动作与体位。

在旅游接待工作中，手势起着重要作用。手势要求规范适度，不宜过多，应该显得落落大方、明确而热情，与全身配合协调，同时动作幅度不应过大，要给人以一种优雅、含蓄而彬彬有礼的感觉。

3.3.1 手势的基本规范

五指伸直并拢，掌心向斜上方，腕关节伸直，手与前臂形成直线，以肘关节为轴，肘关节既不要成90度直角，也不要完全伸直，手掌与地面基本上形成45度，如图3-9所示。

图3-9

一般认为，掌心向上的手势有一种诚恳、尊重他人的含义；掌心向下的手势意味着不够坦率、缺乏诚意等。需要特别注意的是，在任何情况下，都不要用拇指指着自己或用食指指点他人，用食指指点他人的手势是不礼貌的行为，食指只能指物品。谈到自己时应用手掌轻按自己的左胸，这样会显得端庄、大方、可信。

不同的手势，表达不同的含义。在运用手势时还要注意以下几点：

①注意区域性差异。在不同国家、不同地区、不同民族，由于文化习俗的不同，手势的含义也有很多差别，甚至同一手势表达的含义也不相同。所以，手势的运用只有合乎规范，才不至于生出是非。

②手势宜少不宜多。多余的手势，会给人装腔作势、缺乏涵养的感觉。

③有些手势要避免出现。在交际活动中，有些手势会让人反感，严重影响形象。比如当众搔头皮、掏耳朵、抠鼻子、咬指甲、手指在桌上乱写乱画等。

3.3.2 服务中的常用礼仪手势

(1) 横摆式手势

横摆式手势常表示“请进”等。在引导客人时，接待人员要言行并举。首先轻声地对客人说“您请”，然后可采用横摆式手势，五指伸直并拢，手掌自然伸直，手心向上，肘微弯曲，腕低于肘。手臂应从腹部之前抬起，然后以肘关节为轴，轻缓地摆动至身体的右前方或左前方，不要将手臂摆至体侧或身后。同时，脚站成丁字步，头部和上身微向伸出手的一侧倾斜，另一手下垂或背在背后或放在腹前，目视宾客，面带微笑，如图 3-10 所示。

图 3-10

做“请”的手势时，要在标准站姿的基础上，将手从体侧提至小腹前，优雅地划向指示方向。这时应五指并拢，掌心向上，大臂与上身的夹角在 30 度左右，手肘的夹角在 90 度到 120 度之间。同时，服务人员要用亲切柔和的目光注视顾客，并说“有请”

之类的礼貌用语。

(2) 曲臂式手势

曲臂式手势常表示“里边请”(如图3-11所示)。当一只手拿着东西或扶着门或由于位置的原因，需要用另一只手向来宾做（向左或向右）“请”的手势时，可以采用该种手势。五指伸直并拢，手掌伸直，手臂从身体一侧由下向上抬起，然后以肘关节为轴，由体侧向体前左侧或右侧（视指引方向和客人位置而定）摆去，摆到距身体5厘米左右，且不超过躯干的位置时停止。目视来宾，面带笑容，也可双手前摆。

图3-11

(3) 直臂式手势

如图3-12所示，直臂式手势常表示“请往前走”。在为客人指引方向时，可采用直臂式手势，五指伸直并拢，手心斜向上，屈肘，手臂由腹前抬起，向要行进的方向摆去，摆到肩的高度时停止，肘关节伸直或略微弯曲。在指引方向时，身体要侧向来宾，眼睛要兼顾所指方向和来宾，直到来宾表示已清楚了方向，再把手臂放下，向后退一步，施礼并说“请您走好”等礼貌用语。

服务人员在做指引手势时，手的高度要大约齐腰，指示物品的时候，手的高度要根据物品来定，小臂、手掌和物品基本呈直线就可以了。无论是指人还是指物，都不能用食指指点。

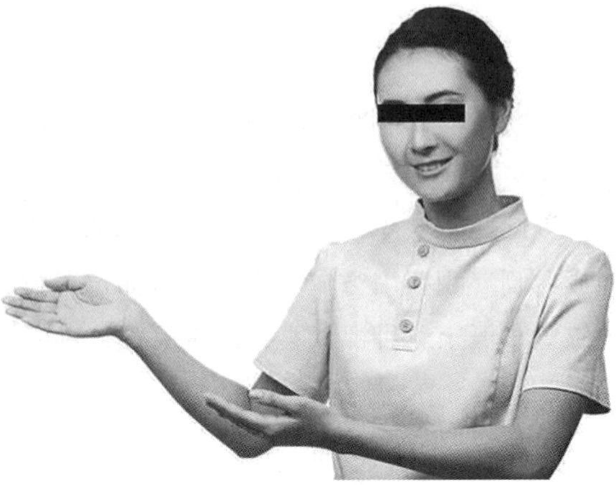

图 3-12

(4) 斜摆式手势

斜摆式手势常表示“请坐”。当请来宾入座时，要用双手扶椅背将椅子拉出，然后一只手屈臂由前抬起，再以肘关节为轴，前臂由上向下摆动，使手臂向下成一斜线，表示请来宾入座，如图 3-13 所示。当来宾在座位前站好后，要用双手将椅子往前放到合适的位置，请来宾坐下。

图 3-13

(5) 其他手势

①鼓掌手势。“鼓掌”古称“拊掌”，今谓之“拍手”，是表示高兴的肢体语言，是内心激动、兴奋情绪的外部表现。在日常生活中我们经常会鼓掌，作为一种礼节，鼓掌应当做得恰到好处。在鼓掌时，最标准的动作是：面带微笑，抬起两臂，抬起左手手掌至胸前，掌心向上，以右手除拇指外的其他四指轻拍左手中部。此时，节奏要平稳，频率要一致。

根据情况的不同，鼓掌可以分为三种：一是应酬式的，动作不大，声音也比较轻，时间不长，主要是一种礼貌性的表示；二是比较激动的，发自内心的，一般动作比较大，声音也很响亮，掌声热烈；三是比较狂热的，表现出心情难以抑制。

鼓掌要注意时机。服务人员一定要在该鼓掌的时候鼓掌，不该鼓掌的时候一定不要鼓掌。在鼓掌的时候尽量不要用语言配合，那样是非常没有修养的表现。

②举手致意手势。举手致意手势一般用来向他人表示问候。举手致意时手臂可全部伸直，也可稍有弯曲。要伸开手掌，掌心向外对着对方，指尖指向上方，手臂不要往左右来回摆动，如图 3-14 所示。当看见熟人又无暇分身的时候，举手致意可以立即消除对方的被冷落感。

图 3-14

③道别手势。服务人员在告别客人的时候需要做出挥手道别的手势。这个时候要求身体站直，目光正视对方。手臂向上前伸，不要伸得太低或过分弯曲。掌心向外，指尖朝上，用单手道别时向左右挥动，用双手道别时两手同时由外侧向内侧挥动，不要上下摇动或举而不动。

④递接物品手势。递接物品手势的基本原则是举止要尊重他人。要求用双手递物或接物以示对对方的尊重，如在特定场合下或东西太小不必用双手时，一般要求用右手递接物品。递物或接物应主动上前，坐着时应站起身，如图 3-15 所示。

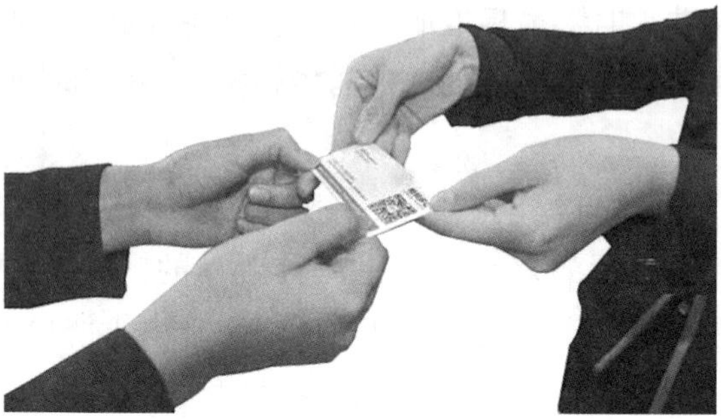

图 3-15

递笔、刀、剪之类尖利的物品时，需将尖端朝向自己握在手中，而不要指向对方。如果是晚辈或年轻人向长辈或年长者递送物品，应该用双手递上。接过长辈或年长者递送的物品时，同样要用双手，并说声“谢谢”。如果是招待客人用茶，往往一手握茶杯把儿或扶杯壁，一手托杯底，并说声“请用茶”，若茶水较烫，可将茶杯放到客人面前的茶几上。如果接主人敬上的茶，应站起身伸出双手，说“谢谢”。

3.3.3 手势使用禁忌

手势这种无声语言，要注意使用得当，在与人相处时，不要以手势动作来做“评论”工具，这样是很不礼貌的。

(1) 手指指点

谈话时，用食指向对方指指点点是一种很不礼貌的举动，这表示对对方的轻蔑与瞧不起。如若手腕举得再高些，指向某人的脸，那问题就更严重了。

在公共场合，遇到不相识的人，不应当指指点点，尤其是不应当在其背后这样做。这种动作通常会被理解为对对方进行评头论足，是非常不友好的。

(2) 双臂环抱

双臂环抱端在胸前这一姿势，往往会被人理解为孤芳自赏、自我放松，或是置身事外、袖手旁观、看他人笑话之意。在接待工作中这么做，会给客人以高傲、目中无人的感觉。

(3) 双手抱头

这一体态的状态是很随意的，使用这一手势显得自我很放松。在工作中这么做，会给客人留下目中无人的感觉。

(4) 摆弄手指

工作中无聊时反复摆弄自己的手指、活动关节，或是手指动来动去，或是莫名其妙地攥拳松拳，很容易给人以歇斯底里的感觉，让客人望而却步。

在工作中捻指也是应该避免的。捻指就是用手的拇指和食指弹出“叭叭”的声音，它所表达的意义比较复杂：有时是表示高兴；有时是表示对对方所说的话很感兴趣或是完全赞同；有时则是表示某种轻浮的动作。为了避免在工作中让客人产生歧义，要尽可能少用无谓的手势。

(5) 手势放任

有些人习惯时不时地抚摸自己的身体，如摸脸、擦眼、搔头、挖鼻、剔牙、抓痒、搓泥等。这些手势会给他人留下缺乏公德意识、不讲究卫生、个人素质低下的印象。更不能搔首弄姿，显得不够端庄。

3.4 旅游从业人员的表情神态规范

表情是指一个人通过面部形态变化所表达的内心的思想感情。它是心情的体现，也是人性的镜子。人的脸被称为第一表情，而手、腕、肩名列第二，身体和脚则为第三。旅游从业人员的面部表情可以给旅游者以最直接的感觉和情绪体验。

一个人的面部表情，并不是指他的长相美丑，而是自然而然表现在脸上的，体现人的内心感受和思想感情。容貌大多是父母遗传的，只有表情才是我们每个人所拥有和掌握的。

3.4.1 眼神

眼睛是心灵的窗户，能表达复杂、微妙、细腻、深邃的感情。它能如实地反映人的内心思想感情和思维活动。

眼神应保持坦然、和善、热情、乐观。冷漠、傲慢、贪婪的眼神，都是不健康的，会让别人产生抵触情绪；左顾右盼、挤眉弄眼、用白眼或斜眼看人，是不礼貌的。人们在日常生活中借助于眼神所传递的信息，称为眼语。在人类的感觉器官中，眼睛最为敏感，它通常占人类的70%左右。

(1) 注视的部位

在服务的时候，可以注视对方的常规部位有以下几个：

①对方的双眼、上三角区域。注视对方的双眼，既可表示自己全神贯注，又可表示对对方所讲的话正在洗耳恭听。扩大一点的范围是眼睛至上额这部分，也称为上三角区。问候对方、听取诉说、征求意见、强调要点、表示诚意、向人道贺或与人道别时，皆应注意对方双眼，但时间上不宜过久；洽谈、磋商、谈判等场合注视上三角区给人以认真、严肃的感觉。

②对方的面部、中三角区。与服务对象较长时间交谈时，可以对方的整个面部为注视区域。注视他人的面部时，最好是对方的眼鼻三角区，而不要集中在一个区域，以散点柔视为宜。

③对方的全身。同服务对象相距较远时，服务人员一般应当以对方的全身为注视点，在站立服务中，往往如此。

④对方的局部。服务工作中，往往会因为实际需要，而对客人身体的某一部位多加注视。例如，在递接物品时，应注意对方的手部。

(2) 注视的角度

在工作中，既要方便服务工作，又不至于引起服务对象的误解，就需要有正确的注视角度。

①正视对方。也就是在注视他人的时候，与之正面相向，同时还需将上身前部朝向对方。正视对方是交往中的一种基本礼貌，其含义表示重视对方。

②平视对方。在注视他人的时候，目光与对方处于相似的高度。在服务工作中平视服务对象，可以表现出双方地位平等和自己不卑不亢的精神面貌。

③仰视对方。在注视他人的时候，因本人所处的位置比对方低，需要抬头向上仰望对方。仰视对方，往往会给对方留下信任重视的感觉。

④在工作岗位上，服务人员为互不相识的多位客人服务时，需要按照先来后到的顺序对每个客人多加注视，又要同时以略带歉意、安慰的眼神，去环视等候在身旁的客人。巧妙地运用这种兼顾多方的眼神，可以对每一位服务对象给予兼顾，表现出善解人意的优秀服务水准。

3.4.2 微笑

嘴巴是一个人面部表情中比较显露的突出部位，是生动多变的感情表达语。嘴巴传达信息的功能仅次于眼睛。我们应该了解并掌握不同嘴部动作的确切含义：嘴角上扬，微微露出牙齿的双唇，给人以热情、友好、诚恳、和蔼、可亲的感觉；紧闭双唇，表示严肃或专心致志；撅起双唇，表示不高兴；努努嘴，表示怂恿或撺掇；撇撇嘴，表示轻蔑或讨厌；咂咂嘴，表示赞叹或惋惜。

毋庸置疑，发自心底的微笑，会给对方留下温暖的感觉，它是最富有吸引力、最有价值的面部表情。不同职业和身份的人，如充分意识到微笑的价值，并在各种场合恰如其分地运用微笑，就可以传递情感、沟通心灵、征服对手。在服务工作中，初次与客人见面，给对方一个亲切的微笑，瞬间就会拉近双方的心理距离，使客人有宾至如归的感觉，而客人向服务人员报以微笑，就显示了尊重和理解。

古人云："没有笑颜不开店。"微笑可以赢得高朋满座，产生最大的经济效益。世界上不少著名企业家也深知微笑的作用，奉其为治店的法宝，企业的成功之道。美国一家旅行社总裁胡顺老先生曾衷心告诫东航的空姐们："Smile，Smile，Smile 等于成功。"希尔顿饭店董事长康拉德·希尔顿视微笑为效益的先导，饭店的成功之宝。"希尔顿的微笑"不仅挽救了经济大萧条、大危机时代的希尔顿饭店，而且造就了今天遍及世界五大洲的五星级希尔顿饭店集团。康拉德·希尔顿曾经指出："酒店的第一流设备重要，而第一流的微笑更为重要。如果没有服务人员的微笑，就好比花园失去了春日的阳光和春风。"举世瞩目的泰国曼谷东方饭店，曾数次摘取"世界十佳饭店"的桂冠，其成功的秘诀之一，就在于把"笑容可掬"列入了迎宾待客的规范，从而获得殊荣。有鉴于此，在许多国家的旅游从业人员岗前培训中，微笑被列为重要的培训科目之一。

我们所推崇的微笑，是笑得甜美、笑得真诚。要保持这样的微笑，要做到以下几点：

①保有敬业、乐业的思想与感情。即员工心灵深处对自己的职业有正确的认识及情感与情绪上的体验。

②加强心理素质的锻炼，努力增强自控力，克服不良情绪的外露，保持心境的喜悦。因此，在上岗前，要求员工全力排除一切心理障碍和外界的干扰，全身心地进入角色，从而将甜美、真诚的微笑，友善、热忱的目光，训练有素的举止，亲切动听的话语融为一体，以最完美的神韵出现在客人面前。

③加强必要而严格的训练。除上述思想、心理素质培养外，还可以适当借助于某种技术上的指导。关于微笑的训练，有以下几种方法：

①含箸法。含箸法就是利用筷子作为辅助工具进行微笑训练的一种方法。具体方法是：选择一根洁净光滑的木筷子，用两颗门牙轻轻咬住筷子的中部，对着镜子观察，尽力让自己上翘的嘴角高于筷子，使嘴唇呈现美丽的弧度。也可以用拇指抵住下巴，用两根食指向上推动嘴角，之后凝固和保持面部表情，此时能看到上排 8 颗牙齿就是一个比较合适的微笑，然后再次轻轻咬住筷子，发出"一"的声音，同时嘴角向上向下反复运动，反复几次后，再轻轻取下筷子，让自己微笑的表情保持几秒钟。

最初进行训练时，会比较难，两侧的嘴角也许不能同时上升，但若反复练习，就会在不知不觉中使两边嘴角一起上升，形成职业而美丽的微笑。

②对镜微笑法。对镜微笑法是一种比较常见、很有效果的训练方法，具有随时随地、道具简单、颇有趣味等优点。具体方法是：拿一面镜子，端坐镜前，调整呼吸让自己轻松、平静、自然、舒畅，让自己的心情愉悦起来，然后将嘴角微微翘起，面部肌肉随之舒展开来，同时注意眼神的配合，使面部肌肉放松、舒展，呈现愉悦的微笑表情。

③模拟微笑法。模拟微笑法是一种简单易行的训练方法，对于调节心情、改善微笑形象有很大的帮助。具体方法是：首先轻合双唇，将两根食指伸出，其余四指半握空心拳，两食指指尖相对，放置在嘴前 15~20 厘米处。之后让两食指指尖缓慢匀速地分别向左右两侧移动，使之拉开 5~10 厘米的距离，同时嘴唇随两食指移动速度而同步加大唇角的展开度，并在意念中形成美丽的微笑。让微笑停留 5 秒钟左右，再将两食指缓慢匀速地向中间靠拢，直至两根食指相对，同时展开的唇角与两指移动的速度同步缓缓收回。

④情绪诱导法。情绪诱导法就是尽力利用外界环境、物品的诱导、刺激，来引起情绪的愉悦和兴奋，从而唤起微笑欲望的方法。比如泡上你喜欢的咖啡或茶、打开你喜欢的书、看你喜欢的某条短信或照片、回想生活中某些快乐的片段、听自己喜欢的容易让自己开心的音乐、观看喜欢的电影片段等，从中寻找快乐与微笑。

⑤记忆提取法。记忆提取法是演员在训练中常采用的一种方法，也被称为情绪记忆法。就是将自己过去那些最愉快、最开心、最令人喜悦的片段和画面，从记忆中唤醒，使这种情绪重新袭上心头，重享那惬意的时光，从而绽放微笑。

⑥词语训练法。默念英文单词“cheese”，形成微笑口型并保持。

《案 例》

左手服务惹人恼

小顾是某星级大酒店的餐厅服务员，她对待客人热情友好，服务出色，因而颇受重用。有一天，酒店接待了一个东南亚某国的经贸代表访问团，餐厅专门派她进行 VIP 厅的餐饮服务工作。举止大方、动作得体的小顾，竟由于行为不慎，招惹了一场不大不小的麻烦。

小顾在为客人分派菜点的时候，由于一时疏忽，竟用左手将盘子递出。见此情景，该客人神色骤变，非常不高兴地将盘子重重放在桌子上，一脸阴沉。

原来，在东南亚的某些国家，人们是很忌讳用左手递东西和握手的。小顾就是因为服务时的大意而造成了宴会服务的不愉快。

内容小结

本项目主要介绍了旅游服务工作中几种主要的行为仪态，包括站姿、坐姿、蹲姿、走姿、手势以及表情神态等，同时重点阐述了各种仪态的基本要求和所应注意的事项。通过对本章的学习，旅游工作者不仅可以掌握最基本、规范的服务仪态，还可以养成落落大方的神情举止。

☞ 实训项目

项目一：站姿训练

训练要求：

(1) 要求两人一组，背对背站立，两人的小腿、臀部、双肩、后脑勺部贴紧，两人的小腿之间加一张小纸片，不能让其掉下。老师不断提醒动作要领，并逐个纠正。学生进行自我调整，尽量用心去感受动作要领。每次训练不少于10分钟。

(2) 教师主要观测点：学生是否掌握站姿基本要领，后脑、肩部、小腿、脚跟是否保持在一个面上。

项目二：坐姿训练

训练要求：

(1) 选6个人上台，有针对性地做出不同坐姿。老师不断提醒动作要领，并逐个纠正。学生进行自我调整，尽量用心去感受动作要领。每次训练不少于10分钟。

(2) 教师主要观测点：腿不摇、脚不跷，不要呈现慵懒姿态。

项目三：走姿训练

训练要求：

(1) 双肩双臂摆动训练：身体直立，以身体为轴，双臂前后自然摆动。摆幅要适度，注意纠正双肩过于僵硬、双臂左右摆动的毛病。

(2) 步位、步幅训练：在地上放一长绳进行步位训练。即行走时检查自己的步位和步幅是否正确，纠正“外八字”“内八字”及步幅过大或过小的毛病。

(3) 顶书训练：将书本置于头顶，保持行走头正、颈直、目不斜视，纠正走路摇头晃脑、东张西望的毛病。

(4) 步态综合训练：训练走路时各种动作的协调性，最好配上节奏感较强的音乐，注意掌握好走路时的速度、节拍。保持身体平衡，双臂摆动对称，动作协调。

教师主要观测点：学生在练习行走时的双肩、步位、步幅、步态的情况。

项目四：递物训练

训练要求：

（1）将学生进行两两分组，分别扮演前台接待员和客户，用书本、鲜花、名片、小刀作为交接的物品。

（2）具体步骤：

①用双手递接物品；

②递给他人的物品应直接交到对方手中；

③若双方相距过远，递物者应主动走向接物者；

④带有文字的物品递交他人时，要使之正面朝向对方；

⑤将尖利的物品递交给他人时，应使尖、刃朝向自己或是朝向别处；

⑥面带微笑，表情自然。

项目五：表情训练

训练要求：

（1）目光训练。将学生分为若干组，练习用目光与对方交流，试着揣摩对方的心理。

（2）微笑训练。

视觉训练法：面对镜子微笑，找出自己最满意的笑容，然后保持此笑容，时间持续1分钟。

发声训练法：借助一些字词发音时的口型进行训练。如汉语中的“茄子”“姐姐”“钱”等字词，当默念这些字词时所形成的口型正好是微笑的最佳口型。

教师组织学生根据以上两种微笑训练法进行练习，同时评价、纠正学生的微笑。

第四章
旅游服务人员沟通礼仪

【知识目标】

1. 掌握称呼礼仪、介绍礼仪、名片礼仪、握手礼仪。
2. 熟悉问候礼仪、致意礼仪。
3. 掌握交谈礼仪。
4. 掌握规范的服务用语。
5. 掌握电话礼仪和交谈礼仪。

【能力目标】

1. 能够按照规范要求与他人握手。
2. 能够按照规范要求进行自我介绍、他人介绍和集体介绍。
3. 能够按照规范要求正确使用名片。
4. 会正确地拨打电话和接听电话。

4.1　旅游服务人员的沟通礼仪

《案　例》

日本便利店的礼貌用语

日本便利店巨头伊藤洋华堂旗下的7—11日本株式会社先进的便利店员工管理经验值得我们借鉴。对顾客的寒暄用语是7—11员工管理的重要内容。7—11规定店员用的寒暄用语一般有5种标准形式:“欢迎您”“非常感谢”“是，知道了”“请稍稍等一会儿”“非常抱歉”。除这5句标准寒暄用语外，7—11在工作台里还列有其他7句，只是到目前为止，尚未广泛使用。7—11将对顾客的标准寒暄用语贴在墙上，以督促员工规范自己的行为和言语，无论店主、店员还是临时店员都必须如此。

7—11发现，如果是老顾客，仅这5句用语显得单薄，缺乏人情味。为此又制定了针对老顾客的用语，包括“早上好”“中午好”“晚上好”“请慢走”“您辛苦了”“您劳累了”“请多休息”，此外还有“真热呀”“春天来了”“天气转凉了”等与节气有关的用语。店员在使用这些寒暄语时，必须面带笑容，真正让顾客体会到7—11的温暖和热情。

7—11的工作内容非常细。例如：结算时的待客行为规定，顾客结算时，必须高喊“欢迎您”；面对顾客时，同事之间不能窃窃私语；面对认识的顾客不能随意聊天；要清楚地高诵每件商品的名称、价格，同时结账；确认顾客预交款，在未算完账前，不能把预交款放进收款机；在顾客购买食品时，要问一句“需要加热吗”；顾客等待时，一定要说“让您久等了”；加热后的商品必须手持交给顾客，以保证商品是温的。

在7—11的员工管理中，还有一项特殊的经营理念，这就是人心增值论。该理念认为，东西用的时间越长，价值就越小。唯有一种不因时间流逝而减少，反而能增值的，这就是“人心”。所以，7—11有一套培养、维系顾客人心的经营体系。据说，在东京一家7—11店铺中有一个锦囊，当对顾客的提问不知如何回答时，会说“请稍稍等一会儿”，然后，请教其他同事，如果仍不知道如何回答时，就得请教这个锦囊。让我们看看锦囊里说的是什么：不准向顾客说“我不知道”，而应该回答“您稍微等一会儿，我去查一查”；如果当时顾客急着走，应当说“明天路过本店时，我们将查到的结果告诉您”；或者说“我们马上去查，请将您的联系方式告诉我们行吗”。7—11的人心增值论还规定，如果碰到行人问路，店员绝对不能说“不知道”，而应该手持地图亲自到店外，为行人指明道路。此外，碰到老年人进店，要帮助老人拿东西；下雪天，进来小孩，要高喊“小心摔倒”，这些都是7—11人心增值论的重要内容。

4.1.1 称呼礼仪

正确地称呼对方是人与人交流的第一步，是尊重对方的重要表现。不使用称呼或者使用称呼不当，都是一种失礼的行为。旅游接待工作中，正确、礼貌的称呼，能够体现对客人的重视和尊重，同时也能体现自身的修养和服务品质。称呼的使用可以分成常见的五种类型：

（1）一般称呼

男宾无论其年龄大小与婚否，可统称为“先生”。女宾则应该根据其婚姻状况来确定称呼：对已婚女子称“夫人”（东南亚国家称“太太”）或“女士”；对未婚女子称“小姐”；对婚姻状况不明的女宾，可称“小姐”或“女士”。以上称呼可以连同姓氏名、职衔一起使用，如“史密斯先生”“格林太太”“布朗小姐”“总裁先生”“法官先生”等。

（2）职务性称呼

职务性称呼，即以交往对象的职务相称，以示身份有别、敬意有加，这是一种最常见的称呼。职务性称呼包括以下三种：

①称“职务”。比如总经理、董事长等，多用于熟人之间。

②称“姓氏+职务”。比如张总经理、李董事长等，适用于一般场合。

③称“姓名+职务”。比如张强总经理、李进董事长等，适用于极为正式的场合。

（3）职业性称呼

①以其职业性称呼相称。在一般情况下，常以交往对象的职业称呼对方。例如，可以称教员为老师，称医生为大夫，称驾驶员为司机，称警察为警官，等等。此类称呼前，一般均可加上姓氏或姓名。

②以其约定俗成的称呼相称。例如，对服务行业的从业人员，人们一般习惯称之为小姐或先生。这类称呼前，亦可冠以姓氏或姓名。

（4）职称性称呼

对于具有职称者，尤其是具有中、高级职称者，在工作中可直接以其职称相称。在有必要强调对方技术水准的场合，尤其需要这么做。职称性称呼包括以下三种：

①称“职称”。比如工程师、教授等，多用于熟人之间。

②称“姓氏+职称”。比如王工程师、李教授等，适用于一般场合。

③称“姓名+职称”。比如王海工程师、李红教授等，适用于十分正式的场合。

（5）学衔性称呼

在一些有必要强调科技或知识含量的场合，可以学衔作为称呼，以示对对方学术水平的认可和对知识的强调。学衔性称呼包括以下四种：

①称“学衔”。例如，博士，它多用于熟人之间。

②称“姓氏+学衔”。例如，王博士，它常用于一般性交往。

③称“姓名+学衔”。例如，王刚博士，它仅用于较为正式的场合。

④称“具体化学衔+姓名”。即明确其学衔所属学科，例如，经济学博士王刚、工商管理硕士马长红等。此种称呼显得最为郑重。

（6）性别性称呼

对于从事服务性行业的人，一般约定俗成地按性别的不同分别称呼“小姐”“女士”或“先生”，“小姐”称未婚女性，“女士”称已婚女性。

（7）姓名性称呼

在工作岗位上称呼姓名，一般只限于同事、熟人之间。

在不同的服务环境，对客人的称呼也会有不尽相同的选择和要求。

在服务行业，比较通用的是称呼男性为“男士”或“先生”，称呼未婚女性为“小姐”，称呼已婚女性为“女士”。

对一些非常熟悉的客人，已经明确知道对方的名字和职务，在迎宾时可以称呼泛尊称“先生”或“女士”，而在继续进行后续细致服务时可以根据实际情形改称客人的姓加职务，比如“王总”，以显示对熟悉客人的特别服务。

姓氏服务也是酒店服务中比较常见的，为了给老客人以熟悉感和亲切感，在为一些熟悉的客人和 VIP 客人服务时，应使用姓氏服务，这就意味着当已经知道客人姓“刘”时就不能简单地称呼“先生”，而应亲切友好地称呼“刘先生”。

总体来说，在旅游服务工作中选择称呼既要合乎常规，又要符合客人要求。在体现尊重、体现平等的同时，还要考虑实际、考虑场合，比如我国习惯称呼职务、职称等时前面要加上姓氏，但英美国家一般在称呼时不加；再比如有职务的客人，在相对私密的场合可以称呼职务，但在公共场合就应称呼先生。除此之外，还要考虑和顾客的距离，不能为了表示熟悉，就直接以“哥”“姐”相称，让客人尴尬。

小资料

接待工作中的称呼禁忌

进行人际交往，在使用称呼时，一定要回避以下几种错误的做法。其共同的特征是失敬于人。

（1）使用错误的称呼

使用错误的称呼，主要在于粗心大意，用心不专。常见的错误称呼有两种。

①误读。一般表现为念错被称呼者的姓名。比如“郇”“查”“盖”这些姓氏就极易弄错。要避免犯此错误，就一定要做好先期准备，必要时多查多问，虚心请教。

②误会。主要指对被称呼者的年纪、辈分、婚否以及与其他人的关系作出了错误判断，比如，将未婚妇女称为“夫人”，就属于误会。

（2）使用过时的称呼

有些称呼，具有一定的时效性，一旦时过境迁，若再采用，难免贻笑大方。比方说，在法国大革命时期，人们彼此之间互称“公民”；在我国古代，对官员称为“老爷”“大人”。若将它们全盘照搬进现代生活里来，就会显得滑稽可笑，不伦不类。

（3）使用不通行的称呼

有些称呼，具有一定的地域性，比如北京人爱称人为“师傅”，山东人喜欢称呼“伙计”；但是，南方人听来，“师傅”等于“出家人”，“伙计”肯定是“打工仔”。中国人把配偶称为“爱人”，小孩称为“小鬼”。而外国人则将“爱人”理解为“婚外恋”中的“第三者”，将“小鬼”理解为“鬼怪”“精灵”。可见，相同的称呼，不同地域、国度的人理解起来却“南辕北辙”，容易产生误会。

（4）使用不当的行业称呼

学生喜欢互称为“同学”，军人经常互称“战友”，工人可以称为“师傅”，道士、和尚可以称为“出家人”，这本无可厚非。但以此去称呼“界外”人士，想表示亲近，没准对方不仅不领情，反而产生被贬低的感觉。

(5) 使用庸俗低级的称呼

在人际交往中，有些称呼如“兄弟”“朋友”“哥们儿”“姐们儿”“瓷器”“死党”“铁哥们儿”等，带有明显的社会人员的风格，不适合在正式场合使用。逢人便称“老扳”，也显得不伦不类。

(6) 使用绰号作为称呼

对于关系一般者，切勿给对方起绰号，更不能随意以道听途说来的对方的绰号去称呼对方。至于一些具有侮辱性质的绰号，如“北佬”“阿乡”“鬼子”“鬼妹”“拐子”“秃子”“罗锅”“四眼”“肥肥”“傻大个”“柴禾妞”“北极熊”“黑哥们”“麻杆儿”等，更应当避免。另外，还要注意，不要随便拿别人的姓名乱开玩笑。要尊重一个人，必须首先学会去尊重他的姓名。每一个正常人，都极为看重本人的姓名，不容他人对此进行任何形式的轻践。对此，在人际交往中，一定要予以牢记。

4.1.2 问候礼仪

问候礼通常简称为问候、问好、问安，或者称为打招呼。它是指在与他人相见时，以专用的语言或动作向他人询安问好。一句简单的问候，“早晨好”“下午好”“晚上好”，或者说一声“您好”，就能表达对客人的尊敬。对熟人不打招呼，或者别人给你打招呼你装作没听见，都是不礼貌行为。

在旅游接待工作中，接待人员在需要问候接待对象时，应注意如下三个方面。

(1) 问候次序

一个人问候另一个人时，通常是“位低者先问候”，即身份较低者或较年轻者先问候身份较高者或年长者，如职位低者先问候地位高者，男士先问候女士等。

一个人问候多人时既可以笼统地加以问候，比如说“大家好”；也可以逐个加以问候。当一个人逐一问候许多人时，既可以由“尊”而“卑”、由长而幼地依次而行，又可以由近而远依次而行。问候时要主动、热情、自然，别人问候自己要立即予以回应，问候别人时要热情、友好、自然大方，不要神态夸张或扭扭捏捏。问候时要口到、眼到、意到，专心致志，面含笑意，注视对方。

(2) 问候内容

“您好”是最常用的问候语，适用于任何场合、任何时间，但切忌一味地使用“您好”。旅游接待人员应当根据具体的时间和地点，选择合适的问候语。

与客人初次见面时，应主动对客人说："您好！欢迎光临！"或"您好，见到您很高兴。"若是已认识的客人则说："××小姐（××先生），欢迎再次光临……"或"××小姐（××先生），我们一直在恭候您的再次光临。"

在一天之中不同的时间问候客人，应注意采用不同的问候语，如"早上好""您早""中午好""晚上好"等。

当前在国际交往中，问候用得比较多的是"您好"，需要注意的是：在关系比较熟悉的情况下才使用这样的招呼用语；在关系不太熟悉的情况下，或是为了表示尊重，比较有把握的问候用语是"早晨好""下午好""晚上好"。

在美国，人与人问候比较随便，大多数情况下，只要不是初次见面，都可以用"你好"来打招呼，很少讲究身份、年龄和级别等；欧洲人就不那么随便了，比如年轻人对年长者、身份低的对身份高的，就不宜使用最简单的用语"Hello"来打招呼，而应该用"早晨好""下午好""晚上好"等用语来打招呼。

在巴基斯坦及中东地区国家，由于多信奉伊斯兰教，问候的第一句话就是"真主保佑"，以示祝福。在泰国、缅甸、斯里兰卡等信奉佛教的国家则说："愿菩萨保佑。"

《案 例》

如何使用敬语

某天中午，一位下榻饭店的外宾到餐厅去用午餐。当他走出餐厅时，站在电梯口的一位女服务员很有礼貌地向客人点头，并用英语说："您好，先生！"

客人微笑地回答道："中午好，小姐。"

当客人走进餐厅后，迎宾员讲了同样的一句话："您好，先生！"

那客人微笑地点了一下头，没有开口。

客人吃好午饭，顺便到饭店的庭院走走。当走出大门口时，一位男服务员又是同样的一句话："您好，先生！"

这时，这位客人只是敷衍地略微点了一下头，已经不耐烦了。

客人重新走进内大门时，不料迎面而来的仍然是那个男服务员，又是"您好，先生！"的声音传入客人的耳中。此时客人已反感，默然地径直乘电梯回客房休息，谁知在电梯口仍碰见原先的那位服务员小姐，又是一声："您好，先生！"

客人到此时忍耐不住了，开口说："难道你不能说一些其他的话同客人打招呼吗？"

如此贫乏的"礼貌"，使客人觉得整个服务过程就像是一道程序。服务员显然经过培训，但其服务效果却不理想。

4.1.3 致意礼仪

在现代社会交往中，致意指的是特殊情形下表示无声问候的礼节。在对方能看到自己，但又不方便与对方语言交流的时候，致意是传达问候的一种最好的方式。根据双方所处情形的不同，致意可分为5种不同的形式。

（1）微笑致意

微笑致意即面带浅浅的笑容向对方致意。它适用于初次见面的人或相识不深者，在同一地点，彼此距离较近但又不适宜交谈的场合；也可用于在同一场合多次相遇的相识者之间的相互问候。

（2）举手致意

彼此相识的人在公共场合相见，且相隔距离较远时，可以相互举手致意。致意时，应将右手高举过头顶，掌心朝向对方，同时目光注视对方，轻轻晃动一下手即可，摆动幅度不应过大，也不要来回反复摆动。

旅游接待人员若看到客人用这种方式和自己打招呼，切不可也使用这种方式向客人答礼，而应施以鞠躬礼。

（3）点头致意

点头致意是指目光注视对方，头微微向下一点的致意形式。在不便于和客人交谈的场合，如会议、会谈进行中；在迎送客人或其他没有必要正式鞠躬行礼却又需要向客人示意的场合，旅游接待人员可以向客人点头致意。

（4）欠身致意

欠身致意即身体的上部稍微向前倾斜，表示对他人恭敬的致意形式，通常欠身幅度应在15°以内。当旅游接待人员坐着时，如酒店前厅的大堂经理，可以以欠身致意的方式和客人打招呼。只需将上身微微向前一躬，不必完全站起来，就能表示对客人的欢迎和尊重了。

（5）鞠躬致意

迎送尊贵的客人时，可以向客人鞠躬致意。行鞠躬礼必须脱帽，双腿立正，目光注视受礼者，以腰为轴，上身向前倾。男士的双手应自然下垂在身体两侧，女士则应将双手合拢，右手搭在左手手背上，轻轻放于身前。鞠躬的幅度越大，就表示越尊重对方。

一般的问候、打招呼时，鞠躬的幅度为15°左右，迎客、送客表示诚恳之意时，鞠躬的幅度为30°~40°，90°的大鞠躬常用于悔过、谢罪等特殊情况。

4.1.4 介绍礼仪

介绍是日常生活及社交活动中人与人结识的一种重要方式，是人际交往中与他人沟通、建立联系、增进了解的一种最基本、最常见的礼节，是人与人相互沟通的第一步。在旅游服务接待工作中，如能正确地利用介绍，不仅可以扩大自己的交际圈，广交朋友，还有助于自己进行必要的自我展示和自我宣传。因此在接待场合中，接待人员必须熟练掌握有关介绍的相关礼仪。

（1）自我介绍

自我介绍就是在社交场合向别人介绍自己，以使对方认识自己的一种礼节。它是人际交往中常用的一种介绍方式，也是必要的情况下十分有效的沟通途径。为了使自我介绍给对方留下良好而深刻的印象，进行自我介绍时应注意要先递名片，时间要简短，内容要完整。

自我介绍根据不同场合、不同对象和实际需要，其重点是不一样的，应该具有鲜明的针对性，不能千人一面。应酬式的自我介绍，应该简洁明了，只介绍一下姓名即可；工作中的自我介绍，除介绍姓名外，还应介绍工作单位和从事的具体工作，如“你好，我是某某单位的经理”。在社交中的自我介绍，则需要进一步地交流和沟通，可在介绍姓名、单位和具体工作的基础上，再介绍兴趣、爱好、经历、同交往对象的某些熟人关系等，以便加深了解，快速找到共同的谈话内容。

自我介绍要选择适当的时机，在对方有兴趣、有需要、干扰少、情绪好的时间来介绍自己，同时要简洁明了，用的时间不宜过长，切不可信口开河、东拉西扯。自我介绍还要把握好态度，要实事求是，既不要过分谦虚，也不要自吹自擂、夸大其词。

自我介绍时要注意自己的举止和表情，举手投足要庄重、大方、充满自信、饱含热情，面部表情要亲切自然、面带微笑，善于用眼神表达自己的和善可亲和渴望交往之情。介绍时还要注意自己的语音、语调和语速，语气自然、语速正常、吐字清晰、从容不迫，以便让别人听清楚，并生交谈之心。

（2）介绍他人

介绍他人，又称第三者介绍。在正式的会见场合，一般都是由第三者来完成介绍。第三者介绍时，首先，要了解双方是否有结识的愿望，一般要慎重，不能贸然行事，以免双方陷入不情愿之中，反而引起尴尬；其次，还应说明自己和被介绍人之间的关系，以便于新结识的朋友之间相互了解与增进信任。

在为他人作介绍时，必须遵守“尊者优先了解情况的原则”。即在为他人作介绍前，先要确定双方相对来说地位的“尊卑”，先介绍位卑者，后介绍位尊者。这样做，可以让位尊者优先了解位卑者的情况，以便在交际中掌握主动权。一般情况下，介绍顺序的国际惯例是：把身份低的介绍给身份高的，把年轻的介绍给年长的，把男士介绍给女士，把未婚的介绍给已婚的，把主人介绍给客人，把晚到者介绍给早到者。

介绍他人时要求语言简练，介绍时要热情、诚恳，将双方情况表述清晰，在语言表达上不要过于突出某一方，除非另一方有此要求。在双方都介绍完后，尽量找出双方可以继续往下交流的话题，真正起到为双方穿针引线的作用。

介绍人也应当注意礼节，手势动作应优雅，无论介绍哪一方，都应手心朝上，四指并拢，拇指张开，指向被介绍的一方，并向另一方点头微笑，切忌伸出手指指来指去，有失礼仪。被介绍者应面对对方，且面带微笑注视对方。被介绍双方在介绍完毕后，通常应互相握手问好。

在公务交往中，介绍人应由公关礼仪人员、秘书担任；在社交场合，东道主、长者、女主人、身份较高者或与被介绍的双方均有一定交情者都可以担任介绍人。

（3）集体介绍

集体介绍是他人介绍的一种特殊形式，是指介绍者在为他人介绍时，被介绍者其中一方或双方不止一个人。在需要做集体介绍时，原则上应参照他人介绍的顺序进行。由于在正式活动中或隆重的场合，介绍顺序是个礼节性极强的问题，因此做集体介绍时，应根据具体情况慎重对待。

①被介绍双方地位相似。当被介绍双方地位、身份大致相似，或者难以确定时，应遵循“少数服从多数”的原则，即应使人数较少的一方礼让人数较多的一方，一人礼让多人，即先介绍人数较少的一方或个人，后介绍人数较多的一方或多数人。

②被介绍双方地位不同。若被介绍者双方地位、身份存在明显差异，这时应以地位、身份高者为尊，先介绍位卑的一方，后介绍位尊的一方，即使尊者人数少甚至只有一人，仍应被置于尊贵的地位，最后加以介绍。

③人数较多的双方介绍。当被介绍双方均为多数人时，应依据礼仪，先介绍位卑的一方，后介绍位尊的一方。在介绍各方人员时，均须由尊而卑，依次介绍。

④人数较多的多方介绍。当被介绍者不止双方，而是多方时，应根据合乎礼仪的顺序，确定各方的尊卑，由尊而卑，按顺序介绍各方。如果需要介绍各方的成员时，也应按由尊到卑的顺序，依次介绍。

4.1.5 名片礼仪

我国古代的名片，据说是用竹木削制而成的薄片，在上面写上姓名，当时叫做“名刺”。通常给门房一张名刺，请他进去通报，显得知书达理。现在普遍称为“名片”，在当代社会的私人交往和公务交往中，名片是最经济、最通用的介绍媒介，被人称作自我的“介绍信”和社交的“联谊卡”，具有证明身份、广交朋友、联络感情、表达情谊等多种功能。

一张名片最多使用两种文字。制作名片时，最佳做法是在一张名片的两面，分别以简体汉字、少数民族文字或外文印制相同的内容，但不要把两种文字交替印在名片的同一面。

（1）递送名片

参加正式活动时，应当随身准备好名片并放入专门的名片夹中，装在易于取出的口袋里。需要递送名片时，应起身站立，走到对方面前，面带微笑，眼睛友好地注视对方，用双手的大拇指与食指夹住名片的两个角，将名片正面朝向对方，恭敬地递送过去，同时配以口头的介绍和问候，可以说“请多指教”“多多关照”“今后保持联系”“我们认识一下吧”等。

切勿以左手递交名片，不要用手指夹着名片给人，不要将名片背面递给对方或是颠倒着递给对方，不要将名片举得高于胸部，也不能低于腰部以下。

如果同时向多人递送本人名片，应讲究先后次序，可按由尊而卑或由近而远的次序，依次递送。切勿挑三拣四，采用“跳跃式”，否则容易被误认为厚此薄彼。当你想索要别人的名片时，最好先把自己的名片递给对方，所谓“来而不往，非礼也”，当你把名片递给对方的时候，对方一般都会回赠名片给你。

（2）接受名片

接受他人名片应当毕恭毕敬，双手捧接或者用右手接，眼睛友好地注视对方，口称“谢谢”，使对方感受到你对他的尊重。“接过名片后，首先要看”，这一点至为重要。要用半分钟左右的时间，从头到尾认真地看一遍，最好能将对方姓名、职务职称轻声地读出来，以示敬重，看不明白的地方可以向对方请教。将对方的名片收藏于自己的名片夹或口袋里后，随之递上自己的名片。如果接受了对方的名片，不递自己的名片，也不说明原因的话，是非常失礼的。

（3）存放名片

名片应统一放在名片夹、公文包或上衣口袋内，切忌放在裤袋内、皮夹内或其他不方便取出的地方。接过对方名片后，切不可随意摆弄或扔在桌子上，也不要随随便便地塞进臀部后面的口袋内或丢在包里，而应放在上衣口袋或名片夹里，以示尊重。

特别提示：名片不可在用餐时发送；切忌折皱、玩弄对方的名片；在别人的名片上做标记也是不礼貌的。

4.1.6 握手礼仪

握手礼是人们见面和分别时最常见的礼节，流行于全世界几乎所有的国家和地区。现代人握手时表示的含义很多：见面时表示友好、欢迎、寒暄：告辞时表示送别；其他场合或时间还可表示对他人的问候、感谢、祝贺、安慰等。

握手礼最早源于欧洲，那时人们见面时，无敌意的双方为了证明自己的友好，就要放下手中的武器，伸开手掌让对方摸摸手心，这种习惯逐渐演变成现代的握手礼。

（1）握手的方式

标准的握手方式，是在距握手对象约一米处，双腿立正，面带微笑，双目注视对方，上身略向前倾，自然伸出右手：四指并拢，拇指伸开，掌心向内，右掌应与地面垂直，手的高度大致与对方腰部上方持平，以手指稍稍用力握对方的手掌；上下稍许晃动三四次，然后松开手，恢复原状。为了表示对对方加倍的亲切和尊敬，也可以双手相握，即同时伸出双手，握住对方双手或右手。但是这种握手方式只在某种特殊情感下使用，男女之间不宜采用这种方式。

（2）握手的次序

握手的先后顺序应根据握手人双方的社会地位、年龄、性别和宾主身份来确定。一般遵循“尊者决定”的原则，即尊者先伸手。面对身份高者、年长者、女士时，不可先伸手行握手礼，只能先行问候礼或致礼；待对方向自己伸手后，才可向对方伸手回握。男女之间如女方无握手之意，男方可点头或鞠躬致意。倘若男方是长辈、上级，先伸手也是可以的。

迎来送往，主客有序。即迎接客人时，主人先伸手，以示热烈欢迎：客人告辞时，客人先伸手，主人再伸手回握，否则有逐客的嫌疑。同时主客双方都要注意，不能跨门槛或隔着门槛与对方握手。

身份相当时，谁先伸手不予计较。一般谁伸手快，谁更有礼。另外，表示祝贺对方、宽慰对方、谅解对方，要显得真心诚意的话，也应主动伸手。

礼节性握手应对等、同步，即一方伸出手来，另一方应毫不迟疑地立即回握。如果反应迟钝，未作回应，或者拒绝握手，会使对方陷入尴尬境地，并显得自己傲慢无礼。

(3) 握手的时间

握手时间的长短可根据握手双方的亲密程度灵活掌握。初次见面者，一般应控制在3秒钟以内，时间不宜过长，也不宜过短，不然会给人以应付、走过场的感觉。老朋友或关系亲近的人则可以边握手边问候，甚至双手长时间地握在一起。切忌握住异性的手久久不松开。

(4) 握手的力度

握手力度要适中，以不握疼对方的手为限度，以手指稍稍用力，让对方感到手掌的结实感为宜。若要表示出对服务对象的热情友好，握手时可以稍许用力，但力度切不可过大。男士与女士握手时，用力要轻一点，往往只握住女士的手指部分，以示尊重。但老朋友久别重逢，可用力地紧握，以示热情与高兴。有时还可伸出左手握住对方左手的手背，使劲地上下摆动，但不可握疼对方的手。

(5) 握手的忌讳

①左手相握。握手时，应该伸出右手，决不能伸出左手，伸出左手是失礼的。特别是有的国家、地区忌讳使用左手握手。在特殊情况下，不能用右手相握应说明原因并道歉。

②交叉握手。遇到两位以上交往对象，行握手礼时应逐一相握。有的国家视交叉握手为凶兆的象征，交叉成“十”字意为十字架，认为这样会招来不幸。

③不摘手套。因为戴手套本身就意味着讨厌别人接触你的手，即使对方跟你的关系非常好，这种握手也会产生不好的效果。在大多数国家，戴手套与别人握手既不礼貌也是对对方的侮辱。军人与他人握手时，不必脱军帽，应先行军礼然后握手。在西方国家，女士身着礼服帽、戴手套时，与他人握手可以不摘手套。

④厚此薄彼。同时面对多人，而你只同某一人握手，对其他人视而不见，这是极其无礼的行为。不仅要与在场的所有人握手，还要与每人握手的时间大致相同，切忌给人厚此薄彼的感觉。

⑤心不在焉。与人握手要真诚，微笑着注视对方是基本的礼貌。不要握手时东张西望、心不在焉或面无表情、有气无力。

除此之外，如果遇到以下几种情况，则不适宜握手：对方手部有伤；对方手上提着重物；对方正在忙于他事，如打电话、用餐、喝饮料、主持会议、与他人交谈等；对方与自己距离较远；对方所处环境不适合握手。如果自己的手是脏的，可以不与对方握手，但要及时向对方说明原因并诚恳表示歉意。

4.2 旅游服务人员语言规范

4.2.1 基本语言要求

(1) 使用礼貌服务用语的基本要求

礼貌服务用语是旅游业在接待客人时使用的一种礼貌语言，它是工作人员向客人表达意愿、交流情感和沟通信息的重要交际工具。使用礼貌服务用语的基本要求是：第一，声音甜美，悦耳动听；第二，态度诚恳，亲切感人；第三，用语准确，表达灵活；第四，言简意赅，明了清晰；第五，举止端庄，文雅大方。

礼貌用语是礼貌服务的基础，在人际交往中，使用礼貌用语已成为衡量语言美的重要标志。在生活和工作中，我们最常用到的礼貌用语有“您好”“请”“谢谢”“对不起”“再见”。这些用语简洁明了，通俗易懂，是人际关系的润滑剂，在人们交往过程中，如能经常使用这些用语，就可以避免许多不必要的误会和摩擦。

礼貌用语作为礼仪的表现形式，能把一个人对他人的友好和内心的素养表露出来，表达对他人的尊敬。在工作中使用礼貌用语是十分重要的，对于旅游从业人员，需使用规范的礼貌服务用语，它能表现一个人的风度和教养，也能缓解人与人之间的紧张关系，还能展现一个企业的管理风格和水平。

(2) 礼貌用语的分类

①问候语。

问候语是指在接待宾客时根据不同的对象、时间、地点所使用的规范化问候用语。

第一，根据接待对象使用不同的问候语。对外宾初次见面应说“How do you do, welcome to China”（您好，欢迎您来到中国）！熟人应说“How are you（您好）!”“先生（小姐、太太），欢迎您的光临”。千万不能用诸如“您吃饭了吗”或“您去哪儿”之类的话。对内宾则用规范问候语即可。

宾客若患病，则要主动表示关心，可以说“您好些了吗？祝您早日康复!”“请您多保重!”等慰问语。

第二，根据接待时间使用不同的问候语。按每天不同的时间问候客人，“您早!”“您好!”“早上好!”“下午好!”“晚上好!”“晚安!”与此同时，根据不同的需要，紧跟其他的一些礼貌用语。如有的客人外出一天，到晚上才回来，应说“先生（夫人、太太、小姐)，您辛苦了，我能为您做点什么吗?”

第三，根据接待地点使用不同的问候语。在宾馆，可以说“您好，欢迎下榻我们的宾馆（饭店)!”“您好，欢迎您的光临!”在博物馆时，可以说“您好，欢迎您来参观访问!”“您好，欢迎您的光临!”

②迎送语。

迎送语是我们欢迎或送别客人时的用语，分欢迎语和送别语。

欢迎语是用来迎客的，当客人进入自己的服务区时，必须要有欢迎语。常用的有：欢迎您、欢迎光临、欢迎您的到来、见到您很高兴。如果客人再次来到，可以用：欢迎您的再次光临。或者加上其姓氏、身份等的称呼，以示尊重，如“李小姐，欢迎您!”还可以加上问候语，以示对对方的重视和友好，如“张同志，您好！欢迎您再次光临!”致欢迎语时，通常会综合使用称呼语和问候语，并伴随符合礼仪规范的神情动作，如注目、微笑、点头、鞠躬等。

送别语是送别客人时必须使用的语言，常用的有：再见、您慢走、欢迎再来、欢迎下次光临、一路平安等。

③请托语。

请托语是向客人提出要求或求助于他人时使用的语言。旅游工作者常用的请托语有三种类型：

一是标准式请托语。主要用“请”，如请大家记住车牌号、请跟我来、请让一让等。

二是求助式请托语。常用的有：劳驾、拜托、打扰、帮帮忙等。

三是组合式请托语。这是前两种形式的综合运用。如“麻烦您让一让”“打扰了，劳驾您帮我照看一下”。

④祝福语。

接待体育、文艺及其他比赛、演讲类代表团时，应说“祝您在比赛中获胜!”“祝您一切顺利!”“祝您心想事成!”

遇到节日、生日、婚礼、旅游度蜜月等喜庆日子，应多说喜庆、吉祥、祝福的话，如“新年好!”“节日好!”“祝您圣诞节快乐!”“祝您生日快乐!”“祝您高寿!”“恭喜，恭喜!”“祝你们新婚愉快!”“祝你们白头到老!”等。但对香港、广州籍宾客，忌讳说快乐，因在发音中“Le（乐）”发“Luo”音，而“乐”与“落”同音，是商人的大忌。

⑤征询语。

旅游工作者常常需要对顾客进行征询，如主动提供服务、了解对方需求、给予对方选择、启发对方思路、征求对方意见时等。恰当的征询，能够适时地了解顾客的消费心理和需求，更好地为对方提供服务，也便于及时了解顾客的反馈，及时调整、改善、改进服务。常用的征询语有三种类型：

一是主动式。适用于主动向客人提供服务时。如“您需要什么?”“我能为您做点儿什么吗?”主动式询问要注意把握好时机，不要让人感到唐突、生硬。

二是开放式。开放式是提供选择的征询，提供多种方案，让对方有多种选择的余地，能够显示对对方的尊重和体贴。如“您是喜欢浅色的还是深色的?”“您是想住单人间还是双人间?”“您打算预订豪华包间、雅间还是散座?”“这里有……您愿意要哪一种?”

三是封闭式。多用来询问客人的意见，一般提供一种选择方案，以便对方及时决定是否采纳。如“您觉得这种形式可以吗?”“您要不先试试?”“您不介意我来帮帮您吧?”

⑥应答语。

应答语是旅游服务人员在回答客人问话时的礼貌用语。具体工作中，要根据不同的情况用好应答语。

对前来问询的客人，在客人开口之前，应面带微笑，倾身向前的同时主动说“您好，我能为您做什么?”

接受客人吩咐时应说“好，明白了!”“好，马上就来!”“您放心好了，我一定给您办好。”

没听清或没听懂客人的问话时应说“对不起，麻烦您，请您再说一遍”“很对不起，我没听清，请您再说一遍好吗?”

不能立即明确回答客人问话时应说“对不起，请您稍候”“对不起，请稍等一下”。

对等候的客人应该说“对不起，让您久等了”等。

当客人表示感谢时应说“别客气，这是我应该做的”“不用谢，我乐意为您服务”“不用谢，这是我应该做的”。

当客人因误解而致歉时应诚恳地说“没关系”“没关系，这算不了什么”。

当受到客人的赞扬时应说“谢谢，您过奖了”“承蒙夸奖，谢谢您了”“谢谢您的夸奖，这是我应该做的”。

当客人提出无理或过分的要求时，不要直接、生硬地说“不”，而应该说“很抱歉，我无法满足您的这个要求”“对不起，我们没有这种做法”，或者是满怀遗憾地说“哎呀，我也特想满足您的这种要求，但是我不能这么做”。

⑦致谢语。

旅游接待人员可使用致谢语来表达自己的感激之情，拉近与客人的关系。每当得到别人的馈赠、服务和帮助时，我们都要说声“谢谢”，即使是很不起眼的小事，如别人给我们让座，宴会上给我们递一个胡椒瓶、一个盘子，帮我们开门，我们都应道谢，包括别人愿意帮忙但没能帮上忙时，我们也要说声“谢谢”。感谢的表达，除了标准的

“谢谢”，还可以说“非常感谢”“万分感谢”等加强式感谢，也可以用具体式，即把感谢的内容一并提及，例如“给您添麻烦了”。

当客人协助完成工作时，应说“谢谢您的配合”“非常感谢您的帮助”等。

当接受客人赞扬时，应说“谢谢，您过奖了，不敢当”“承蒙夸奖，谢谢您了”等。

当客人对服务工作提出建议或意见时，应说“谢谢您的宝贵意见，我们一定会在以后的工作中改正”“谢谢您的关心，我们会认真考虑您的建议”等。

当客人对服务工作表示满意时，应说“谢谢您的鼓励，我们一定会再接再厉”“谢谢您，这些都是我们应该做的”等。

当重要的领导或贵宾莅临或讲话时，应说：“谢谢在座的各位领导”或“谢谢来自各地的朋友”等。

⑧推托语。

当接待人员暂时不能为客人提供服务时，可以使用一定的推托语，来缓解客人的不满。推托语有如下三种类型：

一是道歉式推托。当客人的要求难以立即满足时，不妨直接向对方表示自己的歉疚之情，以求得客人的谅解。

二是转移式推托。即不纠缠于某一具体的细节问题，而是主动提及另外一件事情，以转移对方的注意力。如“您可以去对面的店里看看”“我帮您向其他的航空公司询问一下吧”。

三是解释式推托。即在推托时尽可能准确地说明具体原由，以使对方觉得推托合情合理、真实可信。如“国家民航总局××号文件已经通知，机票不得自行打折”“下班后我们还有其他安排，很抱歉不能接受您的邀请”等。

（3）问候礼仪的培养

旅游接待服务行业，每天的工作内容就是以各种不同的方式与人打交道。要让客人能感受到高质量的服务，除了具备较高的专业知识素养外，最重要的就是旅游服务人员与客人沟通时礼貌用语的得体使用。那么怎样培养自己时时处处讲究礼貌，言必用礼貌用语呢？具体有以下几种方法。

①树立良好的礼貌用语意识。

良好的礼貌用语意识，除了要求从业人员有较高的个人修养外，更重要的是对自己服务角色的认同，摆正自己的心态。有了正确的态度，工作起来就心情舒畅，对客人服务就容易做到礼仪为先。

②培养丰富的个人感情。

一个人的个人感情，决定了他（她）是否具有积极健康的生活态度。富有生活朝气、对生活充满热情和进取精神的人，会始终积极地将自己融于社会、融于生活，生活的热情使他（她）充满了灵感，同时赋予其强烈的人际沟通意识。反之，情感冷漠的人，往往将自己封闭起来，拒绝接触社会，逃避人际间的沟通与交流，更谈不上以良好的礼貌用语将自己融于社会生活中，所以往往导致其在人际交往中语言表达上的呆板、木讷、沉默寡言，缺乏相融性。

③博览群书、丰富知识。

良好的礼貌用语习惯还依赖于丰富的谈资。很难想象一个知识贫乏、无话可谈、以沉默应对客人的人是一个很有礼貌的人。旅游服务人员要做到面对客人侃侃而谈、语言生动、妙语连珠，必须要有丰富而广博的知识积累。大体上说，日常谈资需要三种知识积累。

一是文化科学知识积累。文化科学知识包括政治、经济、军事、法律、历史、地理、自然科学知识、风土人情等，这些知识是一个人必备的基本文化素质修养。对于一个高级知识分子而言，出于关心、冷不丁地问一句“小姐，请问府上哪里?”如果你不知道“府上”的含义，将是十分尴尬的一件事。

二是社会知识积累。社会学知识包括教育学、心理学、公共关系学、人际关系学等，通过以上学科知识的学习，可以进一步懂得人的需要，人的感情、气质、性格等心理特征，从而在人际交往活动的语言表达中做到知己知彼、游刃有余。

三是文学知识积累。文学知识赋予语言丰富的情感色彩，包括名人名言、成语典故、名篇佳作、奇闻异事等，大大丰富了谈话的内容，增强了语言感染力，会收到意想不到的效果。

④积极的语言实践锻炼。

强烈的礼貌用语意识只是一种潜能，要想使自己成为一个有礼貌的人，还必须借助语言这一外在形式表达出来。而语言表达是一种能力，能力的获得离不开实践的锻炼。语言的实践，很重要的一点就是要勤讲多练。

语言实践锻炼还应做到持之以恒。良好的语言表达能力，不可能在短时间内达到理想的境界。要想成功，就要有毅力，持之以恒。此外，它还要求练习者严肃认真地对待每一次待人接物，充分利用这些机会来锻炼提高自己的语言表达能力。

掌握了培养的途径，还要有好的表达技巧。有声语言的表达技巧主要表现在语音的轻重、语速的缓急、语调的抑扬、语流的顿挫等方面，具体应注意以下几点：

a. 音量适度。控制说话音量，一般用个人生活中自然的说话音量，以保证对方能够听清楚、听起来舒适且不费力为宜，除非特殊情况，不用加大音量。音量过大，会显得粗鲁；过小，会显得软弱无力。切忌大声嚷嚷、高声谈笑或时大时小。

b. 音高适当。音高是声音清晰明朗、信息准确传递的有力保障，一般用个人说话声域中的中音，给人以平实稳重的听感。音高过高，会显得生硬、傲慢或过分热情，听起来刺耳；音高过低，会显得冷漠、沉闷，听起来感到压抑。切忌一惊一乍、时高时低、拿腔捏调、故弄玄虚。

c. 语速适中。一般运用生活中与人随意交谈的自然语速为宜。语速过快，往往会给人情绪激动、兴奋难抑的感觉；过慢，又让人觉得漫不经心、怠慢敷衍、不被信任。

d. 语调自然。控制说话时的音量、音高、语速，使音量适度、高音适当、语速适中，从而形成自然、平和的语调。

e. 语气适宜。语气一般以温和、亲切为宜，这样更能让对方感觉愉快，心生好感，从而有助于双方更好地交谈；语气生硬、拿腔捏调，只能让人心生不快，无助交流的顺利进行。

（4）服务禁忌用语

旅游服务中不能说蔑视话、否定语、顶撞语、烦躁语等服务忌语。这些忌语一旦说出口，往往会给客人造成伤害，并给自己的工作带来不必要的麻烦。

①俚语。

俚语是指那些粗俗的、通行范围极窄的方言语，它的使用太过随便，不宜在服务行业中对客人使用。这些语言，多是触犯了他人的个人忌讳，尤其是和他人的自身条件、健康条件相关的某些忌讳。

例如，对老年客人，绝对不可以说“老头”“老不死”等，就算有时指的不是对方，对方也会很敏感，产生反感。

在接触身体状况不甚理想的人时，对其身体的不满意地方，如胖人的“肥”，小个子的“矮”等，都是需要回避的。

②行话。

行话是一个行业内的专门用语，一般人是不容易理解的。有鉴于此，在对客人的服务过程中最好不要使用，以免让客人觉得你是有意刁难，或是有意孤立客人。

③性别歧视语。

在如今男女高度平等的社会，无论是男士还是女士，都很在意自己是否被他人尊重。所以，在称呼女士的时候不要使用“小妞儿”，称呼男士的时候不要使用“小子”，在称呼来自某地区的人时，不要使用“某某佬”。

④敌视语。

在工作中，对于一些要求工作人员提供服务的客人，由于服务人员自身的意愿和感情，而对客人采取瞧不起、鄙视的态度，是很不礼貌的，如“这个很贵，你买得起吗?”

当客人表示不喜欢推荐的商品或是在经过了一番挑选，觉得不甚满意而准备离开时，工作人员在其身后小声嘀咕，“一看就是个穷光蛋”“没钱买就别在这儿费事”等。

⑤厌烦语。

在服务工作中，工作人员应该有问必答、答必尽心、百问不厌、百答不烦。在接待客人的时候，要从始至终表现出应有的热情和足够的耐心。如在客人询问时，不允许应付客人，说“我怎么知道”“从来没有听说过”“你问我，我问谁去”等。营业高峰时，要学会“接一顾二招呼三”，不能出现厌烦词语。

4.2.2 电话礼仪

随着科技的发展，现代人的沟通和交往在极大程度上已经依赖于各式各样的便捷通信工具，电话是当前社会生活中最普及的信息传递工具之一，更是各级各类旅游单位使用的最重要、最频繁的通信工具。然而，旅游从业人员使用电话，不仅是一个信息传递的过程，它还体现着旅游从业人员的个人修养和工作态度，进而折射出旅游企业的整体形象。因此，每位旅游从业人员在接打电话时都应运用和掌握一定的礼仪规范。

(1) 打电话的礼仪

①拨打电话前，应考虑在什么时间最合适，要选择对方方便的时间。如果不是特别熟悉或者有特殊情况，一般应在早 8 点以后，晚上则应在 10 点以前打电话，午休和用餐时间都不宜打电话，以免干扰对方及其家人的休息。打国际电话时，还应考虑对方国家的时差。打公务电话时，不要占用他人的私人时间，尤其是节假日时间。如果确有急事不得不打扰别人休息，务必在接通电话后向对方致歉。

②要把握好通话的时间长度，谨记“三分钟原则”。也就是说，正常情况下，打一次电话的时间最好不要超过 3 分钟。要在尽可能短的时间内，清楚表达自己的意思。如果需要花较多时间才能沟通好的事情，原则上不宜选择电话交谈的形式，面谈效果会更好。由于看不见对方正在做何事，过多地占用对方的时间，很可能影响到对方正在做的事情，打乱对方的节奏。

③打电话前要有所准备，简明有序。要对电话的内容进行简要的思索整理，如果要谈的内容较多，可在纸上一一列出，这样才能长话短说，简明扼要，避免遗漏相关内容。为了告知自己忘记说的事情，又重新打电话给对方，会打断对方的工作，给对方带来麻烦。尤其在给陌生人、名人、上司打电话时，应该给对方以沉着干练、思路清晰的印象，切忌表达含混不清，耽误对方的时间。

④电话接通后，应先说“您好”，然后报上自己的单位、职务和姓名，再询问对方是否就是自己所要通话之人；若不是，应礼貌地请对方帮自己转交给所要通话之人接电话。

⑤适可而止。要说的话已说完，就应该果断终止通话，不要话已讲完，仍然反复铺陈、赘述，以免让对方觉得你做事拖拉，缺少素养。

⑥打电话是一种只闻其声、不见其人的交往方式，要注意维护“电话形象”。对于服务行业而言，电话可以说是连接客户和企业的生命线，因为相当多的客户能够直接从企业接电话者的态度来判断企业是否值得信赖，所以，通话时要注意吐字清楚，语速、音量适中，语句简短，语气亲切自然，语调平稳柔和；要注意举止，不可边嚼东西边打电话，不要把电话夹在脖子上，也不要趴着、仰着、坐在桌角上，不要把双腿高架在桌子上，或是在打电话时还与其他人聊天，给对方心不在焉的感觉。

⑦打错电话时，要向对方道歉：“对不起！”或“打扰您了！”不可一言不发挂断电话了事。若通话时电话忽然中断，按礼仪要求应由打电话方立即再拨，并向对方说明电话中断的原因，不能等接电话一方把电话打过来。

（2）接听电话的礼仪

①接听电话要迅速。电话铃一响，应立即放下手中工作，及时接听电话。接电话有“铃响不过三”的说法，就是说接电话的时间以铃响不超过三次最为合适。电话铃声响过许久之后才接电话，要在通话之初向对方表示歉意。

②拿起话筒后，要主动问好并自报家门。问候对方是礼貌的行为，自报家门则是为了让对方验证一下，是否拨错了电话，找错了人。

③接听电话时，要积极呼应，态度热情友好，不要装腔作势，冷落对方。要专心致志，不要心不在焉、三心二意。电话结束时，要主动说“再见”，做到客气有礼貌。接听电话时，如遇重要内容，要认真做好笔录。

④如果对方拨错了电话号码，要耐心向对方说明，不要表现出不耐烦，甚至恶语相加。通话过程中如电话中断，要等待对方再次拨进来，不要远离电话或者责备对方。

⑤在会晤重要客人或者会议期间有人打来电话，应向对方说明情况，表示歉意并约好时间，主动打电话过去。一旦约好给对方打电话的时间，就要守约。

⑥按照电话礼仪的惯例，一般要由打电话者先挂断电话。所以在对方没挂断电话之前，接电话一方不应主动挂断。在与位尊者和女士通电话时，一定要等对方先挂断电话，以示对对方的尊重。

⑦若对方要找的人不在，应把对方所要转达的事项和对方的基本信息、联系方式记录下来，并及时传达或转告，不要耽误。

（3）手机礼仪

无论是在社交场所还是工作场合，放肆地使用手机已经成为礼仪的最大威胁之一，手机礼仪也越来越受到人们的关注。

①置放到位。

开机就随身带手机，把手机放在能随手拿到的地方，放手机的常规位置有：随身携带的公文包、上衣的内袋。不要等手机响了，翻箱倒柜、遍寻不着。或者手机在桌上一直响，影响到周围的人。把手机挂在脖子上、别在腰上或握在手上，均不雅观。自己的手机自己接，不要让家人、朋友当接线员，更不要去接别人的手机。

②遵守公德。

使用手机时，一定要讲究社会公德，避免使自己的行为骚扰到其他人。不要在公共场合或座机电话接听中、开车时、剧场里、图书馆、典礼仪式上接打手机。此外，在电影院或在剧院接打手机是极其不合适的，如果非要回话，采用静音发送手机短信比较好。公共场合，特别是楼梯、电梯、路口、人行道、公交车上等地方，不可以旁若无人地使用手机，如果一定要使用手机，应该把自己的声音尽可能地压低一些，绝不能大声说话。在会议中、和别人洽谈时，最好是把手机关掉，起码也要调到振动状态，这样既显示出对别人的尊重，又不会影响会议、洽谈的进程。

手机响了，请在第一时间接起。“喂”的音量，直径3米内能听见即可。信号不强时，最多“喂”三次，就请放弃。正与人谈话时一定要接手机的话，请说：“对不起，我先接个电话。”有风度地对待打错电话的人。

③注意安全。

注意安全环保，防范风险。使用手机时，会产生电磁波，在某些地方必须牢记安全准则。在医院、加油站、飞机上等不适合使用手机的场所，自觉关机；在开车时不要接打手机或查看信息；不要乱扔旧手机和旧电池，以免污染环境。

④使用个性化铃声的注意事项。

个性化的铃声应注意场合，在办公室和一些严肃的场合，不合适的铃声响起，对周围人是一种干扰。从铃声内容来说，不能有不文明的内容。手机铃声的音量不能太大，调到自己能听见就行了。

（4）短信礼仪

手机短信是现代人非常热衷的交流和传递信息的方式。手机短信能准确无误地将信息送达，不需要语音支持，不会强制打断对方生活，这让人们尽享高科技带来的便利。但与此同时，随着近些年短信的广泛使用，类似“滥发短信”“不回短信”“不分时间和场合发信息”等现象日益普遍，给人们的生活、工作造成了一定的影响。

①发短信一定要署名。手机短信类似于日常的写信，因此一条正规的短信，要有头有尾，既有称谓也有署名，这样便于收件人识别短信，既是对对方的尊重，也是达到目的的必要手段。

②有些重要电话可以先用短信预约。有时要给身份较高或重要的人打电话，知道对方很忙，可以先发短信“有事找，是否方便给您打电话?”如果对方没有回短信，一定不是很方便，可以在一段时间以后再拨打电话。

③上班时间不能不断发短信。上班时间，即使不忙，不断发短信也是不允许的。工作场合应该严肃、认真，如果对方正在主持会议或者正在商谈重要事项，闲聊式的短信可能会让对方心中不悦。

④不在与人谈话时查看或者编写短信，这是对别人的不尊重。

⑤发短信不能太晚。有些人觉得晚上太晚打电话不方便，发个短信告知就行。短信虽然更加简便，但如果太晚，也一样会影响对方休息。

⑥提醒对方最好用短信。如果事先已经与对方约好参加某个会议或活动，为了怕对方忘记，最好事先再提醒一下，提醒时适宜用短信而不是直接打电话。打电话似乎有不信任对方之感，短信就显得非正式且亲切得多，短信提醒时语气应当委婉，不可生硬。

⑦回短信要及时。收到短信要及时回复，尤其是收到领导、老师、长辈的短信要在第一时间回复，以示尊重，不可拖拉，更不可不回复。如果不能及时回复，应该加以说明并致歉，这样才能让对方理解。

⑧在短信的内容选择和编辑上，用语要文明。手机短信体现了发信者的文化素养、社会涵养，不要下载不良信息，不要制造无聊、不健康短信，如收到这样的短信请立即删除，不要传播，不随意转发不确定的消息。

4.2.3 交谈礼仪

交谈礼仪是人们交流思想、表达感情和人际往来沟通的一种行为规范。在旅游接待工作中，因为不注意交谈礼仪规范或用错了一个词，或多说了一句话，或不注意词语的色彩，或选错话题等，都会导致接待工作的失败，甚至会影响人际关系。

美国哈佛大学校长伊力特曾这样说过：“在造就一个有修养的人的教育中，有一种训练必不可少，那就是优美、高雅的谈吐。”接待人员在交谈时的表现，不仅是其工作能力、待人接物的表现，同时也是展示个人魅力与风采的途径之一。因此，在交谈中只有遵从一定的交谈礼仪规范，才能达到双方有效交流信息、沟通思想的目的。

(1) 交谈的态度

在交谈时应当体现出以诚相待、以礼相待、谦虚谨慎、主动热情的基本态度，切不可逢场作戏、虚情假意、敷衍了事、油腔滑调。

①表情自然。

表情，通常是指一个人的面部表情，即一个人面部神态的变化和状态。人们在交谈时所呈现出来的种种表情，往往是个人心态、情绪的无声反映。为了体现自己的交谈诚意和热情，应当对表情予以充分注意。

交谈时目光应专注，或注视对方，或凝神思考，从而和谐地完成交谈进程。眼珠一动不动，眼神呆滞，甚至直愣愣地盯视对方，都是极不礼貌的。目光游离，东张西望，则是对对方不屑一顾的失礼之举，也是不可取的。如果是多人交谈，应该不时地用目光与众人交流，以表示交谈是大家的，彼此是平等的。

在交谈时可适当运用眉毛、嘴、眼睛在神态上的变化，表达自己对对方所言的赞同、理解、惊讶、迷惑，从而表明自己的专注之情，并促使对方强调重点、解释疑惑，使交谈顺利进行。

②举止得体。

人们在交谈时往往会做出一些有意或无意的行为动作，这些举止通常是自身对谈话内容和谈话对象的真实态度的反应。

适度的动作是必要的。例如，发言者可用适当的手势来补充说明其所阐述的具体事由。倾听者则可以点头、微笑来反馈“我正在注意听”“我很感兴趣”等信息。可见，适度的举止既可表达敬人之意，又有利于双方的沟通和交流。

交谈中要避免过分、多余的动作。与人交谈时可有动作，但动作不可过火，更不要手舞足蹈、拉拉扯扯、拍拍打打。为表示对对方的尊重，切勿在谈话时左顾右盼，或是双手置于脑后，或是高架“二郎腿”，甚至剪指甲、挖耳朵等。交谈时应尽量避免打哈欠，如果实在忍不住，也应侧头掩口，并向他人致歉。尤其应当注意的是，不要在交谈时用手指指人，因为这种动作有轻蔑之意。

③注意交谈中的倾听。

一个好的交流者必须是一个好的倾听者。倾听能够更好地帮助我们明白对方要表达的人和事，有效地倾听可以增长知识，增加信息，通过倾听别人讲话可以获得大量的信息，可以避免因交流失误而导致行为的偏差，从而提高工作效率。把握好倾听技巧还可以避免不必要的纠纷，融洽人际关系。总之，交谈不仅是表达我们的需求，还要探讨和交流，能听比会说更难，所以倾听也需要学习和练习。

任何人都希望得到他人的尊重，特别是在谈话时，如果对方心不在焉、不闻不问，甚至随意打断自己的发言，说话者会认为自己没有得到尊重。因此在交谈时，倾听是满足对方自尊的一种方式，也是获取信息的重要途径。

在交谈时，倾听可以通过专注的眼神表情表现出来，倾听对方谈话时应注视对方，全神贯注，眼神是自然、柔和的。还应适时地配合对方的谈话，用语言或身体来表示自己在认真聆听对方的谈话。例如，适当的点头、微笑、手势等以及配合语言，如“是吗?”“真遗憾啊!”等简短的插语和提问，都表明自己在认真倾听，会使谈话气氛更加活跃、融洽，还可以启发对方引出你感兴趣的话题。倾听还要注意听清楚对方话语的内在含义、主要观点和画外之意，以免曲解对方的本意。要善于表达自己的想法，可用一两个字暗示对方你完全理解他的话甚至趣味相投，除此之外，谈话时也不要急于下结论，过早表态会使谈话夭折，当然，如果对对方的话不感兴趣，甚至十分讨厌，那就应该设法转变话题而不是粗鲁地表示你没兴趣。

④谨慎插话。

交谈中不应当随便打断别人的讲话，要尽量让对方把话说完再发表自己的看法。如确实想要插话，应向对方打招呼："对不起，我插一句行吗？"但所插之言不可冗长，一两句点到即可。

⑤礼貌进退。

参与别人谈话之前应先打招呼，征得对方同意后方可加入。相应地，他人想加入己方交谈，则应以握手、点头或微笑表示欢迎。如果别人在个别谈话，不要凑上去旁听。若确实有事需与其中某人说话，也应等到别人说完后再提出要求。谈话中若遇有急事需要处理，应向对方打招呼并表示歉意。值得注意的是，男士一般不宜参与女士圈子的交谈。

⑥注意交流。

交谈是一个双向或多向交流过程，需要各方的积极参与。因此，在交谈时切勿造成"一言堂"的局面。自己发言时也要给其他人发表意见的机会，别人说话时自己要适时发表个人看法，互动式地促进交谈进行。

（2）交谈的语言

语言是交谈的载体，交谈过程即语言的运用过程。语言运用是否准确恰当，将直接影响着交谈能否顺利进行。

①语调。要在讲话时保持抑扬顿挫的音调，让人觉得自己对正在交谈的话题很有兴趣，不能用平淡、乏味的声音来交谈，这会让人有昏昏欲睡的感觉。

②声调。过于尖锐的声调会让人觉得难以忍受，避免将讲话的力气都集中在嗓子眼，而过于低沉的声调让人听起来很累。

③音量。要采用适当的音量与人交谈，太大的音量容易使人成为交谈中气势逼人的角色，让人反感；音量太小会使你显得不够权威，容易被人忽视。

④语速。讲话过快会让人听不清楚，过慢则会让人失去耐心。最好在讲话的过程中留一些停顿，以便让人有一个反应的过程。

⑤语气。与人交谈时语气应温和亲切，这样能够让对方感觉愉快、心生好感，从而有助于双方更好地交谈。语气生硬、拿腔拿调，只能让人心生不快，无助交谈的顺利进行。

（3）交谈的内容

交谈内容是交谈成败的决定性因素，正所谓"言为心声"，接待人员所选择的交谈内容，往往被视为个人品位、志趣、教养和阅历的集中体现。交谈内容的选择应当遵守一定的原则和要求。

①切合语境。

语境即说话的语言环境，它指的是说话的客观现场环境，包括时间、地点、目的以及交谈双方的身份等内容。接待人员的交谈内容务必要与交谈的时间、地点与场合相对应，同时也应符合身份，切合语境。

②因人而异。

所谓因人而异，即指接待人员在交谈时要根据交谈对象的不同而选择不同的交谈内容，多为谈话对象着想，并根据对方的性别、年龄、性格、民族、阅历、职业、地位而选择适宜的话题。同时，接待人员应当本着求同存异的原则，选择大家都感兴趣的话题作为谈话内容。如果交谈各方在交谈中对某一问题产生了意见或观点的分歧，则不妨进行适度的调整，转移话题，并克制自己的情绪。

③具体要求。

除上述原则外，接待人员在选择交谈内容时还应遵循以下六点。

第一，有助于接待对象进一步了解有关本单位的内容。有交流才有了解，有了解才有信任。为了便于接待对象进一步了解接待人员所在单位的情况，接待人员应该在交谈中主动介绍本单位的实际情况，但在介绍时，要注意客观性与公正性兼顾。

第二，对接待对象所属的单位或其本人表示善意的内容。在任何情况下，接待人员都应该把对接待对象的尊重与友善放在首位，这体现了对接待对象的重视。

第三，选择高雅的内容。例如哲学、历史、文学、艺术、风土人情、历史典故，以及政策国情、社会发展等话题。不宜谈论庸俗低级的内容，如男女关系、凶杀惨案，更不应参与小道传闻的道听途说。

第四，选择轻松的内容。在交谈时要有意识地选择那些能给交谈对象带去开心与欢乐的轻松话题，除非必要，切勿选择那些让对方感到沉闷、压抑、悲哀、难过的内容。

第五，选择擅长的内容。交谈的内容应当是自己或者对方熟知或擅长的内容，这样在交谈中能驾轻就熟，得心应手，并令对方感到自己谈吐不俗，对自己刮目相看。选择对方所擅长的内容，则既可以给对方发挥长处的机会，调动其交谈的积极性，又可以借机向对方表达自己的谦恭之意，并可取人之长、补己之短。应当注意的是，无论是选择自己擅长的内容，还是选择对方擅长的话题，都不应当涉及任何一方一无所知的内容，否则会使对方感到尴尬难堪，或者令自己贻笑大方。

第六，回避忌讳的内容。每个人都有自己忌讳的话题，因此接待人员在交谈时务必要注意回避对方的忌讳话题，以免引起误会。例如，不干涉对方的私生活，不询问对方单位的机密事宜等。由于中外生活习惯的差异，许多国内司空见惯的话题往往是触犯外国人禁忌的敏感内容。因此接待人员在与外国人打交道时，尤其要注意回避对方忌讳的话题。例如，过分关心他人的行动去向，了解他人年龄、婚姻、收入状况，询问他人身高体重等，都会被外国人视为对其个人自由的粗暴干涉，是交谈所不应涉及的。

（4）交谈的方式

交谈的方式，即人们在与他人进行交谈时所采用的具体形式。交谈方式，对能否正确进行人际沟通、恰当表达个人思想、友善传递敬人之意都起着相当关键的作用。交谈的方式主要有以下六种。

①倾泻式交谈。

倾泻式交谈，就是人们通常所说的“打开窗户说亮话”，无所不言，言无不尽，将自己的所有想法和见解统统讲出来，以便让对方较为客观地了解自己的内心世界。倾泻式交谈方式的基本特征，是以我为主，畅所欲言。

采用倾泻式交谈方式，易赢得对方的信任，但要掌握好恰当的分寸，切不可泄露本单位的秘密，要防止这种交谈方式会让对方认为自己不稳重，或被人误以为是在和他“套近乎”。

②静听式交谈。

静听式交谈，即在交谈时有意识地少说多听，以听为主。在倾听时，表情要认真，要目视对方、全神贯注，切不可用心不专。学会倾听，应该是接待人员最基本的素质。静听式交谈的长处在于它是表示谦恭之意的手段，但此种方式并非要人自始至终一言不发，而是以自己的片言只语、神情举止去鼓励、配合对方，如微笑、点头等，否则就会给人自命不凡之感。

③启发式交谈。

启发式交谈，即交谈一方主动帮助不善表达的一方，在话题的选择或谈话的走向上予以引导、抛砖引玉，鼓励对方采用恰当方式阐述己见。

在采用此种交谈方式时，切不可居高临下，企图以此来控制对方，也不可存心误导对方、愚弄对方，令对方丢人现眼。

④跳跃式交谈。

跳跃式交谈，即在交谈中，倘若一方或双方对某一话题感到厌倦、无人呼应或难以回答时，及时地转而谈论另外一些较为适当的、双方都感兴趣的话题。

跳跃式交谈的长处在于可使交谈者避免冷场的尴尬，恢复交谈的顺利进行。跳跃式交谈虽可对交谈话题一换再换，但交谈者切勿单凭个人兴趣频繁跳换话题，让对方无所适从。要使双方处于平等的地位，共同选择适当的内容。

⑤评判式交谈。

评判式交谈，即在谈话中听取了他人的观点、见解后，在适当时刻，以适当方法恰如其分地进行插话，来发表自己就此问题的主要看法。此种方式的主要特征是当面肯定、否定或补充、完善对方的发言内容。

接待人员在涉及根本性、方向性、原则性问题的交谈中，有必要采取评判式方式，来阐述自己的观点、立场。同时，必须要注意适时与适度，也要重视与对方彼此尊重、彼此理解、彼此沟通。

⑥扩展式交谈。

扩展式交谈，即围绕大家共同关心的问题，进行由此及彼、由表及里的探讨，以便开阔思路、加深印象、提高认识或达成一致。扩展式交谈的目的在于使大家各抒己见，交换意见，以求集思广益。

扩展式交谈不但要求人们在交谈中要注意双向交流，而且还要求谈话者要就事论事，以理服人，通过谈话统一思想、达成共识。

案 例

蔡康永的说话之道

在日常生活中有些人认为，一直保持谈话的热度很难。我的建议是：完全不必担心问题的深度，一律回大白话就可以！

最棒的问句，最可能激发对方继续说下去的问句，多半是这些："为什么""怎么会""真的吗""我都不知道耶""那怎么办""后来呢""原来是这样"。

话题再怎么高深，这些问句都够用。

"你知道奥斯卡的评选过程有多麻烦?""真的吗？怎么会这样。"

"这下好啦，美国这场仗，根本打不完啦!""真的吗？怎么会这样。"

如果你对这话题实在不感兴趣，只是为了让谈话流畅地继续下去，那这些问句应该够用。

我有时在电视上，看见某些主持人，用比较高深的字眼访问对方，得到的答案，也没有比较好。每个说话的人，都需要从听话的那一方收到鼓励，才会更放开来往下说。只要你的反应是一种鼓励，不管对方是多有地位、多有深度的人，都会很受鼓励，继续往下说的。

你不必假装很有深度，只要懂得欣赏别人的深度，已经是一种美德了。

（资料来源：蔡康永．蔡康永的说话之道［M］．沈阳：沈阳出版社，2010.）

内容小结

语言是人们相互沟通的桥梁，更是一门应酬与交往的艺术。优美、文雅的语言是做好旅游服务的一项重要内容。本章着重介绍了旅游从业人员的沟通礼仪、礼貌语言规范，还介绍了作为旅游从业人员应有的交谈礼仪，目的是培养旅游从业人员的良好礼貌用语习惯，加强语言礼仪修养，从而更好地提高服务质量。

☞ 实训项目

项目一：名片使用训练

训练要求：

(1) 以小组为单位，分别在给定特定情景的情况下进行名片的递接训练。

(2) 进行小组互评和老师点评，互相取长补短，在互评和点评中规范名片礼仪。

项目二：握手训练

训练要求：

(1) 以小组为单位，分别在给定特定情景的情况下进行握手训练。

(2) 进行小组互评和老师点评，互相取长补短，在互评和点评中规范握手礼仪。

项目三：介绍礼仪训练

(1) 以小组为单位，分别在给定特定情景的情况下进行自我介绍、为他人做介绍、集体介绍和业务介绍训练。

(2) 进行小组互评和老师点评，互相取长补短，在互评和点评中规范介绍礼仪。

项目四：接打电话训练

训练要求：

(1) 学生两人一组，分别扮演旅行社门市部接待员和旅游者或是酒店前台服务员和预订酒店的顾客，进行接打电话训练。

(2) 老师对学生的现场表现进行评议并打分。

训练提示：

(1) 注意“电话形象”。

(2) 注意接打电话的程序。

第五章
旅游饭店服务礼仪

【知识目标】

1. 了解服务礼仪在饭店所有岗位的具体应用。
2. 掌握饭店各部门员工服务礼仪的基本要求。
3. 熟练掌握各部门接待服务的基本技巧。

【能力目标】

1. 了解前厅部、餐饮部、客房部的职责范围，熟练掌握前厅部、餐饮部和客房部各职能部门服务礼仪的要求，并且能够规范操作。

2. 掌握酒吧、茶馆等场所的接待要领，并且能在实践中规范操作。

5.1 前厅部服务礼仪

《案　例》

一辆出租车在江苏南通大饭店的店门口刚停住，饭店门童小陈主动迎上前去开车门，但坐在车内的一位香港客商并不急着下车。他手里拿着一张100元面额的港币，等待司机找零钱。

司机说："请您付人民币或外币兑换券好吗？我们不收港币。"

门童小陈便问司机："车费一共要多少？"

司机回答说："人民币56元就够了。"

当时小陈身穿制服，口袋里没有钱可以付。他本来心里想自己又不管钱，关我什么事，后来又想到这事涉及饭店声誉，于是他便请客人坐在车内稍等片刻，然后急忙奔到总台说明原委，由他个人担保向总台暂支人民币60元付清了车款，然后有礼貌地对客人说："等您办好入住手续，兑换人民币以后再还我不迟。"客人感到满意，大步走进饭店。

（资料来源：饭店服务案例一百例。）

5.1.1 饭店服务人员服务原则

饭店服务人员要注意以下几条服务原则：

(1) 表情愉快，言语亲切

愉快的面部表情是员工气质的一部分，是面对客人时内心思想感情的表露，所以员工应始终面带微笑、仪表文雅、礼貌大方、和蔼亲切、热情自然。言语声调要清晰、柔和、亲切、自然。

(2) 统一着装

工作时间要穿饭店统一服装，穿着整洁，勤换内衣，不得敞开外衣，卷起裤脚，袖口不得露出个人衣物，皮鞋要擦亮，服务工号要端正地佩戴于左上胸，领带、领结与飘带要随时检查是否洁净、是否系正。

(3) 仪容整洁

女员工提倡化淡妆上岗，头发整洁干净，不准梳披肩发；指甲要剪短，无灰垢、不涂色；手部除手表外，不准戴其他饰物。男员工的头发必须修剪整齐，不留长发，发际线要清楚，不得盖住耳朵、衣领，不准留大鬓角，不蓄胡须。

(4) 站姿庄重

站立时要求挺胸、收腹、立颈、双肩保持水平、自然放松、重心居中、眼睛平视、嘴微闭、面带微笑、双肩自然下垂，保持随时能向客人提供服务的姿势。女服务员站立时，双手体前交叉，脚呈“V”字形，两膝及脚后跟要靠紧；男服务员站立时，双脚距离与肩部同宽。在任何情况下，都不可抱肩叉腰、伸懒腰、耸肩和前扶后靠。

(5) 走姿端庄

行走时要保持挺胸、收腹、立颈，上体正直、抬头、眼平视、面带微笑、肩部放松，两臂自然前后摆动。行走时要脚步轻快，步幅不宜过大，更不能跑。不能并肩、搭肩行走。遇见客人时（无论是否手托重物）应主动避让并向客人问好，当行至客人平行位置时要略停脚步，以示尊重。如果有急事要超过前面客人时，不得跑步，但可以大步超过，并转身向被超过者致歉。

(6) 坐姿端正

入座时，走到座位前，转身时右脚向后撤半步，轻稳地坐下，然后把右脚与左脚并齐。女子入座要娴雅，用手把裙子向前拢一下，双膝并拢。起立时，右脚先向后收半步，站起，再向前并齐。坐在椅子上，人体重心垂直向下，腰部挺起，脊柱向上挺直，双肩平正放松，正对前方，手自然放在双膝上。

(7) 手势规范

在给客人指方向时，要把手臂伸直，手指自然并拢，掌心向上，以肘关节为轴指向目标，同时眼睛要看着目标并兼顾客人是否看到指示目标。在为客人指示方向时，忌用一个手指指点。

(8) 注意与客人交流时的礼仪

与客人讲话时要面向客人，笑容可掬，表现得热情、友好、亲切。眼光停留在客人的鼻额三角区，频频点头称是，不左顾右盼，不心不在焉；要垂手恭立，距离适当（一般以1米左右为宜），不要倚靠他物；要举止温文，态度和蔼；与客人讲话时，能用语言讲清的，尽量不用手势。事毕，要先后退一步，然后再转身离开，不要扭头就走。在服务或与客人交谈时，如另有客人走近，应立即示意，表示已注意到他（她）的来临，不得无所表示、等客人先开口。

小资料

服务中下述行为是禁止的：上班前食用有刺激味道的食品（如生葱、生蒜等）；工作时间吸烟、嚼口香糖、吃东西；在客人面前打喷嚏、打哈欠、伸懒腰、挖耳掏鼻、剔牙、打饱嗝、化妆、修指甲；在大厅内大声说话、呼喊。

5.1.2 门厅迎送服务礼仪

(1) 迎宾员服务礼仪

①见到宾客光临，应面带微笑，主动表示热情欢迎，问候客人：“您好！欢迎光临！”并致15度鞠躬礼。

②对常住客人应称呼他（她）的姓氏，以表达对客人的礼貌和重视。

③当宾客较集中到达时，要尽可能让每一位宾客都能看到你的热情笑容并听到亲切的问候声。

④宾客乘车抵达时，应立即主动迎上，引导车辆停妥，接着一手拉开车门，一手挡住车门框的上沿，以免客人碰头。

⑤如遇下雨天，要撑伞迎接，以防宾客被淋湿。若宾客带伞，应为其提供保管服务，将雨伞放在专设的伞架上。

⑥对老人、儿童、残疾客人，应先问候，征得同意后予以必要的扶助，以示关心照

顾。如果客人不愿接受特殊关照，则不必勉强。

⑦宾客下车后，要注意车座上是否有遗落的物品，如发现要及时提醒宾客或帮助取出。

⑧如遇出租车司机“宰客”现象，应维护宾客利益，机智处理。

⑨客人离店时，要把车子引导到客人容易上车的位置，并为客人拉车门请其上车。看清客人已坐好后，再轻关车门，微笑道别：“谢谢光临，欢迎下次再来！”并挥手致意，目送离去。

⑩主动、热情、认真地做好日常值勤工作。尽量当着客人的面主动引导或打电话为其联系出租车。礼貌地按规定接待来访者，做到热情接待，乐于助人，认真负责，不能置之不理。

小资料

1. 如遇信仰佛教或伊斯兰教的宾客，因教规习俗，不能为其护顶。

2. 对于经常来饭店的客人，迎宾员应记住客人乘坐车辆的颜色和车牌号码，以便提供更快捷的服务，让熟客感觉到自己的与众不同。

（2）行李服务礼仪

①客人抵达时，应热情相迎，微笑问候，帮助提携行李。当有客人坚持亲自提携物品时，应尊重客人意愿，不要强行接过来。在推车装运行李时，要轻拿轻放，切忌随地乱丢、叠放或重压。

②陪同客人到总服务台办理住宿手续时，应侍立在客人身后 1 米处等候，以便随时接受宾客的吩咐。

③引领客人时，要走在客人左前方 2 至 3 步处，随着客人的步子行进。遇拐弯处，要微笑向客人示意。

④乘电梯时，行李员应主动为客人按电梯按钮，以手挡住电梯门请客人先进入电梯。在电梯内，行李员及行李的放置都应该靠边侧，以免妨碍客人通行。到所在楼层时，应礼让客人先步出电梯。如果有大件行李挡住出路，则先运出行李，然后用手挡住电梯门，再请客人出电梯。

⑤引领客人进房时，先按门铃或敲门，停顿 3 秒钟后再开门。开门时，先打开过道灯，扫视一下房间无问题后，再请客人进房。

⑥进入客房，将行李物品按规程轻放在行李架上或按客人的吩咐将行李放好。箱子的正面要朝上，把手朝外，便于客人取用。与客人核对行李，确无差错后，可简单介绍

房内设施和使用方法。询问客人是否有其他要求，如客人无要求，应礼貌告别后离开客房。

⑦离房前应向客人微笑礼貌告别，目视客人，后退一步，再转身退出房间，将门轻轻拉上。

⑧宾客离开饭店时，行李员进入客房前必须按门铃或敲门通报，得到客人允许后方可进入房间。

⑨客人离店时，应询问客人行李物品件数并认真清点，及时稳妥地运送、安放到客人的车上。

⑩行李放好后，应与门厅接待员一起向客人热情告别，“欢迎再次光临”“祝您旅途愉快”，再将车门关好，挥手目送车辆离去。

小资料

1. 在送客人去房间的这段时间，行李员要做好酒店的“推销员”，向客人介绍自己的酒店，并回答客人的问题。

2. 无论是送客人去房间还是送客人离开，行李员在推车时一定要小心，不要让客人的行李物品掉到地上，引起客人的不满；同时，还应始终保持微笑，谦恭有礼。

5.1.3 总台接待服务礼仪

(1) 接待服务礼仪

①客人离总台3米远时，应予以目光的注视。客人来到台前，应面带微笑热情问候，然后询问客人的需要，并主动为客人提供帮助。如客人需要住宿，应礼貌询问客人有无预订。

②接待高峰时段客人较多时，要按顺序依次办理，注意“接一顾二招呼三”，即手头接待一位，嘴里招呼一位，通过眼神、表情等向第三位传递信息，使顾客感受到尊重，不被冷落。

③验看、核对客人的证件与登记单时要注意礼貌，凡事“请”字当头，确认无误后要迅速交还证件，并表示感谢。当知道客人的姓氏后，应尽早用于称呼，让客人感受到热情、亲切和尊重。

④给客人递送单据、证件时，应上身前倾，将单据、证件文字正对着客人双手递上；若客人签单，应把笔套打开，笔尖对着自己，右手递单，左手送笔。

⑤敬请客人填写住宿登记单后，应尽可能按客人要求安排好房间。把客房钥匙交给

客人时，应有礼貌地介绍房间情况，并祝客人住宿愉快。

⑥如果客房已客满，要耐心解释，并请客人稍等，看能否还有机会。此外，还可为客人推荐其他酒店，主动打电话联系，以热忱的态度欢迎客人下次光临。

⑦重要客人进房后，要及时用电话询问客人："这个房间您觉得满意吗?""您还有什么事情，请尽管吩咐，我们随时为您服务。"以体现对客人的尊重。

⑧客人对酒店有意见到总台陈述时，要微笑接待，以真诚的态度表示欢迎，在客人说话时应凝神倾听，绝不能与客人争辩或反驳，要以真挚的歉意，妥善处理。

⑨及时做好宾客资料的存档工作，以便在下次接待时能有针对性地提供服务。

(2) 预订服务礼仪

①客人到前台预订，要热情接待，主动询问其需求及细节，并及时予以答复。若有客人需求的房间，要主动介绍设施、价格，并帮助客人填写订房单；若没有客人要求的房间，应表示歉意，并推荐其他房间；若因客满无法接受预订，应表示歉意，并热心为客人介绍其他酒店。

②客人电话预订时，要及时礼貌接听。主动询问客人需求，帮助落实订房。订房的内容必须认真记录，并向客人复述一遍，以免出差错。因各种原因无法接受预订时，应表示歉意，并热心为客人介绍其他酒店。

③受理预订时应做到报价准确、记录清楚、手续完善、处理快速。

④接受预订后应信守订房承诺，切实做好客人来店前的核对工作和接待安排，以免出差错。

(3) 住宿登记服务礼仪

①VIP 客人入住登记。VIP 客人入住酒店一般都会事先预订房间。分房员要在客人入住酒店前填好"住房登记表"或登记卡，并将客人房间的钥匙装在钥匙袋或信封里。待客人抵达酒店时，将钥匙交给客人或随行礼宾人员，而不必再办理登记手续。

②零散客人入住登记。客人抵达酒店到总服务台办理入住登记时，服务员要表示热烈欢迎。对熟客或已预订房间的客人讲："您好，××先生（女士），我们一直都在恭候您的光临!"对一般客人则应讲："您好，尊敬的先生（女士），欢迎光临!"

总服务台的工作人员在为零散客人办理入住手续时，首先要询问客人的基本情况，并向客人说明各类房间的价格、特点以及折扣率等；然后请客人填写"住宿登记表"，应双手将表递给客人，并指导客人填写；在客人填写好的"住宿登记表"上注明房间号，并将"住宿登记表"复核一次，确认无误后存档；将房间钥匙交给客人或行李员，引领客人去房间。若客人已经预订了房间，应事先做好登记，并在客人到达前将钥匙准备好。

③团体客人入住登记。团体客人一般都预订了房间，在客人到达前，大堂经理应负责安排好一切，控制酒店当天的房间数，提前做好接待工作。

团体客人到达后，应请领队或者陪同填写“团体住宿登记表”。核对无误后，请填表人签字，然后把钥匙袋交给他。请行李员或者专门的陪同人员引领客人前去客房。

当客人提出其他要求时，酒店应尽可能给予满足，并向客人讲明提供服务的费用标准。

(4) 问询服务

①客人前来问询，应面带微笑，注视客人，主动迎接问好。

②认真倾听客人问询的内容，耐心回答问题，做到百问不厌、有问必答、用词恰当、简明扼要。

③服务中不能推托、怠慢、不理睬客人或简单地回答“不行”“不知道”。遇到自己不清楚的问题，应请客人稍候，请教有关部门或人员后再回答，忌用“也许”“大概”“可能”等模糊语言应付客人。

④带有敏感性政治问题或超出业务范围不便回答的问题，应表示歉意。

⑤客人较多时，要做到忙而不乱、井然有序，应先问先答、急问快答，使不同的客人都能得到适当的接待和满意的答案。

⑥接受客人的留言时，要记录好留言内容或请客人填写留言条，认真负责，按时按要求将留言转交给接收人。

⑦服务中要多使用“您好”“请”“谢谢”“对不起”“再见”等文明用语。

(5) 结账服务

①客人来总台付款结账时，应微笑问候。为客人提供高效、快捷而准确的服务。切忌漫不经心，造成客人久等的难堪局面。

②确认客人的姓名和房间号，当场核对住宿日期和收款项目，以免客人产生被酒店多收费的猜疑。

③递送账单给客人时，应将账单文字正面对着客人。若客人签单，应把笔套打开，笔尖对着自己，右手递单，左手送笔。

④如结账客人较多时，要礼貌示意客人排队等候，依次进行，以避免因客人一拥而上，造成收银处混乱，引起结算的差错并造成不良影响。

⑤结账完毕，要向客人礼貌致谢，并欢迎客人再次光临。

(6) 寄存处服务礼仪

寄存处是为客人保存贵重物品的地方，所以要格外小心谨慎。一旦出错，不但会给酒店造成损失，而且会影响酒店的声誉。在接待客人寄存物品时应注意下列事项。

①客人前来寄存物品时，服务人员应向客人讲清楚服务费用，并记下客人的姓名、房间号、证件号码以及所存物品等基本信息。

②检查客人需要寄存的物品后请客人填写单据，一式两联。其中一联交给客人，作为客人取东西时的凭据，另外一联自己留着存档。

③对易损物品，一般不寄存。若寄存衣帽等小件物品，需强调衣服口袋里不能放贵重物品或钱款，并提醒客人自行保管或指引客人将贵重物品等存放到专业柜台或总服务台。

④认真对待客人的物品，要有规矩地摆放整齐并小心保管。大衣一律要用衣架挂起，小件物品如头巾、围巾、手套等则应放进大衣口袋里。

⑤客人来取寄存物品时，一定要仔细核对单据；确认无误后，将物品交给客人，并请客人当面检查、验收并签字。

⑥若客人不小心将单据遗失，寄存处工作人员要与总服务台的工作人员取得联系，用客人的身份证或其他有效证件证明客人的身份，并问清寄存物品的特征和件数，若与实际情况相符，由客人签字后方可让客人取走物品。

(7) 委托代办服务礼仪

酒店的委托代办服务是为方便住客而设立的一个服务项目，主要是代客人订购车、船、飞机票，代购、代邮或代送物品，办理客人所需要协助办理的事宜等。

①代购车、船、飞机票。

客人前来询问时，应向客人讲清楚酒店的服务范围以及提供此项服务的手续费；若酒店确实有不方便的地方，应向客人讲清楚，并尽量帮助客人解决，为客人出谋划策。

接受客人的订票请求时，一定要弄清客人的基本情况，如姓名、房号以及需要订票的交通工具的类别、出发日期、班次、时间等；与客人核对无误后，应做好记录；根据客人的要求与民航、轮船、铁路或汽车公司联系订票事宜。

若因客观原因无法买到客人所要求的票时，应及时征求客人的意见，并向客人提出有建设性的建议，客人同意修改后再与相关交通部门联系。

票务确定后，应及时通知客人准备好证件（包括身份证或护照、驾驶证、工作证等）和票款，到委托代办处取票。

客人取票时，要认真检查客人的证件，并请客人仔细核对票面信息，确保不出现差错。客人所交票款和手续费也要当面点清。

②代购物品。

客人要求代购物品时，应仔细询问客人所需要物品的颜色、大小、规格、型号、价钱等，记录在一张卡片上。记录完毕后，将卡片交给客人核对，确保无误。

按客人要求为客人买来物品后，或送到客人房间，或请客人前来领取，若客人所需要的物品暂时缺货，一定要先征得客人的同意，以确定买或者不买，或是改买其他物品，不可自作主张，代客人作决定。

③代邮、代送物品。

帮客人代邮、代送物品时，应仔细询问收件单位或个人的具体地址、收件人姓名、邮编、电话号码等，记录完毕后请客人核对。

代邮、代送物品的费用由客人自付，所以在物品送到后要有签收、邮寄后要有回执，并请客人过目，一切费用均要当面点清。

对于易燃、易爆等危险品，服务员要拒绝运送和邮寄。

④代接收邮件、物品。

收到客人的邮件或者快递，前台服务人员应仔细记录，并立即通知客人前来领取；客人不方便前来领取时应为客人送到房间。

当客人不在酒店时，要将邮件或快递保管好，不能随便让其他人转交，一旦这个过程出现了失误，就会引起不必要的麻烦。

5.1.4 电话总机服务礼仪

①所有来电电话，务必在三响之内接起应答，以充分体现酒店的工作效率。如果故意延误，提起听筒以后还照常和周围的人闲扯，把发话人搁在一边，这是不礼貌的。

②先问好，再报单位，再用问候语。这样可以避免搞不清身份和拨错电话的麻烦，例如："您好，××酒店"，一般要求用普通话，或者用中文和英文。例如："Goodmorning，××Hotel。"接电话问好、报单位后讲问候语，例如："请问我能帮您什么忙吗?"切忌自己什么都不说，只是一味地询问对方："您叫什么名字?您是哪个单位的?"这种做法极不礼貌。另外需要注意的是，问好、报单位、问候语这三者开头语的顺序不能颠倒弄错。这样显得彬彬有礼，给人一种亲切感。

③电话接线要迅速准确。下榻在酒店的客人所接到的大多数电话都是长途电话，都很重要，因而电话接线要迅速准确。另外，不许误传客人的信件或电话留言，一定要做到认真、耐心、细心。通话时，听筒一头应放在耳朵上，话筒一头置于唇下约5cm处，中途若须与他人交谈，应用另一只手捂住听筒。

④接电话时应提倡运用富有人情味的声音，运用带笑声音与对方通话。亲切、明快的声音使对方感到舒服满意。有人称电话小姐是"微笑大使"，她们通过自己的声音在公众和酒店之间架起友好的桥梁。可见，通话时充分调动一切语言修辞手段是树立酒店良好形象、与公众建立良好关系的有效手段。

⑤如果对方发出邀请或会议通知，应致谢。如对方反映问题或是客人投诉，接待要耐心，回复对方的话要十分注意语气和措词，要显得热情、诚恳、友善、亲切，并使对

方能体会到你对他的关注。

⑥如果员工在通话过程中必须离开一下，应该请发话人等待一下或请对方再打电话来。如果对方愿意等待，应告知对方他的电话没有挂断，并轻轻放下话筒。在转接电话中，员工只有在确信电话所转对象能向发话者提供帮助时，才能将电话转过去，应告诉发话人要将电话转接并解释为什么要转接。

⑦答复客人查找事项，要在不违反保密规定的前提下。在大多数情况下，电话总机服务员不准向问话对方提供客人的姓名、他的房间号码以及其他任何有关客人的情况，以保证客人的隐私、生活安静和居住环境不受侵犯。

⑧待客留言时，应问清来电者身份，大概是什么事，再请对方稍等，记清有关内容，请对方留下电话号码再复述，然后说谢谢。禁止窃听客人的电话。

⑨如遇到客人要求提供叫醒服务，应记录清楚，准确操纵自动叫醒机或准时用电话叫醒，不得耽误，无人接听时，可隔两三分钟叫一次，3 次无人接听时，通知服务员。酒店话务员要细心而准确地催醒客人，这是职责。电话话务员的任何一次失职，没有按时按照客人的要求催醒客人，都会引起客人的不满，因为这种粗心服务可能会使客人误了一次班机、耽误客人的行程或损失一笔大生意。

⑩员工在结束电话时，应使用恰当的结束语，以对发话人表示感谢，或对自己未能提供帮助表示歉意，应让发话者先挂电话，以免对方有什么误解。通电话时以对方挂断电话方为通话完毕，任何时候不得用力掷听筒。

5.1.5 大堂副理服务礼仪

(1) 认真聆听客人的投诉内容

接待客人要积极热情、精力集中、谦和、有耐心地倾听，聆听客人投诉时也可以通过提问的方式来弄清症结，集中注意力，节约对话时间，在聆听的过程中要注意以下 3 点。

①保持冷静。客人投诉时，心中往往充满了怒火，要使客人降温，不能反驳客人的意见，不要与客人争辩。在很大程度上，倾诉也是一种发泄，说出来也许会好很多。

②表示同情。设身处地地考虑分析，对客人深表理解，可用适当的语言和行为给予安慰。给客人让座、倒水，说“谢谢您告诉我这件事”“对不起，发生这类事我感到很遗憾”“我完全理解您的心情”等。因为此时尚未核对客人投诉的真实与否，所以只能表示同情理解，不能肯定是饭店的过错。

③充分关心。不应对客人的投诉采取“大事化小，小事化了”的态度，应该用“这件事发生在您身上，我感到十分抱歉”诸如此类的语言来表示对客人投诉的关心。

(2) 认真做好记录

边聆听边记录客人的投诉内容，不仅可以使客人讲话的速度放慢，缓和客人的情绪，还可以使客人确信饭店对其反映的问题是重视的。同时，记录的资料也是为解决问题提供依据。

(3) 把将要采取的措施和所需时间告诉客人，并征得客人的同意

如有可能，可请客人选择解决问题的方案或补救措施。不能对客人表示无能为力，但也千万不能向客人做出不切实际的许诺。不含糊其辞，又要留有余地。

(4) 采取行动，为客人解决问题

这是最关键的一个环节。为了不使问题进一步复杂化，为了节约时间，也为了不失信于客人，表示我们的诚意，必须认真做好这一环节。

(5) 检查落实并记录存档

现场处理完客人的投诉，事后还要及时和客人联系，检查落实客人的投诉是否已得到圆满的解决，并将整件事情记录存档。举一反三，以利于今后工作的完善与预控。

5.2 客房部服务礼仪

客房部（Room Division）又称房务部或管家部（Housekeeping Department）等。客房部是酒店直接与宾客打交道的部门之一，它为宾客提供全天 24 小时的服务，其主要任务是为宾客提供一个舒适、安静、优雅、安全的住宿环境，并提供细致、便捷、周到、热诚的对客服务。下榻在酒店的宾客，来自不同的国家和地区，他们的生活特点、宗教信仰、风俗习惯也有所不同，这就决定了客房服务员在服务礼仪上要注意多样性。客房部的每一位员工，既要严格地按照服务标准履行好自己的职责，又要灵活、恰如其分地处理好一些突发事件或满足宾客的特殊需求，尽量地服务好每一位宾客，维护好酒店形象。

5.2.1 抵店前准备工作礼仪

(1) 迎客的准备工作礼仪

准备工作是服务过程的第一个环节，它直接关系着后面的几个环节和整个接待服务

的质量，所以准备工作要做得充分、周密，并在客人进店之前完成。

①了解客人情况。

为了更好地进行准备工作，必须先了解将要来到的客人到店时间、离店时间、何地来、去何地、人数、身份、国籍、健康状况、性别、年龄、宗教信仰、风俗习惯、生活特点及接待规格、收费标准和办法等情况，以便制订接待计划，安排接待服务工作。

②房间的布置和设备的检查。

根据客人的风俗习惯、生活特点和接待规格，对房间进行布置整理（如图 5.7 所示）。根据需要，调整家具设备，铺好床，备好热水瓶、水杯、茶叶、冷水具及其他生活用品和卫生用品。补充文具夹内的信封、信纸、服务指南、客人须知和各种宣传品，补充冰箱的饮料。

按照接待规格将酒店经理的名片放在桌上，如是重要客人还要准备鲜花和水果，表示欢迎。如果客人在风俗习惯或宗教信仰方面有特殊要求，凡属合理的均应予以满足。对客人宗教信仰方面忌讳的用品，要从房间撤出来，以示尊重。

房间布置好之后，要对房内的家具、电器、卫生设备进行检查，如有损坏，要及时报修。要试放面盆、浴缸的冷热水，如发现水质混浊，须放水，直到水清为止。

③迎客的准备。

客人到达前要调好室温，如果客人是晚上到达，要拉上窗帘，开亮房灯。完成准备工作后，服务员应整理好个人仪表，站在电梯口迎候。

（2）迎接宾客礼仪

①迎客准备。接到总台迎客任务后，应及时做好迎接准备。宾客一到，要躬身欢迎，主动问候："您好，欢迎光临！"

②梯口迎宾。客人由行李员引领到楼层，服务员应面带笑容，热情招呼。如果事先得知客人的姓名，在招呼时应说"欢迎您！×××先生"，让客人倍感亲切与热情。然后引领客人到已为客人准备好的房间门口，侧身站立，行李员用钥匙打开房门，请客人先进。

③介绍情况。客人初到酒店，不熟悉环境，不了解情况，行李员应先向客人介绍房内设备及使用方法，同时向客人介绍酒店服务设施和服务时间。

④退出客房。在明确客人没有其他需求后，应立即面向客人退出客房，不得逗留，以免影响客人休息。离开房间时应该说："我是×××服务员，如有需要，请拨××分机，我很乐意为您服务。"

⑤主动招呼。平时见到客人进出，要主动打招呼问候，微笑示意，不得视而不见，一走了之。当客人离开房间时，应主动为客人按电梯，面带微笑，躬身致礼。

5.2.2 住店期间服务礼仪

日常客房服务中，要随时注意往来和进出客房的人员，尽量记住客人的姓名、特征等。对不熟悉的客人，一定要其出示出入证才能为其开门，一定要与登记住宿的姓名、性别、特征相符。

有关住客的姓名、身份、携带的物品等不得告诉他人，尤其对重点客人的房号和行踪更不能随意泄露，以防意外。

（1）日常服务注意事项

①与客方便。客房是客人的“家外之家”，要使客人感到处处方便、舒适、清洁、安静，不要在楼层大声喧哗、追逐、打闹，搬运物品要轻拿轻放，保持肃静。如遇客人讲话声音过大，也应礼貌地提醒客人，保持楼层的安静。

②沿墙边地带行走。如遇客人迎面而来，应放慢行走速度，在距离客人2米左右时，主动停止行走，站立一边向客人微笑问好；见宾客要超越，应主动站立一侧让道，并微笑问好。客人致谢后，要说“不用客气”。

③作业规范。携清洁用具（抹布、清洁用桶等）进入楼面工作，应把清洁用具放在桶内和清洁篮内，不得随手提携。

④注意禁忌。未经允许，不要随意抱客人的小孩或摸小孩的头部，因为一些信奉佛教的客人忌讳别人摸小孩的头，认为这是不吉利的。印度人还不喜欢别人赞扬小孩，认为这种赞扬会引起恶人的注意。

（2）客房整理礼仪

①清扫房间应尽量避免打扰客人，最好是在客人外出时打扫或在客人特别吩咐时才去做，但必须控制时间，不要等到客人已回来，还未整理好。如客人在房间，须征得客人同意后再进去整理，整理时以不干扰客人的活动为准。

②注意房间挂的牌子。凡在门外把手上挂有“请勿打扰”牌子的，不要敲门进房。如果到了下午两点半左右，仍未见客人离开房间，且里面也无声音，可打电话进房询问，若仍无反应，说明客人可能生病或发生其他事故，应立即报告主管，采取相应的措施。

③养成进房先敲门通报的习惯。具体步骤如下：站在距房门适当距离的地方（窥视镜正前方），不要靠门太近；用食指和中指敲门三下（或按门铃），声音不要太大，以客人能听到为标准，同时自报身份“服务员”；如果客人在房内，等客人开门后或经客人同意后方可进入并向客人问候，询问客人“是否可以打扫房间”。

④随时检查那些客人未做交代、不急于处理的事情。如某房客平日吸烟多，访客也

多，或许在20分钟前他曾向你要了几杯咖啡，而现在又有事叫你，此时就必须联想到房间里面的烟灰缸必定已积满了烟蒂，或咖啡已喝完，这次进入客房，就可顺便带去所需的烟灰缸、抹布与托盘，将已用过的烟灰缸及咖啡杯具收出来，并清理干净桌几，这样，在为房客做好该做事情的同时也会给客人留下良好的印象。

⑤在客房清扫过程中，服务员对属于客人的一切东西，只能是稍加整理，不能随意挪动位置，因清扫需移动的，也得物归原处，小心轻放。更不能将客人的东西或客人用过的东西自作主张地进行处理，哪怕是空瓶、空纸盒，只要客人没有扔进垃圾袋中，就要谨慎对待，更不能随意扔掉或倒掉。

⑥客人午间休息起床后，应及时进行小整服务；下午客人外出用餐以后，要及时到房间进行夜床服务并再一次进行小整理。

在服务过程中，不得在客房内使用电话或接听宾客的电话。客房服务员绝大多数是女性，在工作中还要有自我防护意识，对客人既要彬彬有礼、热情主动，又要保持一定的距离。客人召唤入房时，要将房门大开，对客人关门要保持警惕，客人邀请时不要坐下，更不要坐在床上；尽量找借口拒绝客人邀请外出；不要轻信和陶醉在客人的花言巧语中而失去警戒。下班后不得到客人房间串门，发生被客人耍流氓的情况时要高声呼喊。

（3）送餐服务

当客人要求送餐到客房时，一定要记清客人的姓名、用餐人数、送餐时间、房间号以及点餐的品种、规格、数量等，记录完毕后要向客人复述一遍，以免出错。确认无误后，通知餐饮部，或将订餐卡片送到餐饮部。

根据客人订餐的具体情况准备好用餐的器具及调味品，并整齐地摆放在餐车里。把握好送餐的时间，不要太早也不要太迟。进入订餐客人的房间前，应先敲门或按门铃，得到客人允许后方可进入。见到客人应先对客人说："您好，这是您订的早餐（午餐、晚餐）。您看，我应该把餐桌摆放在哪儿呢?"

等一切就绪后，将账单拿给客人过目、签字。客人签字或付账后，应对客人表示感谢；若客人还需要服务，则应站立在一旁按餐厅的规定为客人提供服务；若客人不再需要服务，则应立即离开房间。最后，估计客人的用餐时间，在客人用完餐后，配合客房服务员，将餐具收回并送去清洗。

（4）洗衣服务礼仪

①衣服的洗涤方法通常有三种：干洗、湿洗和烫洗。从洗衣速度划分有快洗和普通洗2种：快洗一般4小时，普通洗一般24小时。客人送洗的衣物必须由客人自己在洗衣表上填写清楚，并注意洗涤方法与时间要求。

②服务员收到客人送洗的衣物时，必须仔细检查客人衣物有无破损、严重污点、褪色、衣袋有无物品、衣物的纽扣有无脱落的现象。如有必须与客人讲明。

③送衣物时要与承接洗涤的部门将上述情况讲明，提出要求。洗涤前和洗涤后都要交代清楚，以免出现差错。

④送洗的衣物必须按质、按时、按要求如数交给客人。

（5）擦鞋服务礼仪

擦鞋服务是高级酒店服务中很重要的一部分，是一种付出不大但收效很好的感情投资。这种服务倾注着员工对客人的尊重、对客人利益的关心和对本职工作的热爱与自豪，常给客人带来出乎意料的感动。它的操作程序看起来简单，但也具有一定的技术难度。

服务员对各种皮鞋及鞋油一定要非常熟悉，根据客人的皮鞋选择适宜的鞋油和不同的擦法，特别是对于高档皮鞋更应注意鞋油与擦拭方法的选择。如果服务员没有把握，就应向客人道歉，说明理由，不接受这个工作；或者向专人请教后，再为客人擦鞋。

为客人提供擦鞋服务时，应使用鞋篮，要特别注意做好标记，防止出错。擦拭中，如因不慎或不了解皮鞋质地特点擦坏了客人的皮鞋，应赔偿客人的损失，原则上是擦鞋费的 10 倍。一旦出现差错，应先向客人道歉。

（6）醉酒服务

客人住店期间，若发生醉酒现象，服务员应理智、机警地处理，尽量安排醉酒客人回房休息，并注意房内动静，必要时应采取措施。对醉酒吵闹的客人，要留意其动静，避免出现损坏客房设备、卧床吸烟而引起火灾、扰乱其他住客和发生自伤事件等情况，必要时报告上级和保安部人员。对醉酒酣睡的客人，要同保安人员一起扶客人进房，同时报告上级，切不可单独搀扶客人进房或为客人解衣就寝，以防客人醒后产生不必要的误会。

（7）代办事务

客房服务员有时需要代替客人购买药品、洗熨衣物等，样样事情不得马虎。如客人提出代为购买药品，不要轻率去采办，需经领导同意之后再办，以免使客人误服药品。代办洗熨衣服，要按照有关规定去办理，做到细心认真，善始善终。

（8）失物招领服务

客房服务员在打扫客人房间时，捡到客人遗留的物品，应立即上交，并将捡到物品的时间、地点、名称、房间号等做一个详细的记录，最后向值班经理报告。值班经理则应立即贴出告示，告知失主前来认领。若客人已经离开酒店，则应交给总服务台处理。

凡拾获的遗留物品均应交保安部门保管，由保安部门移交给客人，移交手续要完备。按国际惯例，为客人保存遗留物品的期限为一年。

5.2.3 离店服务礼仪

(1) 做好客人走前的准备工作

要了解客人离店的日期、时间，以及所乘交通工具的车次、班次、航次，所有委托代办的项目是否已办妥，账款是否已结清，有无错漏。

问清客人是否需要提前用餐或准备饭盒餐。早晨离店的客人是否需要叫醒，什么时间叫。如房间有自动叫醒钟应告诉客人如何使用。最后还要问客人还有什么需要帮助做的事情。如果有的事情在本部门不能完成，应与有关部门联系，共同协作，做好离店的准备工作。

(2) 走时的送别工作

利用客人就餐时间，检查客人有无物品遗留在房间，如有要提醒客人。客人离开楼层时，要热情送到电梯口，有礼貌地说："再见""欢迎您再来"。要有服务员帮助客人提行李，并送至大厅。对老弱病残客人要有专人护送下楼，并搀扶上汽车。

(3) 客人走后的检查工作

客人走后要迅速进入房间，检查有无客人遗忘的物品，如有应立即派人追送，如送不到应交总台登记保管，以便客人寻找时归还。同时，要检查房间小物品如烟灰缸或其他手工艺品有无丢失，电视机、收音机等设备有无损坏，如有应立即报告主管。

《案 例》

让客人夸奖的"超值服务"

在接待一个会议期间，楼层服务员小张在打扫9231房间时，细心地发现客人昨晚并没有在床上睡，而是把被子铺在地上睡了一夜。客人的异常行为使员工想到了两点：第一，客人可能是昨晚喝多了酒；第二，客人可能腰不好，需要睡硬板床。如果是第一个可能，怎么房间没闻到一点酒味呢？那一定是第二个可能了，如果是这样的话，就应该主动为客人把席梦思换成硬板床，直接在硬板床上为客人铺好床才行。

想到这里小张马上打电话把情况汇报给了主管。主管又和大堂经理联系并说明了详情，最终和该房客人取得了联系，说明了饭店的意图，客人听后非常意外并连声表示感谢，还不停地夸奖："真不愧是一流的管理啊！这次真的让我体验了贵酒店的'超值服务'。"

5.3 餐饮部服务礼仪

《案 例》

巧妙地赠送

在一家涉外饭店的中餐厅里，正是中午时分，用餐的客人很多，服务员忙碌地在餐台间穿梭着。

有一桌客人中有几位外宾，其中一位外宾在用完餐后顺手将自己用过的一双精美的景泰蓝食筷放入随身携带的皮包里。服务员在一旁将此景看在眼里，她不动声色地转入后堂，不一会儿，捧着一只绣有精致图案的绸面小匣走到这位外宾身边说："先生，您好，我们发现您在用餐时对我国传统的工艺品——景泰蓝食筷表现出极大的兴趣，简直爱不释手。为了表达我们对您如此欣赏中国工艺品的感谢，餐厅经理决定将您用过的这双景泰蓝食筷赠送给您，这是与之配套的锦盒，请笑纳。"

这位外宾听了此言，自然明白自己刚才的举动已被服务员尽收眼底，颇为惭愧。只好解释说自己喝多了一点，无意间误将食筷放入了包中，感激之余更执意表示希望能出钱买下这双景泰蓝食筷，作为此行的纪念。餐厅经理亦顺水推舟，按最优惠的价格记在了客人的账上。

聪明的服务员既没有让餐厅受损失，又没有令客人难堪，圆满地解决了这件事情。

（资料来源：职业餐饮网。）

5.3.1 餐厅服务礼仪

（1）基本礼仪要求

①仪表美观。

工作时间应着规定的制服。衣服要整齐干净，注意保持衣服袖口、领口处的清洁。衣服应扣的扣子要扣好，衣服的衬里不可露出，不要挽袖子卷裤腿。要佩戴标志卡。男女服务员均以深色皮鞋为宜，袜子颜色要略深于皮鞋颜色。

②仪容整洁。

男服务员不留大鬓角，后面的头发不能长到衣领，不留胡须，常修面。女服务员的头发不可长到披肩，必须化淡妆，不准佩戴任何首饰，不准留长指甲、涂指甲油，不得涂抹刺激性的香水。

③仪态大方。

餐厅服务人员的站姿应端庄、挺拔，体现出优美和典雅。坐姿要端正，表现出高贵和娴雅。步态应轻盈、稳健。一般要靠右行走，不能走中间，不可跑步，不可与客人抢道。接待客人时，手势的运用要规范和适度，谈话中手势不宜过多，动作不宜过大。如为客人指点方向时应正确采用“直臂式”，请客人进入时应用“横摆式”等。同时需要注意手势运用时要和面部表情及身体各部分协调配合，以免显得生硬，给客人造成误解。

④态度礼貌。

服务人员在接待中要热情适度，耐心周到，对宾客的态度反应敏感，虚心听取客人意见，遇事要冷静、沉着，表情要含蓄大方。自控能力要强，保持良好的心态。

（2）餐厅领位服务礼仪

①订餐服务礼仪。

服务人员在为客人提供订餐服务时，应注意以下几点：

a. 客人前来订餐时，订餐服务员要主动接待，繁忙时要有礼貌地请客人稍候。

b. 仔细询问客人的用餐时间、进餐人数、订餐内容、是否还有其他要求等，并认真记录。记录完毕后应向客人重述一遍，看是否有遗漏或者有出入的地方。

c. 认真回答客人的提问，并向客人说明餐厅的规定，特别要讲清楚最迟取消订餐的时限，请客人一定要准时前来。

d. 客人订餐后，订餐服务员应及时与当天的领位服务员进行沟通，并根据客人的情况及要求安排好桌位，摆好“已预订”的牌子。

②迎宾服务礼仪。

a. 见到客人前来，迎宾领位人员应主动对客人说：“欢迎光临！”并主动为客人开门，引领客人进餐厅。若是男女客人一同前来，则应先问候女宾，再问候男宾。对于熟客或重要的客人，最好能称呼其姓名或职务。

b. 若餐厅设有雨伞寄放桶、衣帽寄放间，迎宾服务人员则应先询问客人是否需要寄放物品，若客人有需要则应代为办理，注意对号入座，以免出错，造成不必要的麻烦。

c. 询问客人是否已有预定，若有预定则应在询问清楚客人的姓名后，引领客人直接前去；若没有预定，则应根据实际情况作灵活安排。

d. 若此时餐厅已客满，要有礼貌地请客人在门口稍候，安排好休息的座位，并告知客人大概的等候时间。若时间稍长，应给客人倒茶，或请客人看杂志，来打发等待的时间。重要的客人到来后，要先将客人引至贵宾室等候，再交由餐厅主管或酒店经理来接待。

③领位服务礼仪。

服务人员在为客人领位时，要注意以下几点：

a. 引领客人前往座位时，应注意引导的速度不可太快，并用言语提醒客人注意脚下及方向。

b. 安排座位时应注意：夫妇、情侣来就餐，要把他们引领到比较安静的餐桌入座；一家人或是亲朋好友前来聚餐，可引领他们到餐厅中央的餐桌就餐；年老体弱的客人来用餐，应尽可能安排在出入比较方便、离入口较近的地方；对于有明显生理缺陷的客人，要考虑安排在适当的位置，最好能遮掩其生理缺陷为妥。若餐厅较大，需同时注意座位的平均分配，不要集中在某一区域就座。

c. 若无法满足客人选择桌位的要求，应有礼貌地向客人致歉、解释，并把客人引领到其他桌位，尽量使客人满意；靠近厨房出入口的桌位，往往不受客人欢迎，对那些被安排在这几张餐桌上就餐的客人要多说几句抱歉的话；客人中若有不喜欢吸烟的，应将客人安排到特别的“无烟区”。

d. 将客人引领到桌位后，领位人员应告知区域或看台服务员客人的用餐人数和需求，交接完毕后方可离去。

④入座服务礼仪。

服务人员在请客人入座时，应注意以下几点：

a. 请客人入座时，区域或看台服务员应拉开座椅，协助客人入座。注意座椅拉开的距离不要太开，客人能走进即可，然后在配合客人坐下的同时，用双手将椅子往前推进。

b. 注意安排入座的顺序，一般以女士、老者及尊者优先。若有儿童同行，则应安排儿童座椅，同时避免让儿童坐在上菜的位置。

（3）值台服务礼仪

①茶水服务礼仪。

待客人都坐定后，服务人员要为客人提供茶水服务，此时，应注意以下几个方面：

a. 服务人员应根据用餐人数增减餐具，并调整餐具摆放位置，以保证客人用餐舒适。

b. 根据季节为客人送上冰水或者热茶，还可根据餐厅的服务方式，适时提供餐前小菜。

②点菜服务礼仪。

在客人点菜时，服务人员应注意以下几点。

a. 从客人右侧将菜单及酒水饮料单呈给客人，并将其打开，然后应退到一旁稍候，留给客人充裕的时间翻阅、思考、讨论。若是已定餐的宴席，餐单则应事先摆在餐桌上供客人参考。

b. 呈上菜单后，服务人员应准备好点菜单和笔等点菜工具等候在一旁，待客人稍有决定后，方可上前。

c. 服务人员应熟知餐厅所提供菜肴的原料、制作方法、口味以及中式菜肴的一些基本知识，以应对客人的提问。

d. 当客人提出咨询时，服务人员应充分参照用餐人数、预算、口味、偏好及用餐时间等提出适当的建议，为客人搭配出一桌好菜肴。

e. 填写点菜单时，应注意分门别类，明确注明桌号、人数、开单人及菜肴的名称、份量、数量及特殊要求，并写上开单时间。中式点菜单一般是一式三联，一联交由柜台出纳入单结账用，一联送到厨房出菜用，一联则留存看台或区域服务员处，待菜上齐后交由客人过目。

f. 客人点菜完毕后，服务人员应向客人重述一遍，确认没有遗漏或错误。若客人点的菜餐厅已无法供应，应向客人说清楚，并向客人表示歉意；若客人列出菜单上没有的菜肴，应根据客人的描述，与厨房商量后尽量满足客人的要求，不可一口回绝；若有烹饪时间较长的菜肴，应向客人说明，征得客人的同意。

③酒水服务礼仪。

将点菜单送到出纳柜台和传菜间以后，服务人员应为客人进行开酒服务。酒水需另外开立点菜单，不可与菜单混开。服务人员在酒水服务过程中应注意的问题，将会在下一节中详细说明。

④跑菜服务礼仪。

跑菜即取菜。跑菜服务员的主要工作是配合看台或区域服务员的工作，根据看台或区域服务员交给的点菜单，按照各餐桌客人点菜的先后顺序列好，并与厨房工作人员密切配合，为看台或区域服务员当好助手。跑菜服务员在服务过程中要注意以下几点：

a. 一般应用右手托盘，左手背在身后，保持托盘的平稳，以免菜汤或油溢出。客人在用餐过程中撤下来的空盘等也要用托盘，不能直接用手拿。

b. 走路要轻，以免将地上的灰尘扬起，影响客人的食欲。遇到客人要让客人先行，并对客人微笑示意。

c. 一般来说，跑菜服务员不需亲自上菜，而应将菜交给看台或区域服务员。

d. 要注意客人入座后点菜的时间，同时提醒厨房哪些客人的菜是需要先上的。

⑤上菜服务礼仪。

服务员在为客人上菜时，应注意以下几点：

a. 上菜前，看台或区域服务员应先将桌面清空，从跑菜服务员手中接过菜肴时，应先确认，仔细检查无误后再将菜肴端上桌。

b. 服务人员上菜的同时应报出菜名，并慢慢顺时针转动转台，最好的方式是一边转动转台，一边介绍菜肴的特色及烹饪要点。

c. 当所有的菜肴都上完以后，服务人员应告知客人，并请客人慢慢享用。

⑥用餐服务礼仪。

在客人用餐的过程中，服务人员应注意以下几个方面。

a. 用餐过程中，若有需要客人用手食用的菜品，应同时送上盛有清水的净水盅。

b. 根据客人的需要，适时将空盘撤下，及时撤换脏骨盘，并注意保持台面清洁。

c. 每道菜肴快吃完时，都应将其更换为小盘，摆回转台上供客人取用。

d. 客人有意吸烟时，应主动上前帮客人点火，但一定要注意火苗的位置和大小，切不可烧到客人。

e. 出菜速度应配合客人的用餐速度，服务人员需配合客人的需求，指示跑菜服务员通知厨房配合。

f. 若用餐过程中，客人需要加菜。同前面点菜的程序一样，看台服务员一定要仔细填写加菜单，同样一式三联，柜台出纳、厨房、自己各一联。

⑦结账服务礼仪。

服务人员在为客人提供结账服务时，应注意以下几点。

a. 客人用餐期间，服务人员应清点酒水、饮料等空瓶，以待客人确认。

b. 客人示意结账时，服务人员应主动询问客人对剩余饮料及餐点的处理方法，主动将多余未用的酒水退掉，并询问客人用餐是否满意。

c. 立即从柜台出纳处领来账单，先行确认过后，再向客人解说消费项目，然后将账单交给客人过目，并解答相关疑问。

d. 尽量采用客人愿意的方式结账（现金、刷卡、客房记账或外客签账），如无法满足客人的需要，应向客人解释清楚，取得谅解。

e. 为客人送上发票、找零现金或信用卡及签单。

⑧送客服务礼仪。

客人用餐完毕后，服务人员在送客时，应注意以下几个方面：

a. 结账完毕，当客人起身时，服务人员应主动为客人拉开座椅，提醒客人不要遗忘随身物品，并帮客人留意桌位附近是否有遗留物品。如果发现桌位附近有客人遗留的物品，应及时交给客人。

b. 将客人送至门口，并对客人说："欢迎您再次光临。"

5.3.2 中餐宴会服务礼仪

(1) 中式宴请桌次与座次

中国餐饮礼仪可谓源远流长。据文献记载，在周代，饮食礼仪已形成一套相当完善的制度。

作为汉族传统的古代宴饮礼仪，自有一套程序：主人折柬相邀，临时迎客于门外。宾客到时，互致问候，引入客厅小坐，敬以茶点。客齐后导客入席，以左为上，视为首席，相对首座为二座，首座之下为三座，二座之下为四座。客人坐定，由主人敬酒让菜，客人以礼相谢。席间倒酒上菜也有一定的讲究：先敬长者和主宾，最后才是主人。宴饮结束，引导客人入客厅小坐，上茶，直到辞别。如今，这种传统宴饮礼仪在我国大部分地区仍完整保留，如山东、香港及台湾等地。

清代受西餐传入的影响，一些西餐礼仪也被引入。如分菜、上汤、敬酒等方式也因合理卫生的食法被引入中餐礼仪中。中西餐饮食文化的交流，使得我国的餐饮礼仪更加科学合理。

现代较为流行的中餐宴请礼仪是在继承传统与参考国外礼仪的基础上发展而来的。

①中餐座次排序遵循的基本原则。

a. 右高左低原则。两人一同并排就座，通常以右为上座，以左为下座。这是因为中餐上菜时多以顺时针方向为上菜方向，因此居右坐的要比居左坐的优先受到照顾。

b. 中座为尊原则。三人一同就座用餐，坐在中间的人在座次上高于两侧的人。

c. 面门为上原则。用餐时，按照礼仪惯例，面对正门的都是上座，背对门的都是下座。

d. 特殊原则。高档餐厅里，室内外往往有优美的景致或高雅的演出，供用餐者欣赏。这时，观赏角度最好的座位就是上座。在某些中低档餐厅用餐时，通常以靠墙的位置为上座，靠过道的位置为下座。

②中式宴请的主位确定。

在中式宴请中，确定主位一般有两种方式。

a. 一席宴请时，根据房门来确定主位。一般情况下，面朝门的中央位置可作为主位，如图 5-1 所示。

b. 多席宴请时，主位一定位于主桌。在主桌上，面向其他桌方向的中央位置可作为主位，如图 5-2 所示。

③中式宴请的桌次排序。

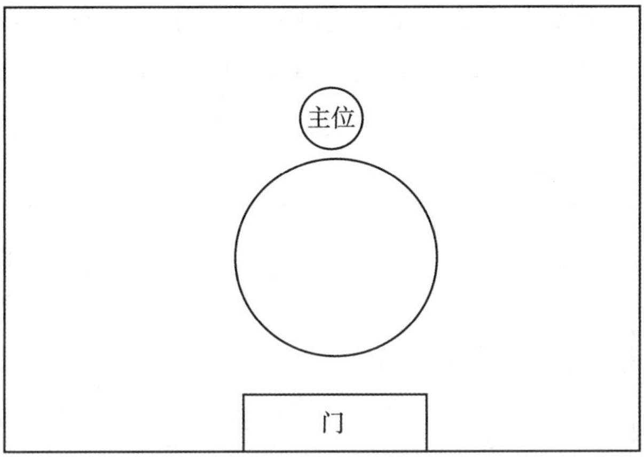

图 5-1

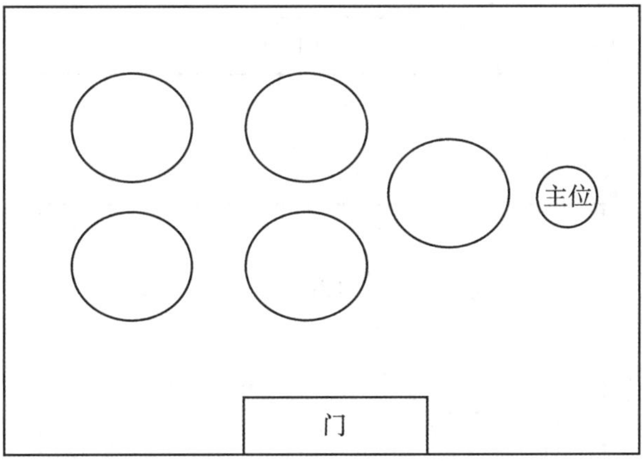

图 5-2

在安排桌次时，所用餐桌的大小、形状要基本一致。除主桌可以略大外，其他餐桌都不要过大或过小。

为了确保在宴请时赴宴者能够及时、准确地找到自己所在桌次，可以在请柬上注明对方所在的桌次，在宴会厅入口悬挂宴会桌次排列示意图，安排引位员引导来宾按桌就座，或者在每张餐桌上摆放用阿拉伯数字书写的桌次牌。

a. 中式宴请桌次排序的原则。在中餐宴请活动中，往往采用圆桌形式。宴请时如果客人较多，就会出现多桌次宴请的情况。每个桌子的摆放次序，我们称之为桌次。在国际商务宴请中，一般遵循的桌次原则是，主桌在主席台边，根据餐厅形状，右高左低，高近低远。即桌次高低以离主桌位置远近而定，离主桌越近，桌次越高；离主桌越远，桌次越低。平行时的桌次排序为右高左低。

b. 中式宴请的台形布置。一是两席宴请。当两席横排时，桌次以右为尊，左为卑（如图 5-3 所示），这里所说的左右，是通过进入房间后，面对正门的位置来确定的。当两席竖排时，桌次讲究以远为上，以近为下（如图 5-4 所示），这里所讲的远近，是以距离正门的远近而言。

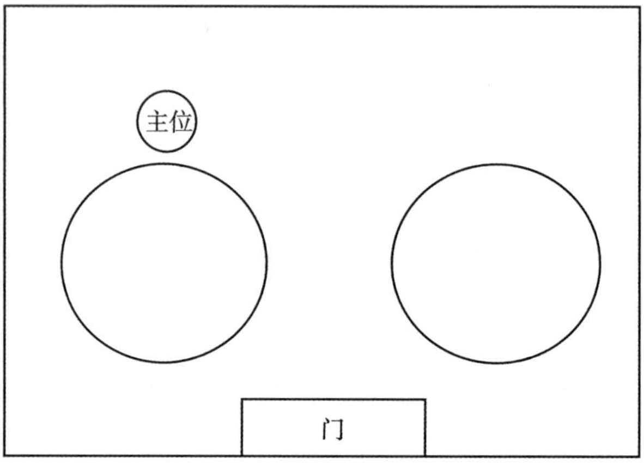

图 5-3

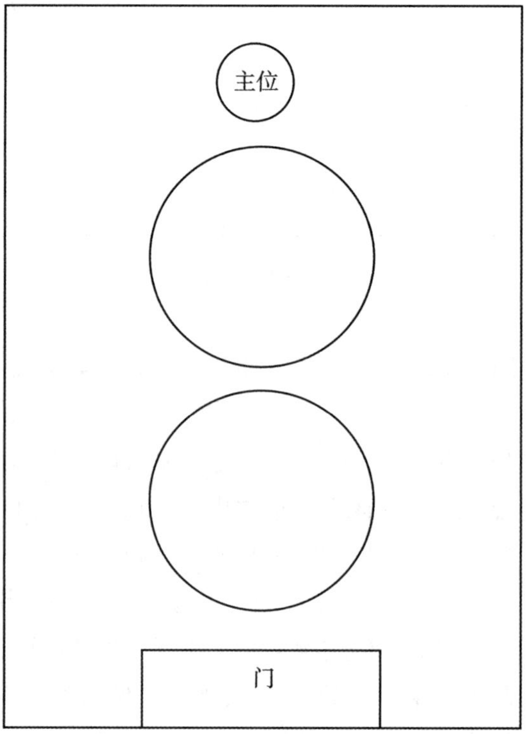

图 5-4

二是三席及以上宴请。在安排多席宴请的桌次时，除了要注意“面门定位”“以右为尊”“以远为上”等原则外，还应兼顾其他各桌距离主桌的远近。通常，距离主桌越近的桌次越高，距离主桌越远的桌次越低（如图 5-5 所示）。

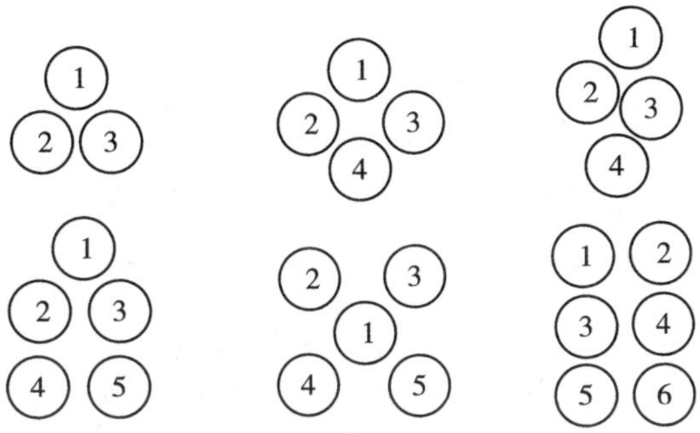

图 5-5

三席宴请桌次设计：品字形，也称三角形。

四席宴请桌次设计：方形或菱形。

五席及五席以上宴请桌次设计：梅花形、梯形、长方形。

④中式宴请的座次排序。

a. 中式宴请座次排序的一般原则。

商务宴请中的座次排序非常复杂，其中最重要的排序依据是职务的高低，其次是交际语言、业务类别和性别搭配。一般座次排序时，主客双方一、二号座次排序都尽可能按职位排列。后面人员的座位安排除职位外，还要兼顾是否有共同语言，是否有业务关系，是否性别相同等。

特别要强调的是，在一些国家的商务宴请中，习惯于将不同性别的人交叉安排就座，以体现男女平等。还有些国家习惯于将相同性别的人安排在一起就座，以照顾不同性别之间不同的话题爱好。所以，具体操作应以现实情况而定。

b. 中式宴请的座次排序特点。

在宴请座次排序中，最大的特点是每张桌都安排主客双方的顺序座次，即主方一号、二号、三号等和客方一号、二号、三号等。每张桌的座次排序都以主方第一号为中心。

c. 中式宴请的具体座次排序。

第一，男女主人共同宴请时的排序方法，如图 5-6 所示。这种排法是男主人坐上席，女主人位于男主人对面。主副相对，以右为贵。宾客通常随男女主人，按右高左低的顺序依次成对角飞线排列，同时要做到主客相间。国际惯例是男主宾安排在女主人右侧，女主宾安排在男主人右侧。

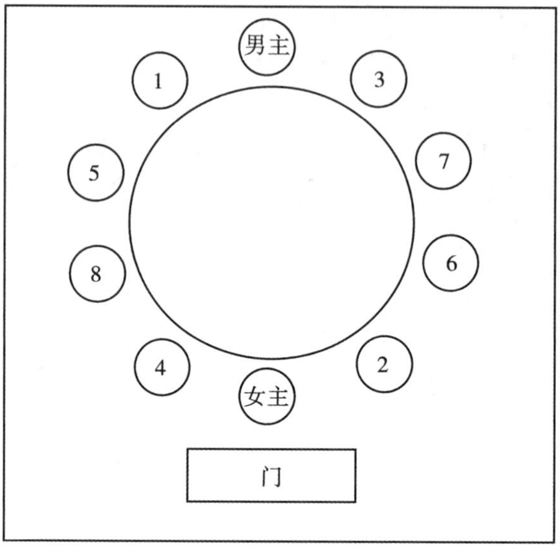

图 5-6

第二，第一、第二主人均为同性别人士或正式场合宴请时的排序方法，如图 5-7 所示。这种排法主副相对，按“以右为贵”的原则，依次按顺时针排列座次，同时主客相间。

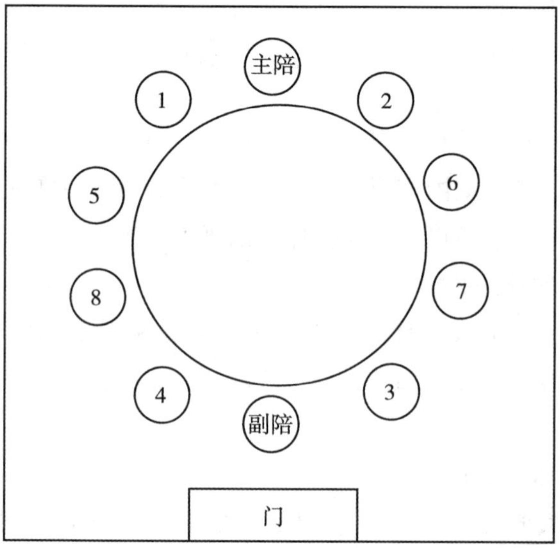

图 5-7

第三，单主人时的座次排序。这种排法以主人为中心，其余人员按“以右为贵”的原则，依次按“之”字形飞线排列，如图5-8所示。

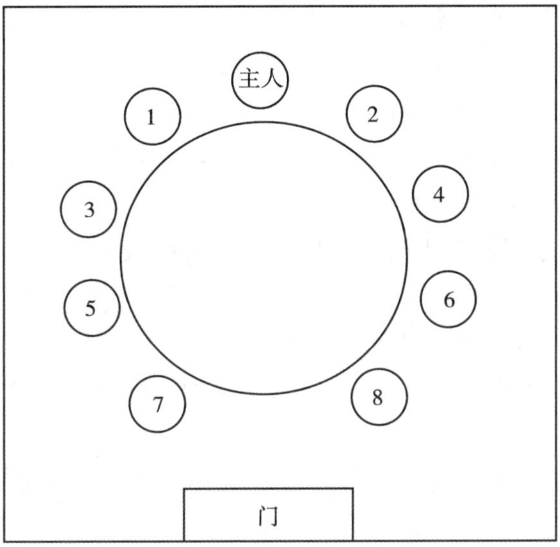

图5-8

小资料

中国国宴小常识

我国国宴一般都设在人民大会堂和钓鱼台，且人民大会堂承担要多一些，这里的宴会厅能同时容纳5000人。国宴制定的菜谱，一般以清淡、荤素搭配为原则。基本上固定在四菜一汤，这是当年周总理定的标准，一直延续至今。

国宴的菜，汇集了全国各地的地方菜系，经几代厨师的潜心整理、改良、提炼而成，主要考虑到首长、外宾都能吃，像国宴的川菜，少了麻、辣、油腻，苏州、无锡等地的菜少放了糖等，目前的国宴菜都是在原来地方菜的基础上，做了改进。

如今，国宴的菜系，已被称为“堂菜”，讲究清淡、软烂、嫩滑、酥脆、香醇，以咸为主，较温和的刺激味辅之。据说这种烹调风格适应性很强，基本可满足中外大多数宾客的口味要求，如海参鸡块中的鸡块，既可烧也可蒸。

国宴菜品的菜名仍很“原始”，除少数“引进”的地方菜保留原名（如佛跳墙、富贵蟹钳、孔雀开屏、喜鹊登梅）外，大多数菜名的命名比较务实，如麻辣鸡、芦笋鲍鱼等。菜名朴实，是国宴的一个特点。一是使用者一看菜单即可知是什么菜。二是可避免太花哨，使名与菜，穿凿附会，名实不符，同时在对外活动中，又可利于菜名翻译时准确无误。

(2) 中餐点菜与餐具使用礼仪

①中餐点菜思路。

点菜是学问，又是艺术。根据我们的饮食习惯，与其说是“请吃饭”，倒不如说是“请吃菜”。因此在宴请来宾时对菜单的安排马虎不得。

a. 投其所好。要考虑顾客的口味和他们的审美取向。一般人都有尝鲜的心理，会品尝一些新颖但不怪诞的菜肴。因此在点菜时，可对外来宾客介绍一些本地的特色菜，对本地宾客介绍一些新颖的特色菜。

b. 量力而行。根据宴请的规格，提供量力而行的最佳组合，点菜时必须注意不但要吃饱、吃好、吃出档次、吃出文化，而且应量力而行。如果为了讲究排场，在点菜时大点、特点，甚至乱点，不仅对自己没有好处，相反还会遭到来宾的嘲笑。

c. 点菜技法。有的情况下可以请专门的点菜师帮助点菜，自己点菜时要注意以下几个方面：

中餐特色菜：在邀请外宾时，一定要注意选择一些有明显中国特色的菜品，如饺子、炸春卷、煮元宵等。

本地特色菜：在宴请外地客人时，选择一些有名的地方菜品应该是很受客人喜爱的，如西安的羊肉泡馍、湖南的毛家红烧肉、北京的烤鸭等。

餐馆特色菜：选择一份本餐馆的特色菜，说明主人的细心和对被请者的尊重。

主人特色菜：在家里宴请宾客时，主人一般都是要露一手的。

②走菜顺序。

各种菜肴在后厨准备好后，摆上餐桌的过程，称为走菜。宴会走菜顺序的合理与否，事关宴会的气氛、客人的食兴，更可以体现出主人的文化素养和对客人的尊重。

宴会的上菜顺序不但要依当地风俗习惯进行，而且还要视客人情况适当调整，一般次序是冷菜、热炒或大菜、甜菜、点心，质量高的头菜在较前面上席。

中餐的走菜顺序主要有两种，这两种走菜顺序最大的区别是汤的位置。

一是以粤菜为代表的菜系，顺序是先上头盘（也叫冷拼或者凉菜），其次是老汤，然后是热菜，最后是果盘。在热菜部分，又分辅菜和主菜（有的地方又称主打菜），主菜一般以鱼、海鲜、各种肉品为主，只有一道，辅菜以蔬菜为主，可以多上几盘。这一派菜系中，汤在热菜前上，认为先上汤一来可以暖胃，二来可以清口，三来可以保证食量有度。而主食则可以随时取用。二是以川菜为代表的其他菜系，则将汤放在主菜之后，一般的走菜顺序是：冷菜（冷拼）、热菜、主食、汤。这一派认为汤可以起到清口的作用，可以调和整个宴会的口味。

③中餐的上菜。

a. 上菜时机和服务位置。

上菜时，可以将凉菜先行送上席。当客人落座开始就餐后，餐厅员工即可通知厨房做好出菜准备，待到凉菜剩下1/3左右时，餐厅员工即可送上第一道热菜。当前一道菜快吃完时，餐厅员工就要将下一道菜送上，不能一次送得过多，使宴席桌上放不下，更不能使桌上出现菜肴空缺的情况，让客人在桌旁干坐，这既容易使客人感到尴尬，也容易使其在饮过酒后，没有菜可供及时下酒，导致喝醉。

餐厅员工给客人提供服务时，一般要以第一主人作为中心，从宴席的左侧位置上菜，从宴席的右侧位置撤盘。上菜或撤盘时，都不应当在第一主人或主宾的身边操作，以免影响主客之间的就餐和交谈。

b. 上菜中的习惯与礼貌。

菜肴上有孔雀、凤凰图案等美好意象的拼盘，应当将其正面放在第一主人和主宾的面前，以方便第一主人与主宾的欣赏。

第一道热菜应放在第一主人和主宾的前面，没有吃完的菜则应移向副主人一边，后面的菜可遵循同样的原则。

遵循"鸡不献头，鸭不献尾，鱼不献脊"的传统礼貌习惯，即在给客人送上鸡、鸭、鱼一类的菜时，不要将鸡头、鸭尾、鱼脊对着主宾，而应当将鸡头等朝右边放置。上整鱼时，由于鱼腹的刺较少，肉味鲜美嫩滑，所以应将鱼腹而不是鱼脊对着主宾，表示对主宾的尊重。

④中餐主要餐具的使用礼仪。

a. 筷子的使用礼仪。

一是忌敲筷。即在等待就餐时，不能坐在餐桌边，一手拿一根筷子随意敲打，或用筷子敲打碗盏或茶杯。

二是忌掷筷。在餐前发放筷子时，要把筷子一双双理顺，然后轻轻地放在每个人的餐桌前；距离较远时，可以请人递过去，不能随手掷在桌上。

三是忌叉筷。筷子不能一横一竖交叉摆放，不能一根是大头，一根是小头。筷子要摆放在碗的旁边，不能搁在碗上。

四是忌插筷。在用餐中途因故需暂时离开时，要把筷子轻轻搁在桌子上或餐碟边，不能插在饭碗里。

五是忌挥筷。在夹菜时，不能用筷子在菜盘里挥来挥去，上下乱翻，遇到别人也来夹菜时，要有意避让，谨防"筷子打架"。

六是忌舞筷。在说话时，不要把筷子当做刀具，在餐桌上乱舞；也不要在请别人用菜时，把筷子戳到别人面前，这样做是失礼的。

七是忌舔筷。不要"品尝"筷子，不论筷子上是否残留有食物，都不要去舔它。

八是忌迷筷。不要在夹菜时，筷子持在空中，犹豫不定，不知夹取哪道菜。

九是忌粘筷。在就餐过程中，即使很喜欢某道菜，也不要似筷子粘住了菜盘，不停地夹取。

十是忌剔筷。不要将筷子当牙签使用。

b. 匙的使用礼仪。

在一般情况下，尽量不要单用匙去取菜。用匙取食物时，不宜过满，免得溢出来弄脏餐桌或自己的衣服。必要时，可在舀取食物后，在原处“暂停”片刻，待汤汁不再滴流后，再移向自己享用。使用匙时要注意下列4点事项。

使用汤勺时要用右手。一手执筷一手执汤勺是最忌讳的。

用勺子取用食物后，应立即食用，不要把它再次倒回原处。

若取用的食物过烫，不可用匙将其折来折去，也不要用嘴对它吹来吹去。

食用匙里盛放食物时，尽量不要把勺子塞入口中，或反复吮吸它。

⑤中餐礼仪小常识。

由于中餐的特点和食用习惯，参加中餐宴会或聚餐时，尤其要注意以下几点。

①上菜后，不要先拿筷，应等主人邀请，主宾动筷时再拿筷。取菜时要相互礼让，依次进行，不要争抢。取菜要适量，不要把合自己口味的菜一人“包干”。

②为表示友好、热情，彼此之间可以让菜，劝对方品尝，但不要为他人夹菜；不要擅自做主，不论对方是否喜欢，主动为其夹菜、添饭，让对方为难。

③不要挑菜，不要在共用的菜盘里挑挑拣拣、翻来覆去、挑肥拣瘦。取菜时，要看准后夹住立即取走，不能夹起来又放下，或取走后又放回去。

（3）中餐就餐礼仪

①餐前礼仪。

a. 参加宴会，必须把自己打扮得整齐大方，这是对别人也是对自己的尊重。还要按主人邀请的时间准时赴宴。除酒会外，一般宴会都请客人提前半小时到达。如因故在宴会开始前几分钟到达，也不算失礼。但迟到就显得对主人不够尊敬，非常失礼了。

b. 当走进主人家或宴会厅时，应首先跟主人打招呼。然后，对其他客人，不管认不认识，都要微笑点头示意或握手问好；对长者要主动起立，让座问安；对女宾要举止庄重，彬彬有礼。

c. 入席时，自己的座位应听从主人或招待人员的安排，因为有的宴会主人事先就安排好了。如果座位没定，应注意正对门口的座位是上座。应让身份高者、年长者以及女士先入座，自己再找适当的座位坐下。

d. 入座宜从左侧进入，轻拉椅背，女士由男士或服务生代劳，然后慢慢入座。坐的姿势要端正，女士应双腿并拢，男士自然坐稳即可。双手不可靠在桌面或邻座的椅背上，更不要弯腰驼背用餐，显得没有精神。坐姿要维持端正，但不要僵硬不自然，并注意与餐桌保持适当的距离。

e. 用餐时应该着正装，不要中途脱外衣。脱下的长外套不可直接披在椅背上，大衣、外套等应交给服务员放置衣帽间保管。

f. 手机最好关机，或调成震动模式，如有紧急电话需接，请离座至适当场地接听。

g. 钥匙、手机、香烟、打火机等私人物品，不可放在桌上妨碍他人用餐，应放进手提包内，再将手提包放在背部与椅背间，而不是放在餐桌或地上。

②就餐礼仪。

a. 一道菜上桌后，通常需等主人或长辈动手后再去取食。若需使用公筷的菜，应先用公筷将菜肴夹到自己的盘中，然后再用自己的筷子慢慢食用。夹菜时，要等到菜转到自己面前时再动筷，夹菜一次不宜过多，也不要把夹起的菜再放回菜盘中，又伸筷夹另一道菜，这是非常不礼貌的。如果遇到邻座夹菜要避让，谨防筷子打架。

b. 同桌如有外宾，不用反复劝菜，也不要为其夹菜，因为外宾一般没有这个习惯。让宾客依自己的喜好取用菜色，合乎时宜也较卫生。

c. 用餐时，碗盘不可拿在手上，应用筷子取一口大小的食物送至口中，不可一次把过多的食物塞入口里。

d. 骨、刺要吐出时，应用餐巾或以右手遮口，隐秘地吐在左手掌中，再轻置于骨盘中，不可抛弃在桌面或地上。

e. 有骨或壳的食物，应避免用手剥咬，可用筷子或汤匙取食为宜。

f. 很烫的食物，不可用嘴吹冷匆忙送入口中，应等稍凉后再进食。

③餐后礼仪。

a. 用餐完毕后，必须等男女主人开始送客之后，才能离座。

b. 客人未离开前，绝对不可大声喧哗或批评客人。

c. 送客时，应该提醒其带走所携带或是寄存的物品，并且鞠躬致意，尽量等客人完全离开视线后再返回座位。

d. 餐后不宜当着客人面结账，也不宜拉拉扯扯抢着付账，如真要抢着付账，应找适当的时机悄悄地去结账。

5.3.3 西餐宴会服务礼仪

(1) 西式宴请座次

①西式宴请的准备。

a. 确定宴请对象、规格和范围。其依据是宴请的性质、目的、主宾的身份、国际惯例及经费等。

b. 确定宴请的时间、地点。宴请的时间应对主客双方都合适。驻外机构举行较大规模的活动，应与驻在国主管部门商定时间。注意不要选择对方的重大节日、有重要活动或有禁忌的日子和时间。宴请的地点可分为两种情况：如是官方正式隆重的活动，一般安排在政府、议会大厦或宾馆内举行；其余单位宴请则按活动性质、规模大小、形式等实际情况而定。

c. 发出邀请及请柬。宴会邀请一般均发请柬，亦有手写短笺、电话邀请。邀请不论以何种形式发出，均应真心实意、热情真挚。

请柬内容包括活动时间、地点、形式、主人姓名等。行文不用标点符号，其中人名、单位名、节日和活动名称都应采用全称。中文请柬行文中不提被邀请人姓名（其姓名写在请柬信封上），主人姓名放在落款处。请柬格式与行文方面，中外文本的差异较大，注意不能生硬照搬。请柬可以印刷也可手写，手写字迹要美观、清晰。西式请柬大多是白色单面印制，内容简单扼要。无论是字体或格式，请柬的设计都要以大方得体为原则。请柬一般以对方提前一周收到为宜。

请柬信封上被邀请人的姓名、职务要书写准确。国际上习惯对夫妇二人发一张请柬，我国如遇需凭请柬入场的场合则每人一张。正式宴会，最好能在发请柬之前排好席次，并在信封下角注上席次号。请柬发出后，应及时落实出席情况，准确记载，以便调整席位。

西式请柬的左下角通常写着 R. S. V. P. 字样，附有电话号码和人名，这表示客人接到请柬后最好依照上面标注的电话给予回复，以便主人确认赴宴人数并提前做好准备。

另外，在请柬的右下角有简单的 DressCode，表示餐宴应该穿哪种衣服才不会失礼。要想穿着得体，赴宴前需了解此次宴请的性质和规格，通常的选择有以下几种。

Formal（正式）——男士穿燕尾服或晚礼服，女士穿晚礼服或国服。

Informal（非正式）——男士穿西服，女士穿洋装或是膝盖以下的礼服。

Formal Casual（正式休闲）——男士穿非正式休闲西服，女士穿过膝盖的套装或礼服。

d. 订菜。宴请的菜谱根据宴请规格，在规定的预算标准内安排。选菜不应以主人的喜好为标准，主要考虑主宾的口味喜好与禁忌。菜的荤素、营养、时令与传统菜及菜点与酒品饮料的搭配要力求适当、合理。不少外宾并不喜欢我国的山珍海味。地方上宜以地方美食招待，用本地名酒。菜单经主管负责人同意后，即可印制，菜单一桌应备两至三份，至少一份。

e. 现场布置。宴会厅和休息厅的布置，取决于活动的性质和形式。官方正式活动场所的布置，应该严肃、庄重、大方，不宜用霓虹灯作装饰，可用少量鲜花（以短茎为佳）、盆景、刻花作点缀。如配有乐队演奏席间乐，乐队不要离得太近，乐声宜轻。最好能安排几首主宾家乡乐曲或他（她）所喜欢的曲子。

②西式宴请座次排列。

同一桌上，席位高低以离主人的座位远近而定。外国习惯男女穿插安排，以女主人为准，主宾在女主人右上方，主宾夫人在男主人右上方（如图 5-9、图 5-10 所示）。我国习惯按各人本身的职务排列，以便于谈话，如夫人出席，通常把女方排在一起，即主宾坐男主人右上方，其夫人坐女主人右上方。礼宾顺序并不是排席位的唯一依据，尤其是多边活动，更要考虑客人之间的政治关系，政见分歧大、两国关系紧张的要尽量避免安排在一起。此外还要适当照顾各种实际情况。

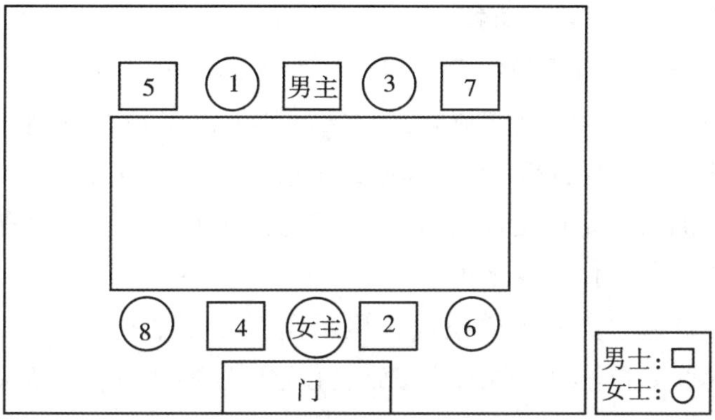

图 5-9

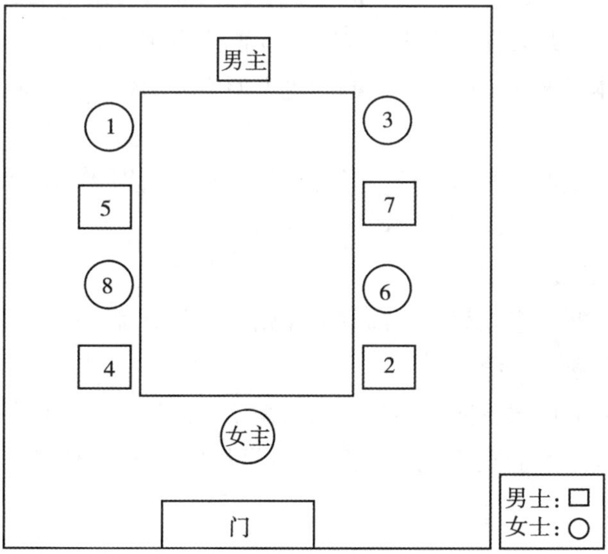

图 5-10

(2) 西餐摆台礼仪

从桌面的清理到台布的铺设，从转台的放置到桌椅的排列定位，西餐和中餐服务礼仪基本相同。在这里，我们主要就西餐礼仪与中餐礼仪的不同之处进行简单介绍。

①摆设餐具。

摆放餐具时，应首先根据桌型、用餐人数等，准备足量的餐具，并将餐具平整摆起。

a. 展示盘。西餐的展示盘和中餐的骨盘一样，也是其他一切餐具摆放的标准。以四人方桌为例，展示盘应置于桌边的正中间，且应与餐桌边缘保持约一指宽的距离，以避免造成客人起身或进出时发生碰撞。

b. 餐刀、叉、汤匙。西餐为右手执刀，左手持叉，所以应在展示盘的右侧摆放餐刀，刀刃朝左；在展示盘的左侧摆放餐叉，叉齿朝上；在餐刀右侧约 1 厘米处摆放汤匙。注意餐刀和餐叉都应距展示盘约1厘米，距桌边缘 1~2 厘米。

c. 面包盘、黄油刀。先将黄油刀放在面包盘上右侧，再将面包盘放在距餐叉左侧约 1 厘米处，距餐桌边缘 1~2 厘米处。

d. 点心叉、点心匙。点心叉应摆放在展示盘上方正中央约 2 厘米处，叉柄朝左，叉齿面朝右；在点心叉上方约 1 厘米处摆放点心匙，匙柄朝右，匙面朝上。

②放置杯皿。

各种杯子有各种不同的用途，大小也不同。一般来说，水杯较大，红酒杯次之，白酒杯最小。红酒杯是基准，应将其对齐展示盘右边的大餐刀上端的位置摆放，与点心叉和点心匙平行。然后在红酒杯斜左上方 45°的位置摆设水杯，与其斜右下方 45°的位置摆放白酒杯，依次体现出杯子的大小，同时也方便客人取用。

③摆放餐巾。

在西式餐桌上，餐巾一般为白色，且应将餐巾折叠出别致的造型或花样，为餐厅增加立体的美感。

④摆设其他相关器皿。

其他相关器皿的摆设应以简单、高雅为原则，大部分都应摆放在餐桌的中央，或是部分摆在中间、部分摆在一角。

西式餐桌一般还会依照不同宴会的级别而做不同的摆设，不同的菜也会有不同的摆设。所以，以上仅是基本的摆台礼仪，其他的餐具摆设还需要在平时的工作中不断积累，尽量做到完美。

（3）西餐点餐过程服务礼仪

西餐的服务礼仪除西式餐饮服务礼仪不同外，其他如迎宾、领位、入座、结账、送客等都与中餐的服务礼仪相差无几，且服务精神基本相同。这里主要针对与中餐服务礼仪不同的部分进行详细说明。

①倒水服务礼仪。

a. 客人就座之后，服务人员应立即用双手将餐巾摊开铺在客人腿上，尽量避免碰触到客人的身体。

b. 为客人倒水不宜太多，八分满即可。同时应注意顺序，以女士、长者及主宾优先。摊开餐巾和倒水都是从客人右侧进行。

②餐前酒服务礼仪。

a. 在正式享用西餐前，客人通常会先点餐前酒来助兴。因此，服务人员应先为客人呈上酒单以供客人挑选。

b. 客人较多时，可以利用座次平面图记录客人所点的酒，并详细记录所点酒水名称、数量、配料和做法，记录完毕后应向客人复述一遍以确认。

c. 点酒单一式三联，一联交由柜台出纳入单结账，一联交给酒吧准备酒水，一联留给自己。

d. 客人用完餐前酒后，应及时将酒杯收走。

③点菜服务礼仪。

西餐的点菜服务礼仪基本与中餐相同，只是应以座次平面图来为客人点菜，依照客人所点的前菜、汤、沙拉、主菜、甜点等，依序记录各自的特点、数量、配菜、烹调熟度、搭配酱料、特殊需求等。同时，服务人员应在点菜单上注明上菜顺序，以方便厨房出菜。

④点佐餐酒服务礼仪。

在点完菜肴之后，服务人员可适时询问客人是否点佐餐酒来搭配菜肴。这就要求服务人员应具备食物和酒类搭配原则的基本知识，只有做足功课，才能根据客人所点菜肴的种类，为客人提出中肯的建议。

⑤餐具调整服务礼仪。

开始上菜之前，应根据客人所点菜肴和酒类，收走不必要的餐具和酒杯，或增添必备的餐具和酒杯。若餐具过多，可先安排主菜之前所需的餐具，等上主菜时再增添其他餐具。

⑥上菜服务礼仪。

西式餐饮对上菜顺序有着严格的要求，服务人员应给予高度重视。一般按下述顺序来上菜：

第一，面包。面包应在开胃菜之前端上桌，与面包搭配的黄油、果酱等也需事先上桌。面包可以以派送方式或直接以篮装方式服务上桌，供客人取用。派送面包时，使用服务叉匙；若是以面包篮提供，则应等到收拾餐盘后或是服务餐后甜点前再收走。

第二，佐餐酒。客人点好佐餐酒后，服务人员应立即帮客人准备好葡萄酒杯。将从酒架、酒库、酒窖或冰箱冷藏室取出的酒，用服务巾包覆或以酒篮、酒架装置，根据各类酒的适饮温度，可将酒置于加了冰块及水的冰桶内，保持平稳，小心地送到客人面前。右手扣住瓶口、左手以服务巾托住瓶底，将酒标正面朝向客人，请客人确认。确认无误后，将酒放在客人面前的餐桌上，或将其放在冰桶或酒篮内置于客人面前。

开启瓶盖后，服务人员应用右手持酒瓶，左手臂挂上服务巾，倒出约一盎司酒，并请点酒主人试酒。待点酒主人满意点头之后，再为其他宾客斟酒。

斟酒时，应遵照女士、长者、尊者优先的原则，最后才为点酒主人倒酒。同时应注意使每位客人都能获得等量的酒。倒完酒后，应将剩余的酒放回冰桶或酒篮内。

第三，冷盘开胃菜。西餐的第一道菜便是冷盘开胃菜，上菜时，应直接将餐盘摆在客人面前的展示盘上。

第四，汤。一般西餐的汤分两种：一种是清汤，以双耳汤碗搭配底盘盛放；另一种是浓汤，以汤碗盛装。上汤时要注意礼貌，应先告知客人，以防发生碰翻、烫伤等意外。

第五，沙拉。服务人员应将沙拉刀叉分别放置于主菜刀叉的外侧，以供客人使用。在收拾沙拉盘时，应将展示盘一并收走。

第六，开胃热菜。客人享用完开胃菜后，应先收走开胃菜的餐盘，并上一道冰果汁，让客人清舌润喉，准备继续享用接下来的主菜。等客人饮用冰果汁后，服务人员应收走盛冰果汁的器皿，并立即整理桌面，更换烟灰缸，补充面包及酒水，同时适时增加餐具。

第七，主菜。上主菜前，服务人员应先检查餐桌上的餐具是否摆放正确、数量足够。上主菜时，应按照客人的需求将所有佐料、配菜一起摆放，并依序为客人添加。当客人用完主菜后，应将桌面上所有的面包盘等收走，只剩下水杯和点心餐具。

第八，餐后点心。在客人用完主菜正餐后，服务人员应根据菜单为客人端上餐后点心。

第九，饮料。在为客人上完餐后点心时，还应为客人提供饮料，一般为咖啡或红茶。

《案 例》

一位翻译带领4位德国客人走进了西安某三星级饭店的中餐厅。

入座后，服务员开始请客人们点菜。5位客人点了4盘热菜、1份热汤，还点了啤酒、矿泉水等饮料。当啤酒倒入杯中，其中一位客人发出了诧异的声音。原来，桌上的一个啤酒杯上有一道由上至下的裂缝，刚倒入的啤酒顺着裂缝慢慢渗到了桌子上。翻译急忙叫来服务员换杯子，清理桌面。另一位客人用手指着眼前的小碟子让服务员看，原来这个小碟子上有一个缺口。翻译赶忙检查了一遍桌上的餐具，发现碗、碟、瓷勺、啤酒杯等物均有不同程度的损坏，上面都有裂痕、缺口和瑕疵。

翻译站起身把服务员叫到一旁说：“这里的餐具怎么都有毛病？这可会影响外宾的情

绪啊!”

“这批餐具早就该换了，最近太忙，还没来得及更换。您看其他桌上的餐具也有毛病。”服务员红着脸解释着。

“这可不是理由啊！难道这么大的饭店连几套像样的餐具都找不出来吗?”翻译有点火了。

“您别着急，我马上给您换新的餐具。”服务员急忙改口。

翻译和外宾交谈后又对服务员说道：“请你最好给我们换个地方，我的客人对这里的环境不太满意。”

经与餐厅经理商洽，最后将这几位客人安排在小宴会厅用餐，餐具也使用质量好的，并根据客人的要求摆上了刀叉。望着桌上精美的餐具，喝着可口的啤酒，这几位宾客终于露出了笑容。

5.4 康乐部服务礼仪

康乐部门，有的饭店将它归属于前厅部，有的饭店将它归属于客房部，有的饭店将它归属于餐饮部。随着饭店客人对康乐需求的扩大，康乐部在饭店经营中的地位和作用也越来越重要，它逐步从其隶属的部门独立出来，成为与客房、餐饮等部门平行的重要部门。

5.4.1 康乐部通用服务礼仪

康乐部是为客人提供健身娱乐、美容美发等服务项目的饭店配套部门，一般设有游泳池、保龄球房、健身房、桑拿浴室、美容美发厅等服务项目。这些服务对服务人员素质要求较高，不仅要具有专业知识、懂操作，还要有很好的身体素质，能够为客人提供高标准礼貌服务。

(1) 康乐场所环境与卫生规范

在康乐部提供的各种服务项目中，让顾客感受到舒适是最起码的要求。要达到舒适，就要注意环境与卫生方面的规范管理。

所有康乐场所厅面卫生实行“三清洁制度”，即班前小清洁，班中随时清洁和班后大清洁，部分区域实行计划卫生制度和每周大清理制度。对各类器具进行每日消毒，严格执行消毒制度，做到“一客一换一消毒”；对客人用的拖鞋等做到“一客一换一消毒”；客用布草做到“一客一换一消毒”；客人用的麦克风每日进行清洁和消毒一次。

(2) 康乐服务接待礼仪

康乐部从事接待服务的员工在服务礼仪方面有着自己的要求和特点。

①热情礼貌地向客人致意问候；熟客、会员要以姓名或者职衔称呼，以使客人备感尊重之意。

②见到客人，服务员应礼貌询问客人准备消费的项目，请客人出示消费卡或房卡。收递物品应用双手，不方便用双手时，应用右手。

③向客人介绍服务项目和收费标准（若是会员直接在《会员登记表》上登记），在《服务登记表》上记下客人的姓名、房号、时间和需要进行的项目。

④在客人确定所需的项目后，为客人开账单收费。要求签单或者使用信用卡的客人要请其出示有效证件，并在账单上签字。现金支付，则要当面点清。

⑤若客人打预订电话，应在3声之内及时接听，语言规范，详细记录客人的姓名、房号、联系电话、预订的项目、时间等，并予以确认。当预约有变时，要予以记录，并及时通知有关人员，在交接班时交接清楚。

⑥康体娱乐场所未开场前，服务员应主动问候客人，耐心回答客人询问，并做到准时开场。如因超员需要限制人数时，服务员应向客人做好解释工作，并对客人的配合表示感谢。

⑦在对客收发钥匙时，要提醒客人妥善保管好自己的钥匙，避免因丢失带来不必要的麻烦，递接时要注意礼貌，一定使用双手。

⑧客人进入更衣室后，更衣室服务员应微笑致意、主动问好，用规范的手势为客人指示更衣柜的位置。客人更衣时，服务员应适时回避。

5.4.2 游泳场所服务礼仪

大多数酒店会建设游泳池以便为住店宾客提供服务。

游泳池设计要合理，面积大小、深度及池内设施与国际比赛标准相适应；游泳池定期换水，保持干净无污染；室内游泳池照明充足，光线柔和。游泳池旁边要配备与接待能力相应档次与数量的男、女更衣室，淋浴室和卫生间；各配套设施墙面、地面均满铺瓷砖和大理石，有防滑措施。游泳池的卫生标准要求：游泳池卫生随时清洁，池内、池外无杂物；所有用品及用具摆放整齐、规范。

①当客人到来时，服务台前的客服人员应对客人表示欢迎，办理必要手续后送上更衣柜钥匙和毛巾，引领客人到更衣室，请客人妥善保管好自己的衣物。

②客人更衣后，主动引导客人进入游泳池。

③客人在中间休息时如需要饮料，应热情为客人提供塑料软包装的饮料，不提供瓷装或玻璃瓶装饮料，以确保客人安全。

④客人离开时，礼貌地提醒客人不要遗忘随身携带的物品，应将客人送至门口，并向客人表示感谢，欢迎客人再次光临。

⑤将使用过的浴巾送洗衣房更换新毛巾，放入消毒箱消毒。准备迎接下一批客人的到来。

5.4.3 健身教练服务礼仪

酒店健身房设计应合理，面积大小与健身房规模相适应；跑步机、脚踏车、划船机、健骑机、漫步机、滑雪机等运动器材和设备，符合国际统一使用标准；健身器材安全耐用；室内照明充足，光线柔和。健身教练的服务礼仪有以下几点。

①上岗前应先做自我检查，做到仪容仪表端庄、整洁，符合上岗要求；主管或领班提前到岗分配工作、提出要求和检查员工仪表。

②当客人到来时应热情礼貌地向客人问好，主动向客人介绍健身器材设备的种类及性能，并向客人介绍《健身房运动须知》。

③当客人需要健身活动时，应热情地介绍讲解各种设备的操作方法，必要时给予示范指导。

④细心观察场内情况，及时提醒客人应注意的事项，当客人变更运动姿势或加大运动量时，服务员应先检查锁扣是否已插牢，必要时须为客人换挡。

⑤当客人进行健身活动时，应密切注意客人健身动态，随时给予正确的指导和健身保护，对违反规则的行为要进行礼貌劝止，确保客人安全以防意外。当客人发生不适或损伤时要及时处理（一般备有小药箱，严重时要送饭店医务室或医院）。

⑥有的项目（乒乓球等）需要陪练时，应热情地请客人办理付费手续后陪练。

⑦如客人希望做长期、系列的健身运动，健身教练可按照客人的要求为其制定健身计划，并为客人做好每次健身记录。

⑧如客人需要，在其运动时可播放符合其节奏的音乐。

⑨随时巡视客人，及时补充毛巾和水杯，提供饮料服务，及时给客人提供必要的帮助。

⑩当客人健身活动结束后，要热情地送客道别，并表示欢迎客人再次光临。

⑪及时清扫场地并整理物品。

5.4.4 桑拿浴服务礼仪

酒店桑拿浴的服务礼仪有以下几个内容：

①前台服务员须礼貌劝阻皮肤病客人进入浴室，善意劝阻高血压、心脏病患者进入桑拿房。

②当客人到来时，要热情问候表示欢迎。为客人递送毛巾、手牌、更衣柜钥匙，并

请客人更换拖鞋。提醒客人如有贵重物品，应存放在前台。为客人打开更衣柜，协助客人挂好衣物，提醒客人锁好更衣柜，引导客人入浴。

③主动征询客人要求，向客人说明洗浴的费用标准。

④把桑拿浴室的温度控制选择盘转到客人所需要的温度上。如果是初次来的客人，要认真介绍桑拿浴的方法和注意事项，然后根据客人的要求调好温度。

⑤每隔 10 分钟要从玻璃窗口观察客人浴疗是否适宜，密切注视客人的动静，防止发生意外，以保证客人的安全。

⑥客人在洗浴中如需要搓澡等其他服务，须记录服务项目及手牌号，并请客人签字，记录单及时传到前台。

⑦客人浴毕，在其要求下可以帮其擦净身体，送上浴服，请客人进入休息大厅或包间休息。

⑧休息厅服务员引导客人就座，并为客人盖上毛巾，递上棉签、纸巾，帮助客人调好电视节目。询问客人是否需要酒水和小食品。主动介绍其他配套服务，为其安排技师，记录好手牌号，并请客人签字，记录单及时传到前台。

⑨休息厅服务员做好休息厅及包间的清洁、整理工作，补充酒水和小食品。

⑩客人准备离开时，浴室服务员帮助客人打开更衣柜，协助客人换好服装后，提醒客人带好随身物品，引领客人到前台结账。

⑪前台服务员根据手牌取出客人的鞋，交给客人，并迅速、准确地计算客人的消费金额，请客人核对、结账。

⑫向客人道别致谢，欢迎再次光临。

⑬客人离开后，浴室服务员应该迅速地更换浴巾、清洁茶几、清洗烟灰缸，做好环境卫生及用品清理工作。

5.5 酒吧服务礼仪

5.5.1 酒吧招待员服务礼仪

（1）笑迎宾客

①客人到来，热情问候。同餐厅服务一样，礼貌地引领客人到其满意的座位。酒吧服务中，不管哪位客人要酒，酒吧服务员都必须动作优雅、笑脸相迎、态度温和，以显示自重及对客人的尊重。

②恭敬地把清洁的酒单递上，恭立一旁，听候客人吩咐。

呈递酒单时先要向客人问候，然后将酒单放在客人的右边。如果是单页酒单，应将酒单打开后递上；若是多页酒单，可合拢递上，同时将今日特色菜和特别介绍推荐给客人参考。仔细地听清、完整地记牢宾客提出的各项具体要求，特别要留心宾客的细小要求，如“不要兑水”“多加些冰块”等。一定要尊重宾客的意见，并严格按照宾客的要求去做。

③当宾客对选用哪种酒水饮料或小吃拿不定主意时，可热情推荐。

(2) 调酒上酒

①宾客走到吧台前，调酒员应主动热情招呼，根据宾客的要求斟倒或调制各种饮品。在宾客面前放酒杯时，应由低向高慢慢地送到客人面前。

②提供调酒服务和上酒服务时一般不背向宾客。转身取后面的酒瓶时，也要斜着身子取。送酒时要记住客人，避免送错。了解本酒吧的酒类牌号，主动介绍酒吧各种酒类的牌号，别让客人浪费时间来询问。

③酒品服务的许多操作过程都要求当着宾客的面进行。服务人员必须十分注意操作技术，讲究动作的正确、迅速、简便和优美，使其具有浓厚的艺术色彩。摇晃调酒壶的动作不要过大或做作，要使各种动作做得恰到好处。要随时清洁调酒壶、调酒杯、过滤器、调酒匙、搅棒等用品。

④为宾客上酒或饮品时，注意使用托盘端送，并应从宾客右边送上。有女宾要先为女宾服务。摆放时，先放下杯垫后上酒或其他饮品。操作时一定要轻拿轻放，并注意手指不能触摸杯口，要拿杯子的下半部或杯脚，让宾客感到礼貌、卫生。

(3) 开瓶服务

①开瓶时应站在男主人右侧，右腿伸入两把椅子中间，身体稍侧，显示出商标以后再开塞。要注意瓶口始终不能对着客人，以防酒喷出洒在客人身上。开瓶时动作要准确、敏捷、优美。应将瓶口对着自己，并用手遮挡，以示礼貌。开瓶后，将少许酒倒入男主人的酒杯内，等待主人试酒。如果主人认为满意，在其示意后就可以为客人倒酒。

②如宾客点整瓶酒，在开启之前应让宾客过目一下，一是表示对宾客的尊重；二是核实一下有无差错；三是证明酒品的可靠。服务员站立于主要饮者的右侧，以左手托瓶底，右手扶瓶颈，酒标朝向客人，让其辨认。开瓶时右腿伸入两把椅子中间，身体稍侧，显示商标以后再开塞。

③开香槟酒要格外小心。香槟酒因瓶内有压力，大部分瓶塞压进瓶口，上有帽形的一段塞子露在瓶外，并用金属丝绕扎固定着。在开瓶时要用左手斜着拿瓶颈，与地面约成45°角，大拇指压紧塞顶，用右手转动瓶颈上金属小环使之断裂，然后把金属丝和箔拔去，再用左手捏住瓶塞的上段，用右手转动酒瓶，让瓶内的压力轻轻地把塞子顶出

来，随即会发出清脆的响声。当瓶塞拔出后，要让瓶身保持45°倾斜几秒钟，以防酒从瓶内溢出。

④开红葡萄酒。红葡萄酒在呈示给客人以后，如室温条件允许，应在桌上直接开启，使酒与氧气接触，散发掉部分酸气，一般红葡萄酒随主菜一起上。

⑤开启后的酒瓶，一般放在主要客人的右侧。开启后的封皮、木塞等，不要直接放在餐桌上，一般以小盆盛之，离开餐桌时一起带走。

（4）斟酒服务

①在倒酒之前，服务员要将瓶身擦拭干净，特别要把塞子屑和瓶口部位擦净，嗅一下瓶塞的气味，变质的酒会有异味。用托盘摆放已开瓶的酒水饮料时，要将较高的瓶放在托盘里边靠近胸前的部位，较低的瓶放在靠外部位，这样才容易掌握托盘的重心。

②斟酒时，一般不要用抹布把瓶身包起来，因为客人通常都喜欢看到他们所饮酒的商标。斟酒时，瓶口不要碰上杯口，以防把杯口碰碎或将杯碰翻，但也不要拿得太高，过高酒水易溅出。当偶尔操作不慎将酒杯碰翻或碰碎时，应向客人打招呼，给予调换，并迅速铺上布，将溢出的酒水吸干。倒酒时，用右手抓住瓶身下方，瓶口略高出酒杯1~2厘米，斟完后将瓶口提高3厘米，旋转45°后抽走，使最后一滴酒均匀分布于瓶口以免滴在桌上，斟酒完毕应用酒布擦干瓶口。

③服务员斟酒时，要站在客人身后右侧，面向客人，左手托盘，右手持瓶，用右手侧身斟酒。注意身体不要紧贴客人，但也不要离得太远。所有的饮料包括酒、水、茶都应从客人的右边上，绝不可左右开弓。服务员要遵守斟酒的程序：如果是宴会，要先斟给坐在主人右边的一位，即主宾，再按顺时针方向绕桌斟酒；如果有携带夫人的外宾参加，要注意先给其夫人斟酒；高级宴会则是先主宾、后主人，然后再斟给其他客人。

④如果有餐厅特配的特色酒，要重点向客人介绍。斟鸡尾酒时应核对一下，以免与其他客人点的酒搞错。上鸡尾酒应从右边上，把它们放在餐具的右边或底盘的前面，假如没有底盘，可直接放在客人面前。上鸡尾酒后应把清洁的菜单呈给客人。

⑤中餐以满杯为敬酒。西餐则不同，斟白酒最好不超过酒杯容量的3/4，红酒不超过2/3杯，啤酒盛1/2杯左右即可。斟香槟酒时要分两次斟，第一次先斟1/4杯，待泡沫平息下来后再斟至2/3杯或3/4杯即可。斟啤酒或其他发泡酒时，因其泡沫较多，斟酒速度要慢，必要时亦可分两次倒，或将杯子倾斜，让酒沿着杯壁流下去，泡沫便会少一些。拿大玻璃杯时，要轻轻拿住靠近杯底的部分，注意不要在玻璃杯上留下手纹。

⑥上菜换杯。如果每一道菜配用不同的酒，而这些不同的酒又需要不同的酒杯，那么就应该用托盘或推车将酒杯送到桌边，并从客人的右边把新上的杯子放在原先的杯子的左边，而后把原先的杯子取走。如果原先的杯子里还剩有酒，而客人又希望把它留下来，就不可马上拿走，除非客人有另外的要求。

⑦客人的酒斟完后，将酒瓶放在接手台上。并随时注意桌面情况，待客人杯中酒快饮完时，即可再次斟酒。

(5) 周到照顾客人

①判断客人是否醉酒。

首先，对喝酒过量和缺乏节制的客人要有礼貌地劝阻。对酒吧服务员来说，酒吧只是一个普通环境，因为他们每天都在其间工作，但对一个为日常生活中的烦恼所困扰的客人来说，酒吧则是逃避尘世的天堂，了解了这一点，酒吧服务员才知道如何去创造一个与之适应的环境气氛，并判断客人是否醉酒。

其次，告诉主管出面解决。目前我国餐厅和酒吧提供服务的大多是女服务员，对于这类酗酒的客人，如果其不听劝阻继续狂饮，甚至对服务员有越轨的苗头，而此时自己也没有把握平静地处理好这件事，那么应将事情的经过及客人的态度和行为立即告诉主管，由主管来处理解决。

最后，主动帮助照料。对已经醉酒的客人要主动照料，特别是当客人神志不清、站立不稳时，服务员应主动搀扶并护送其到房间。入房后，可先让客人喝一杯浓茶解酒，再用凉毛巾擦脸，使之清醒。

②与客聊天。

来酒吧的客人，尤其是单身客人，总希望在饮酒之余与服务员聊天。对于这种情况，酒吧服务员一般来说是可以配合的，但在有些场合，特别是接待一些素质较低的客人时，服务员则会对此感到厌烦和无聊。所以，应该特别注意的是，尽量不要在柜台旁边谈天。

③考虑客人喜好。

如酒吧为客人设有电视或音响设备，在选择电视频道和音乐的类型时应考虑客人喜好，而不是只考虑酒吧员工的喜好。

(6) 推销酒水

①介绍酒吧优势。

记住酒的名称、品种、箱号和价格等信息，适时介绍酒吧优势。

②呈示酒单。

有些餐厅，点菜和点酒是同时进行的，但更多的是在点菜后点酒。在客人点完菜后，服务员将酒单呈递给客人。之所以这样，是因为客人要根据所点的食物来选择佐餐酒。

在服务过程中，服务员要注意站立的姿态和位置，不要将胳膊搭在吧台上，也不要和同事聊天或读书看报等。不要听客人的谈话，不要脚踩在椅架上，或将手搭在椅背或客人身上。

5.5.2 酒类服务礼仪

(1) 酒的分类

按照不同的分类标准，可以对酒进行不同的分类。

①按酒的生产工艺分类。

a. 发酵酒。又称为原汁酒，是指将酿造原料经过发酵酿制成的酒液。它的度数比较低，通常在15度以下。饭店里常用的发酵酒有：葡萄酒、啤酒、黄酒、米酒等。

b. 蒸馏酒。是指将发酵得到的酒液经过蒸馏提纯所得到的酒精含量较高的酒液。通常可经过一次、两次甚至多次蒸馏，以取得高浓度、高质量的酒液。蒸馏酒根据其原材料的不同又可分为以下几种。

谷物蒸馏酒：包括金酒、威士忌、伏特加酒、中国白酒。

水果蒸馏酒：白兰地。

果杂类蒸馏酒：包括朗姆酒、特其拉酒。

c. 配制酒。是以发酵酒或蒸馏酒为基酒，向里面加入药材、香料等物质，通过浸泡、混合、勾兑等方法加工而成的酒精饮料。

②按餐饮习惯分类。

按西餐配餐的方式，酒水可分为9种类型，即餐前酒、佐餐酒、甜食酒、餐后酒、蒸馏酒、啤酒、软饮料、混合饮料与鸡尾酒等。

a. 餐前酒。也称开胃酒，是指在餐前饮用的，喝了以后能刺激人的胃口，使人增加食欲的饮料。开胃酒通常用药材浸制而成，分为味美思、比特等品种。

b. 佐餐酒。即葡萄酒，是西餐配餐的主要酒类。欧洲人的传统就餐习俗讲究只饮葡萄酒配餐而不饮其他酒水。葡萄酒是用新鲜的葡萄汁发酵制成，主要有红葡萄酒、白葡萄酒、玫瑰红葡萄酒和汽酒几种。

c. 甜食酒。是在西餐就餐过程中佐助甜食时饮用的酒品。其口味较甜，常以葡萄酒为基酒加葡萄蒸馏酒配制而成。常用的甜食酒的品种有波特酒、雪利酒等。

d. 餐后酒。餐后酒即利口酒，是供餐后饮用且含糖分较多的酒类，饮用后有帮助消化的作用。这类酒有多种口味。

③按酒精含量分类。

按酒精含量的多少，酒水可分为低度酒、中度酒、高度酒和无酒精饮料4种类型。

a. 低度酒。酒精度数在20度以下的酒为低度酒，常用的有葡萄酒、桂花陈酒和低度药酒以及部分黄酒和日本清酒。

b. 中度酒。酒精度数在20~40度的酒被称为中度酒，常用的有餐前开胃酒（如味美思、茴香酒等)、甜食酒（波特酒、雪利酒)、餐后甜酒（薄荷酒、橙香酒）等。国产的竹叶青、米酒等属于此类。

c. 高度酒。是指酒精度数在40度以上的烈性酒，一般国外的蒸馏酒都属于此类酒。国产的如茅台、五粮液、汾酒、泸州老窖等白酒也属于此类酒。

d. 无酒精饮料。泛指所有不含酒精成分的饮品，如乳饮料、矿泉水、果汁等。

(2) 不同酒类的服务礼仪

①白葡萄酒服务礼仪。

饮用前须经冰镇，温度应为7~13℃，过度冷却会使酒的香味减少。将冰酒桶装入1/3的冰，然后注满水，再将白葡萄酒放入冰桶中冷却15分钟，一般可达到适宜温度。冰桶应放在主人的右后方，不要放在餐桌上。对冰镇过的酒，倒酒时要用服务巾包住酒瓶，防止水滴下，同时防止酒的温度上升。

②香槟酒服务礼仪。

先将香槟酒放在冰桶内冷却半小时，冰镇香槟酒比白葡萄酒时间要长，这是因为香槟酒瓶较厚。倒完酒后，应把香槟酒放入冰桶，防止酒温上升而影响口感。

③啤酒服务礼仪。

要做好啤酒服务礼仪，先要学会辨别啤酒的优劣，给客人提供优质的啤酒，让客人喝得放心、喝得开心。

质量好的啤酒应是淡黄色或是悦目的金黄色，清亮透明，无沉淀；将啤酒倒入干净杯中应有洁白、细腻的泡沫升起，时间持续4~5分钟以上。用鼻子闻有酒花幽香和麦芽的芳香味，入口感觉酒味醇正，清冽爽口。反之，泡沫粗、带微黄色、持续时间短、不挂杯，则质量差。

要留意酒瓶的标签上有无商标、产品合格证、酒名、规格、生产厂名、地址、执行标准、产品质量等级、保质期、生产日期等信息。若购买进口啤酒要留意有无中文标签经销商名称、经销商地址以及上述标签内容，要留意啤酒瓶底上方20厘米处有没有“B”字标记、瓶子的生产日期，国家规定啤酒瓶的使用年限为两年。

倒啤酒时，服务员应将啤酒瓶口紧贴杯口边缘，防止啤酒外溢。如果杯内泡沫太多，应稍停片刻，待泡沫消退后，再将杯子倒满。

④米酒服务礼仪。

米酒用稻米酿造而成，其酒精含量约17%，它是一种淡的酒精饮料。中国的黄酒属典型的米酒。

米酒有许多品种，从烧菜用的到高档宴会用的都有。为了品尝米酒的神韵，最好在饮用前将酒加温，一般用热水将酒烫至37.5℃左右，略高于体温。

⑤咖啡服务礼仪。

使用咖啡时要注意包装上注明的日期，不要超过有效保存期，也不要将咖啡同其他气味强烈的食物放在一起。为了保证咖啡的香味和质量，咖啡豆必须适当焙制。焙制时间过短，产品便显示不出其特点，味较淡；焙制时间越长，味越浓。

咖啡的最佳冲饮温度是96℃。咖啡不应煮得太久，否则会破坏香味。大多数酒吧使用咖啡壶煮咖啡，然后再倒入客人的咖啡杯中。喝咖啡时应加奶加糖（牛奶与糖应在上咖啡前准备好并放于桌上）。应从客人的右边送上，咖啡杯把手向右放在底碟上，咖啡勺放在碟上位于咖啡杯右边的位置。

⑥瓶装矿泉水服务礼仪。

瓶装矿泉水饮用前需经过冰镇，适宜的饮用温度为4℃左右。瓶装矿泉水应在桌上当着客人的面打开，而后倒入客人的杯中，除非客人提出要求，否则不要在客人的杯中加冰块和柠檬片。

在所有的饮料服务中，有一点需提及的是杯子的温度。冷的饮料，杯子要预先降温，热的饮料，杯子应预先加热。

内容小结

随着我国旅游经济的不断发展，酒店业也有了长足的进步，为旅游业和各地经济做出了积极的贡献。本章主要使学习者了解人际交往和酒店服务接待工作中的礼貌礼节常识，端正服务态度，增强服务意识，提倡敬业精神，恪守职业道德，学会并掌握酒店服务接待工作中常用的基本礼节和行为规范，培养良好的职业习惯，以真正实现优质服务的酒店宗旨。

☞ 课后思考

判断题

1. 吃西餐时，香蕉可以用手拿起来剥皮并食用。(　　)
2. 喝咖啡时，盘子和咖啡杯应该一起端起来喝。(　　)
3. 迎宾员在帮客人关上车门后，应站在车斜前方1米处，上身前倾15°，注视客人。(　　)
4. 接待顾客时，对宾客的要求要尽量满足。(　　)
5. 进入客房后，无论客户是否在房间都应将门关严。(　　)

☞ 实训项目

项目一：前厅接待礼仪训练

训练要求：

(1) 8名学生为一组，每组出4位学生分别扮演前厅的迎宾、领宾、总台接待员，其他学生扮演客人，每组依次进行接待练习，之后教师点评。

(2) 要求按照课堂讲解和演示要求，掌握不同岗位角色的礼仪。

项目二：客房接待礼仪训练

训练要求：

(1) 5名学生为一组，每组出3名学生分别扮演行李员、楼层服务员、客房服务员，其他学生扮演客人，每组依次进行接待练习，之后教师点评。

(2) 要求按照课堂讲解和演示要求，掌握不同岗位角色的礼仪。

项目三：中西餐礼仪练习

(1) 10名学生为一组，由一部分学生做主人，另一部分学生为客人，进行中、西餐迎客、座次、就餐的模拟训练。

(2) 要求按照课堂讲解和演示要求，掌握不同身份就餐需注意的礼仪。

第六章
旅行社、景区主要岗位礼仪

【知识目标】

1. 掌握导游接待服务过程中的各项礼仪。
2. 熟悉门市部业务员旅游接待礼仪。
3. 掌握旅行社特殊团队接待礼仪。
4. 熟悉旅行社商务接待礼仪。
5. 熟悉景区接待人员的基本业务要求。

【能力目标】

1. 在旅游服务工作中，能够按照旅游接待程序接待旅游团队，并能对特殊团队进行有针对性的组织和接待。
2. 在旅游服务工作中，能够在旅行社门市部岗位进行规范接待。
3. 在旅游服务工作中，将自己塑造成为合格的景区接待人员。

6.1 旅行社接待礼仪

《案　例》

导游吕小姐接待了一个10多人的法国旅游团，这些游客多是利用休假参加法国国内旅行社组织的旅游团来华旅游的。接待中吕小姐发现，这些游客非常喜欢中国的文化，团内有一位男士的太太就是中国人，所以他对中餐和中国的风土人情都比较熟悉，中文也说得很不错，每当没有集体活动时，他总是拉着太太去逛街。其他游客也要求吕小姐让他们有机会多了解一些中国的文化艺术和风土人情。根据大家的要求，吕小姐除了带大家观光外，还为他们安排了参观美术馆、博物馆、逛琉璃厂文化街、王府井步行街，观看杂技表演和吃特色中餐等项目，使大家充分体验中国文化。当观看艺术品展览后，游客们无不为中国精湛的文化艺术而感叹；当观看精彩的杂技节目时，他们激动得连连鼓掌；当品尝到中国的美味佳肴时，他们更是忍不住连声称赞。所有人都对吕小姐的安排和接待表示满意，旅游的气氛也非常地和谐。

但吕小姐也发现有些游客时间观念较差，集合迟到、活动拖拉和用餐晚到等现象经常出现。对此，吕小姐显得十分耐心，从不埋怨，而是开着玩笑提醒他们，如她在吃烤鸭前说：

“我们要抓紧时间了，不然鸭子就要回家睡觉了……”大家在笑声中加快了节奏。

旅行过程中，大家经常和吕小姐聊天，她也就游客所关心的内容“借题发挥”。不论时事政治、经济发展、城市建筑，还是人民生活、风土人情、服装设计、化妆美容，无所不谈。

由于熟悉法国游客的特点，吕小姐较圆满地完成了接待任务。

旅行社服务是旅游行业中的一个重要窗口。旅行社作为一个综合工作的部门，由导游人员、计调人员、外联销售人员、管理人员等工种组成。只有提高旅行社的服务质量和水平，才能争取更多的客源，才能不负旅行社工作人员“民间大使”的光荣称号。因此，旅行社工作人员的服务礼仪在日常工作中显得尤为重要。

6.1.1 办公室接待礼仪

办公室工作人员对前来造访者，应站起来，用礼貌语言如“您好”“请坐”，并献上烟、茶水、饮料等表示欢迎。对熟悉的客人还可以适当寒暄，询问一些有关生活、工作等近况，融洽气氛。对初次来访的客人，要采取一定的接待技巧，弄清对方的单位、身份、来意。对涉及重大问题的接待，更要慎重验看对方证件。对客人陈述问题要作必要的记录。对来访者的愿望和要求，合理的、能够答复的，要尽快给予明确答复。不合理的或不便马上答复的，应予以委婉推辞，或进行必要的推托。应请示或安排领导接见解决的问题，要事先和主管领导研究，予以妥善安排。

有客人未预约来访时，不要直接回答其要找的人在或不在。而要告诉对方：“我去看看他是否在。”同时委婉地询问对方来意：“请问您找他有什么事?”如果对方没有通报姓名则必须问明，尽量从客人的回答中，充分判断能否让他与同事见面，如果客人要找的人是公司的领导，就更要谨慎处理。当客人离开时，应热情送别客人，并表示欢迎再来。

6.1.2 电话接待礼仪

电话接待是旅行社办公室接待的重要任务，办公室接待人员是否给对方留下美好的印象，赢得对方的好感，对旅行社整体形象同样起着极其重要的作用。

(1) 接电话

①电话铃响时，接听电话以铃响3声之内接最适宜。不要铃响许久，才姗姗来迟，也不要铃响一次，就拿起听筒，这样会让打电话的人大吃一惊。如因有特殊原因致使铃响过久才接电话的话，须在通话之初向通话人表示歉意。

②拿起话筒要用礼貌、谦和的语言说："您好，这里是某某旅行社。"注意不要问："你在哪儿""你找谁?"若这样与英美人打电话，对方很可能会觉得你不懂礼貌而挂上电话。

③接听电话时，声音应柔和，语调要亲切，语速快慢要适中，根据不同的通话对象，要恰到好处地掌握说话速度，对有急事的通话人，不能给人一种慢条斯理、故意拖延时间的感觉。语言应清晰、简练、准确、热情。

④认真倾听对方讲话，既不要贸然打断，又不可沉默不语，要根据内容不断随以"是""对"的应声。

(2) 代接电话

当电话响起而被呼叫员工不在座位上时，邻座员工可以帮助代为接听，接听时可以参考以下应答。

"您好，请问您是找某某吗?他/她临时有事走开了，需要我代为转达吗?"(或"请您稍后再来电话好吗?")

对方要找的人不在，切记不要只说"不在"，应做好电话记录代为转达。电话记录牢记5W1H原则，When何时，Who何人来电，Where地点，What何事，Why为什么、原因，How如何做。

永远不要对打来电话的人说："我不知道!"这是一种不负责任、非常不职业化的表现。

(3) 拨打电话

一般的公务电话最好避开节假日、晚上21:00至次日6:00、临近下班时间等时间段。

问候对方："您好!请问您是某某单位某某部门吗，请问怎么称呼您?"自报家门："我是某某单位某某部门的某某"；所谓何事："打电话的主要目的是……"；必备用语："请问您现在说话可方便?"告别语："打扰您了，非常感谢!"

(4) 挂断电话

如果自己正在开会、不宜长谈，或另有电话打进来，需要中止电话，应说明原因，告知对方："一有空，我马上打电话给您。"免得让对方认为我方厚此薄彼。

中止电话时应恭候对方先放下电话，不宜"越位"抢先。一般下级要等上级先挂电话，晚辈要等长辈先挂电话，被叫等主叫先挂电话，不可只管自己讲完就挂断电话。

6.2 导游礼仪

6.2.1 导游人员基本礼仪规范

导游是旅行社的灵魂。导游员处在接待服务的一线，导游员服务礼仪对整个旅游接待服务工作的成败起着至关重要的作用。

在旅游者心目中，导游员往往是一个地区、一个民族乃至一个国家的形象代表，因此，导游人员在不断提高个人综合业务技能的同时，自觉加强礼仪修养的意义非同一般，导游人员要遵守基本的礼仪规范。

(1) 守时守信

由于旅游者的参观游览活动都是有一定的行程安排并有较强的时间约束，因此为了确保团队活动的顺利进行，导游员必须尽早将每天的日程安排明白无误地告知每位游客，并随时提醒。同时，应按照规定的时间提前到达集合地点，按约定的时间与客人会面。

(2) 尊重游客

导游员在带团的过程中，应尊重旅游者的宗教信仰、风俗习惯，特别注意他们的宗教习惯和禁忌。对游客应一视同仁，不厚此薄彼，但对旅游团的长者、女士、幼童及残疾游客等特殊人员应给予更多的关照，做到体贴有加，而非同情、怜悯。

(3) 互敬互谅

导游工作只是整体旅游接待工作的一个组成部分。如果没有其他相关人员，尤其是随团的汽车司机，以及旅游景点、购物商场以及酒店等一系列为游客提供直接和间接服务的工作者的大力支持与通力合作，导游服务接待工作就无法圆满完成。为此，尊重每位旅游服务工作者，体谅他们的工作处境与困难，积极配合他们的工作，是做好旅游服务工作的前提保障，也是导游员良好礼仪素养的又一体现。

案 例

没有准时到达旅游团集合地的地陪

小徐是从××外语学院德语专业毕业分配到旅行社从事导游工作的。这天，他做地陪接了一个德国团。早上7:30，他就骑上自行车去游客下榻的饭店，因为旅游团8:00在饭店大厅集合。小徐想："从家里到饭店骑车20分钟就到了，应该不会迟到。"然而，当经过铁路道口时，开来一列火车，把他挡住了。待列车开过去时，整个道口已挤得密密麻麻，因为大家都赶时间去上班，自行车、汽车全然没有了秩序。越是没有秩序，越是混乱，待交通警察赶来把道口疏通，已过8:00。10分钟后，小徐才到饭店。这时，离原定游客出发时间已晚了10多分钟，只见等候在大厅里的那些德国游客个个脸露不悦，领队更是怒气冲冲，走到小徐面前伸出左手，意思是说："现在几点了？"

6.2.2 导游接团礼仪

（1）带团前准备礼仪

①形象准备。

a. 仪容整洁端庄。导游人员的仪容应保持整洁，外出活动后要随时洗脸，经常沐浴。无论男女面部化妆和发型梳理均不宜过分随便或过分个性。女导游员最好选择在露天场合不宜被风吹乱而又容易梳理的发式，若化妆要淡雅适度；男导游应修脸、刮胡子，指甲和鼻毛也要修短。

b. 服饰得体恰当。导游员的服饰应适合自己的身份，同时导游员的着装应符合自己的职业特点，导游服务工作主要在户外和旅游车上进行，应选择适合这类活动的服饰。另外，导游的着装应符合自身的年龄特点，突出自己的风韵和气质。年轻的导游员要彰显青春气息，年长的导游员则要穿出成熟的魅力。

②准备工作礼仪。

a. 物质准备。上团前，按照该团游客人数领取导游图、门票结算单和费用，带好接待计划、导游证、胸卡、导游证、接站牌等必备物品。

b. 接待工作核实。地陪要适时核对接待车辆、就餐安排、交通购物落实情况，确定与接待车辆司机的接头时间与地点，并督促司机将车身和车内清洗、清扫干净。备好醒目的接团标志，最好事先了解全陪的外貌特征、性别、装束等。凡导游人员到机场、车站、码头迎接客人，必须比预订的时间早到等候客人，而决不能让客人等候接团导游。

（2）导游的迎送接待礼仪

旅游团队接送是导游人员一项十分重要的工作，接团工作的礼仪是否周全，直接影响到旅行社和导游本人在客人心目中的第一印象；而送团则是带团的最后一项工作，如果前面的工作客人都非常满意，但送团工作出现了礼貌不周的问题，同样会破坏旅行社和导游人员在客人心目中的整体形象，并使陪团前期的努力前功尽弃。为此，搞好导游服务工作，迎送礼仪是十分重要的。

①导游迎客礼仪。

a. 热情接待。客人到达后，应主动热情迎上前去，先进行自我介绍，再确认对方身份，核对团号、实际抵达人数、名单及特殊要求等。寒暄问候后，协助提拿包裹，办理有关手续；迅速引导客人来到已安排妥当的交通车旁，指导客人有秩序地将行李放入行李箱后，再招呼客人按次序上车。

b. 乘车服务。客人上车时，导游最好站在车门口迎候，用手护住门顶以防客人碰头。上车时注意安排陪车的礼宾次序，等客人上完车后，自己再上车。客人上车就座后，礼貌地清点人数无误后请司机开车。清点游客人数时要默数，切忌不礼貌地用手指点游客。下车时，导游员先下车，在车门口协助游客下车。

c. 致欢迎词。等到全员上车之后致欢迎词，宣布团队游览日程和行程计划。为帮助客人熟悉城市，可准备一些有关的出版物给客人阅读，如报纸、杂志、旅游指南等。注意观察客人的精神状况，如客人精神状况较好，在前往酒店途中，可向来客介绍饭店情况、活动日程，还可就沿途街景作一些当地民俗风情、旅游景点等的介绍。如客人比较疲劳，则可让客人休息。

d. 安排食宿。根据该团的费用标准和住房标准，安排食宿等事宜。

e. VIP 客人的迎接。迎接贵宾时，应事先在机场（车站、码头）安排贵宾休息室，并准备好饮料、鲜花。如有条件，在客人到达之前可将酒店客房号码或乘车牌号通知客人，派专人协助办理出入关手续。客人抵达前，应通知酒店总台，在客人入住的房间内摆上鲜花、水果。客人抵达住所后，一般不宜马上安排活动，应留一些时间让宾客休息。

②导游送客礼仪。

a. 送客安排。客人活动结束前，要提前为客人预订好下一站旅游或返回的机（车、船）票；客人乘坐的车厢、船舱尽量集中安排，以利于团队活动的统一协调。送客时，根据客人离去的时间，安排好购票、结算、赠送礼品、摄影留念、欢送宴会等事宜。为客人送行，应使对方感受到自己的热情、诚恳、有礼貌和有修养。临别之前，应亲切询问客人有无来不及办理、需要自己代为解决的事情，应提醒客人是否有遗漏物品并及时帮助处理解决。

b. 特色礼品。注意赠送的礼品要携带方便，突出地方特色，具有保存价值。送站人员尽量帮客人将行李安顿好。

c. 致欢送词。送行途中，要致欢送词，使旅客感受到自己的热情、诚恳、有教养和有礼貌，同时要祝大家旅途愉快，欢迎再来。

小资料

各种证件补办手续

1. 外国护照和签证

（1）由接待旅行社出具证明，并请失主准备照片。

（2）失主本人持证明去当地公安局外国人出入境管理处报失，由公安局出具证明。

（3）持公安局的证明去所在国驻华使、领馆申请补办新护照。

（4）领到新护照后，再去公安局办理签证手续。

2. 团队签证

需有身份证副本或团队成员护照，并重新打印全体成员名单，填写有关申请表（可由一名游客填写，其他成员附名单），然后再到公安局外国人出入境管理处进行补办。

3. 中国护照和签证

（1）华侨丢失护照和签证。

①由当地接待旅行社开具证明，并请失主准备照片。

②失主持遗失证明到省、自治区、直辖市公安局（厅）或授权的公安机关报失并申请办理新护照。

③持新护照去其侨居国驻华使、领馆办理入境签证手续。

（2）中国公民出境旅游时丢失护照、签证。

①请当地陪同协助在接待旅行社开具遗失证明，再持遗失证明到当地警察机构报案，取得警察机构开具的证明。

②持当地警察机构的证明和遗失者照片及办理护照有关资料到我国驻该国使、领馆办理新的护照。

③新护照领到后，携带必要的材料和证明到所在国移民局办理新签证。

4. 港澳同胞回乡证（港澳居民来往内地通行证）

失主持当地接待旅行社的证明向遗失地的市、县公安部门报失，经查实后由公安机关的出入境管理部门签发一次性有效的“中华人民共和国出境通行证”。

5. 台湾同胞旅游证明

失主向遗失地的大陆旅行社、户口管理部门或侨办报失，核实后发给一次性有效的出入境通行证。

6. 中华人民共和国居民身份证

由当地旅行社核实后开具证明，失主持证明到当地公安局报失，经核实后开具身份证明，机场安检人员核准放行。

6.2.3 导游带团礼仪

（1）导游游览服务礼仪

在参观游览的过程中，导游应努力使旅游团参观游览全程安全、顺利；使旅游者详细了解参观景点的特色、历史背景等他们可能感兴趣的内容。在具体的导游过程中，导游员应做到以下几点。

①着装整齐规范，佩戴导游证。仪态举止自然大方，仪容保持整洁，女性要略施淡妆。始终保持情绪饱满，乐观自信，微笑服务。

②提前10分钟到达集合地点，展示导游标志并有礼貌地招呼早到的旅游者。

③游客上下车时应站在车门前迎候，对上下车不便的游客应主动相助。

④游客落座后应及时清点人数，清点人数时切忌用手指点游客。

⑤在游览过程中，应随时提醒客人注意行路安全，遇到道路不好走的路段要放慢脚步，提醒游客注意。导游要自始至终与旅游者在一起，要注意随时清点人数，防止游客走失和意外事件的发生。

⑥与游客碰面应主动热情地招呼。与游客交谈，态度应诚恳，举止要大方，话语要得体。要尊重游客的风俗习惯、宗教及民族信仰。

⑦游客在游览过程中，会选购一些有当地特色的土特产以作纪念或馈赠亲友，导游员应积极主动给游客当好向导和参谋，将他们带到质量好、物价公平合理的商店。

⑧当游客对导游员的工作提出意见或要求时，应做到认真倾听，耐心解释，以理服人，尽量满足游客的合理要求。

⑨每次到达一个新的目的地前，应提前将即将进行的活动、集合时间和地点等相关信息明白无误地向全体游客通告，并告知旅游车的车牌号码及司机姓名，以方便掉队者寻找。

⑩一天的游览结束，应将客人送至宾馆休息。

（2）导游讲解礼仪

①导游讲解服务规范。

规范化的导游讲解包括4个阶段：游前讲解、途中讲解、景点讲解和游后讲解。游前讲解指的是在车上或下车后对景区的总体介绍，时间以控制在5~10分钟为宜。途中讲解主要是介绍沿途的山川景物、名胜古迹、民俗风情等，以增加途中游兴。景点讲解主要是在游览点结合具体情况的介绍，是讲解服务的主体。游后讲解是在游程结束后，对游程情况的归纳小结，以引起游客的回味，并以此作为景点讲解的补充。

导游要把握好讲解时间。一般来讲，导游人员的讲解时间应占整个游程的60%~75%，如少于60%的时间，导游人员的讲解内容将不被游客所关注，游客开始依赖于同座同伴的评论。

②导游讲解姿势。

导游人员的讲解是直接面对游客的，所以讲解姿势一定要端正、优美，给人以落落大方的感觉。除了在礼貌、礼节、仪容、仪表等方面要高标准严要求外，导游人员还要根据具体情况灵活掌握自己的姿态。在旅游车上讲解时，导游应面对游客站立讲解，而不能坐着讲解；在景点讲解中，即便需用手指点某处，也应侧身而不能背向游客。讲解时的目光要巡视全体游客，不可仅注视一两个人，面部表情要亲切、自然。

③导游讲解语音语调的艺术。

第一，要控制好讲解声音的强弱。导游讲解时，应根据游客人数的多少和导游点周边的环境、讲解的内容，来调整自己的音量，使每一位游客都能清楚地听到讲解的声音。

第二，要控制好讲解的语速。语速是一个人说话时吐字的快慢程度。比较理想的导游语速应是语速适中，有快有慢，富有变化性。语调轻快，游客不易听清；语速较慢，又不易激起游客的兴致。同时还要注意根据情况运用不同的语速，一般来说，对中青年游客语速可以快一些，对老年游客语速应慢一些；重要内容可以慢一些，其他内容语速可以适当放快。

第三，要用富有吸引力的语言停顿。停顿是说话时语音上的间歇或暂时的中断。科学的停顿能突出说话时的节奏感，使讲解显得抑扬顿挫，更好地表达情感，吸引游客，激起游客的兴趣。

④导游讲解的语言要求。

语言是导游人员最主要的工具。导游人员应尽可能地使自己的语言艺术化、规范化，通过自己深入浅出、形象生动、博古通今、妙趣横生的介绍来满足旅游者的观赏要求。为此，导游讲解的语言要注意以下几点：

一是通俗易懂。语言要力求口语化，避免使用死记硬背的书面语言，即使是熟背的导游辞也应以口语短句的形式去表达，做到通俗易懂。

二是流畅恰当。用词要得当，衔接自如，切忌空洞和华而不实的语言。

三是鲜明生动。词汇要丰富，句式要灵活，要富有表现力，具有文学色彩。

四是幽默活泼。要善于借题、借景、借事发挥，善于用夸张、比喻、讽刺、双关语等修辞手法去调动游客情绪，活跃气氛。

五是充分运用体态语言。导游讲解多为走动式讲解，因此，要善于借助手势、体态及面部表情来强化语言效果。但要注意克服与表达内容无关的动作。

（3）导游的购物服务礼仪

①积极正确地引导。

第一，引导游客到指定商店购物。导游要态度诚恳地提醒游客不要随便购物，不要到非旅游定点商店去购物。若购买古玩或仿古艺术品，导游应带其到文物商店去购买，并提醒游客保存好发票，不要将物品上的火漆印去掉，以便海关检验。

第二，客观真实地介绍产品。导游要应游客之请，以客观公正的态度介绍旅游产品，介绍要留有余地，引导游客按自己的需要进行购买。

第三，尊重游客做出的选择。只有游客自己做出的自觉、自主的选择才是合理的选择。

②耐心细致地服务。

第一，不要主动为客人当参谋。导游要了解游览地区的特色产品，并根据游客的基本资料，间接揣摩出游客的购物心理，根据不同游客的特点进行服务。注意，导游不要主动为游客当参谋，以防自己卷入无端的购物纠纷中。

第二，要处理好购物和观光游览的关系。导游要处理好购物和观光游览的关系，正确认识购物是旅游计划的组成部分，合理安排购物的时间和次数，维护游客的合法权益，使购物和游览相互补充，增加游客满意度，提高自己的工作效率。

第三，要遵守职业道德。带游客购物时，应严格遵守导游职业道德，应将客人带到商品质量良好、价格公平合理的商店，而不应该唯利是图，为了一点“好处费”昧着良心违背职业道德，损害游客利益。

《案 例》

令人难忘的欢送词

重庆一位导游在送别一个日本东京汉诗研究所旅游团时所致的欢送词如下：两天来，由于各位的盛情和通力合作，我们在重庆的游览就要结束了。在此，谨向各位表示深深的谢意！重庆和东京相距几千公里，但只不过是一水之隔。“我在长江头，君住长江之尾”，中国和日本是一衣带水的友好邻邦，我唯一的遗憾是不能按照日本古老的风俗，给你们一束彩色的纸带，一头牵在你们手里，一头系在我们手里。船开了，纸带一分两半，但却留下不尽的思念，虽然没有这条有形的纸带，但却有一条无形的彩带，那就是友谊的纽带……中国有句古话说：“物唯求新，人唯求旧”，东西是新的好，朋友还是老的好。这次我们是新知，下次各位有机会再来重庆，我们就是故交了。祝各位百事如意、健康幸福、一路顺风！谢谢各位。

(4) 处理突发事件的礼仪

由于旅游活动有较多的不确定任务，加之涉及需要协调、衔接的部门、环节较多，很难预料在组织游览过程中，会发生怎样的突发事件。面对突发事件，导游应该做好如下几点。

①做好计划。

尽量在带团出游前对游览计划、线路计划、搭乘交通工具、景点停留时间、沿途用餐地点等做出周密细致的安排，并根据以往的带团经验充分考虑容易出现问题的环节，准备好万一出现问题时所采取的对策及应急措施。

②准备应急物品。

应准备一些常用的药品、针线及日常必需品，将应付突发事件需要联系的电话号码（如急救、报警、交通票务服务、旅行社负责人、车队调度等）随时带在身上。

③遇事沉着、冷静。

出发前应亲切询问团队客人的身体健康状况，对老年人团队成员尤其要细心。游览有危险因素的景点或进行有危险的活动时，如爬山、攀岩、游泳等，一定要特别强调安全问题，并备有应急措施。事件发生以后要沉着冷静，既要安抚客人、稳定客人情绪，又要快速做出周密的处理方案，尽量减少事件带来的负面影响。

6.3 景区服务礼仪

《案　例》

丽江老君山垃圾换早餐

每捡回一塑料袋垃圾交到回收点，即可获得一张价值10元的早餐券，或凭券兑换10元钱现金。风光旖旎的丽江老君山旅游风景区独具匠心地在全国首创了“垃圾换早餐”的环保措施。

据老君山旅游开发公司总经理李树成介绍，老君山旅游风景区在丽江县有关部门的扶持下，经过10多年的考察开发，已初具规模，形成了以原始森林风光为主的生态旅游风景区，吸引了大批中外游客纷至沓来。然而，一些环保意识差的游客随手丢弃垃圾，给风景区造成了环境污染。景区管委会此前也实施了一些环保措施，如在景区增加垃圾桶，安排清洁人员沿途收集垃圾等，投入较大，但收效甚微。

2000年起，风景区管委会在全国首创“垃圾换早餐”的环保措施，在风景区入口给游客发放一个塑料袋并承诺：凡捡回一塑料袋垃圾，交到回收点，即可获得一张价值10元的早餐券，也可凭早餐券兑换10元现金。此举实施后，风景区内一天比一天干净。如今，想捡垃圾兑换早餐或现金，反成了不易之事。据悉，丽江有关部门对老君山旅游风景区的环保措施给予了充分肯定，准备在其他风景区加以推广。

（资料来源：http：//www. yn. xinhuanet. com/ynnews/sh/200 表 2-06/0102. htm。）

6.3.1 景区员工的素质要求

素质是指一个人的文化修养、涵养和分析问题、解决问题的综合能力。风景旅游区从业人员一般可分为两大类，即管理人员和工作人员。由于他们所处的岗位和从事的具体工作内容不同，因此素质要求也有所差异。

（1）管理人员的素质要求

①管理人员的能力要求。

风景旅游区是一个具有较强开放性的小社会，它的管理人员应该与其他企业的领导干部不同。

a. 应具有完善而高尚的人格。这种人格不但表现在中华民族谦虚谨慎、知书达理的思想观念上，而且还表现在勇于创新、敢于开拓的开放性意识上，体现一切为游客服务的精神。

b. 应具有领导才能。这种才能表现在两个方面：一是组织方面，管理人员能够对旅游区的工作切实有效地进行组织安排；二是凝聚力方面，管理人员能够将大多数员工团结在自己的周围，以人格魅力影响员工。

c. 心胸开阔，具体表现为：工作第一，不计较个人得失；能倾听各种意见，态度随和，坦诚待人。

d. 有协调能力，能够协调与各方面的关系和解决内部矛盾。

e. 有丰富的业务知识和熟练的服务技能。这种能力要求既要懂得旅游业务、景观知识，又要懂得消费心理，还要熟悉服务的一些专业知识，以便于进行劳动组织和指挥。

f. 要有开拓精神。旅游业是一个与市场紧密联系的行业，市场需求时有变化，新的热点不断出现。因此，风景旅游区经营管理人员必须具有开拓精神和创新精神，不能以不变应万变。

②管理人员的业务素质要求。

风景旅游区的经营管理是一项专业性很强的工作，管理人员必须具有较高的专业技术水平，具体包括以下几个方面：旅游业的总体知识，旅游资源和景观知识，旅游开发的基本理论，客源市场的分类知识，客源市场的变化规律，经济管理和税法知识，涉外管理知识，服务理论和服务技术。

（2）工作人员的素质要求

风景旅游区的工作人员一般可分为三类：技术人员、旅游服务人员和其他服务人员。

①工作人员的品德素质要求。

a. 树立正确的人生观和世界观，全心全意为游客服务。

b. 巩固专业知识，热爱并努力做好本职工作。

c. 树立高尚的职业道德，遵守各项规章制度，了解并遵守涉外纪律；热情友好、宾客至上；真诚公道、信誉第一；文明礼貌、优质服务；不卑不亢、一视同仁；团结合作、顾全大局；遵纪守法、廉洁奉公；钻研业务、提高技能。

②工作人员的业务素质要求。

a. 具有一定的文化修养和外语能力。

b. 熟知本岗位的业务和工作要求，了解相关知识。

c. 有积极向上、努力进取的精神，不断提高自己的业务能力和知识水平。

③工作人员的身体和容貌要求。

a. 身体健康，无传染疾病。

b. 五官端正，气质端庄。

c. 精力充沛。

d. 有良好的仪容和仪表。

6.3.2 景区接待礼仪

(1) 游客到达前的准备礼仪

①接收游客的预定信息。

在接到游客的预定信息之后，应研究接待内容，制订一份有针对性的接待计划，内容一般包括相关游客的基本情况、成员名单等。要熟悉游客的基本情况，如到达时间、团队人数、接待规格、姓名、性别、职业、年龄、国籍、宗教信仰、特殊要求（如讲解过程中的语言禁忌）和特殊游客（高龄游客）。并根据客人要求，充分沟通，确定接待安排。

②协调各部门做好接待准备。

首先，与安保部门协调加强客人及景区安保工作；其次，与餐饮部门协调安排客人用餐，了解特殊客人用餐忌讳；然后，与客房协调安排客人住宿；最后，在客人到景区前一个小时内，安排妥当一切接待事宜。

重要团队要配备素质优秀、经验丰富、反应灵活的讲解员；国际旅游专业团要选配不仅外文好，还具备专业知识的讲解员；学习考察团要选派知识丰富的讲解员；一般参观团要选配活泼、热情、开朗的讲解员。

(2) 接团礼仪

①到达景区正门迎接客人。

在掌握游客所乘车辆及到达时间后，安排相关人员进行迎接，并由保安人员引领车辆停入景区停车场。

②引领客人游览景区。

专业讲解人员在与游客见面后，要礼貌热情、言简意赅，向游客介绍自己，并代表景区对大家表示欢迎，预祝行程顺利等。

③讲解内容要丰富。

景区讲解除了涉及各个景点外，还应提及本地气候、历史地理、政治经济、风土人情、著名特产等，如果有沙盘，可以借助沙盘讲解景区内景点分布和各个景点的基本情况。

④特殊游客服务礼仪。

对宗教界游客讲解时，切勿向他们宣传“无神论”，要避免涉及有关宗教问题的争论，更不要将宗教和政治联系起来；对儿童游客讲解时，可加入适当的童话和儿童故事，但要把握分寸，不宜重视儿童而冷落成年游客，不宜给儿童买食品、玩具，也不宜单独带儿童前往某景点活动；对老年游客，要注意在游览时放慢行进和讲解速度，关心其身体健康。

⑤注意保留重要客人的纪念性资料。

对于重要客人，此时应准备签名卷轴，请其签名留念，并留下影像资料。

(3) 游客离开时的服务礼仪

①送别客人。

景区接待应自始至终热情周到，并重视客人离开前的结束工作。真诚表达对游客的感谢和惜别之情，诚恳倾听游客提出的宝贵意见和建议，对服务不周之处表示歉意，期待再次重逢，祝游客旅途愉快。

②客人离开后的工作。

整理好各种文字及图片资料并存档。向客人或旅行社征求意见，并希望今后进一步合作。一旦有问题出现，应及时反馈解决。对有价值的接待活动，要撰写稿件及时在新闻媒体上发布。

③定期总结。

定期召开有关部门总结会，总结接待经验，找到不足，及时改正，并表扬提供优质服务的部门和个人。

内容小结

随着现代旅游业的发展，旅行社服务的内容和方式正不断发生变化。本章内容首先介绍了旅行社办公接待礼仪，然后又具体介绍了导游服务礼仪。目的是提高旅游从业人员的素质，从而应对日益激烈的市场竞争。

☞ 课后思考

假设你是一名导游，旅游团因订不到火车卧铺票而改乘轮船，游客十分不满，在情绪上与导游形成了强烈的对立，你作为导游将如何安抚他们？

☞ 实训项目

项目一：景区服务训练

训练要求：

（1）在教师的指导下，学生分组进行现场实战演练。

（2）具体步骤：

①将学生进行分组，5~7 人一组；

②老师帮助学生选择学校附近的景区，让学生以组为单位，对景区整体情况和景区工作人员服务情况进行观察了解，总结该景区在服务质量方面存在的问题及提出改进对策；

③老师对每组的汇报进行点评。

项目二：公关口语训练

训练要求：

（1）该训练主要让学生熟练掌握口语技巧，以便在服务场合灵活运用，发挥语言魅力。

（2）训练方法：

①课前 5 分钟即兴主题演讲；

②绕口令练习；

③创设语境，让大家投入角色，聊天交谈，或设置精彩开场白，热情寒暄，或简洁打电话，或在讨论会上明智发言，或巧舌推销，或激情演讲，或机智辩论等；

④会听，会看，会想，会自控，经常练；

⑤语言能力测试；

⑥语言与文化结合。

项目三：景区游客中心模拟训练

训练要求：

（1）在教师的具体指导下，学生分组进行模拟。

（2）训练方法：

①模拟接待人员有礼貌地迎宾和问候服务；

②模拟接待人员咨询服务；

③模拟接待人员送客服务。

第七章
公务礼仪

【知识目标】

1. 了解有关会议、仪式的相关知识。
2. 掌握大型会议、签字会等会议仪式礼仪。
3. 掌握涉外礼仪的基本原则，掌握迎送、礼宾接待规格和次序。
4. 掌握各类交通工具乘坐礼仪的相关知识。

【能力目标】

1. 学会规范接待大型会议。
2. 学会规范接待外宾，并且在涉外交往中懂得有关国花和国旗的礼仪。
3. 掌握在涉外会见和会谈中的有关礼仪。

7.1 会议服务礼仪

《案 例》

G20 第三次财长和央行会议中的座次安排

2016 年 G20 第三次财长和央行会议在成都召开，两天会议中最核心场次莫过于 20 国财长齐聚一堂召开的闭门会议。和大多数国际财经会议一样，来自成员国和国际机构的代表们坐成一个大正方形。

布置成正方形有何讲究？一是能容纳下足够多的人；二是互相之间距离较远，有利于在争辩中保持理智克制；三是正方形端正大气。

作为 2016 年 G20 的主席国和东道主，中国坐拥会场正中间的 4 个席位。坐在第一排的除了东道主中国，还有土耳其和德国的各两位代表，分坐于中国的左右。2015 年 G20 峰会在土耳其安塔利亚举行，2016 年 G20 峰会正在中国召开，2017 年 G20 将在德国汉堡举办。土耳其、中国、德国坐在一排，体现了连续与传承，分别代表 G20 峰会的昨天、今天和明天。

第一排的 10 个座位除了给中德土三国，剩下的最左和最右座位分别摆上 IMF 和世行集团的名牌。G20 与 IMF 和世行合作非常紧密，每年 4 月的 IMF 世行春季年会中都内置一场 G20 财长会，而两大机构的一把手也会来给 G20 会议捧场。除此之外的其他国家的座位都按照名字首字母排序。

G20成都财长会的座次表看似是一件小事，但传达了强有力的信息：平等对话，互相尊重，没有特权，感谢东道主（不管是现在的还是过去将来的）。

会议，又称集会或聚会。会议的概念有狭义和广义之分，狭义的会议是指为实现一定目的，由主办或主持单位组织的，由不同层次和不同数量的人们参加的一种事务性活动；广义的会议泛指一切集会。

7.1.1 大型会议礼仪

(1) 大型会议主席台座次

大型会议，一般是指与会者众多、规模较大的会议。如企业职工代表大会、报告会、经验交流会、庆祝会等。它的最大特点是会场上应分设主席台与群众席。前者必须认真排座，后者的座次则可排可不排。

①国内惯例主席台的座位安排礼仪。

除大型商务会议外，我国政府、人大及党政机关召开的大型会议，主席台的位置安排，都使用中国传统做法——“以左为尊”，即将客人安排在主人的左侧。在会议结束合影留念时，也通常用这种排法。其他企事业单位的大型会议基本参照这一做法执行。

目前国内排定主席团位次的三项基本原则是前排高于后排；中央高于两侧；左侧高于右侧。

身份最高的领导人（有时可以是声望较高的来宾）安排在主席台前排中央就座。

其他人员按先左后右（以主席台的朝向为准）、一左一右的顺序依次排列。

当领导人数为奇数时，1号首长居中，2号首长排在1号首长左边，3号首长排右边，其他依次排列（如图7-1所示）。

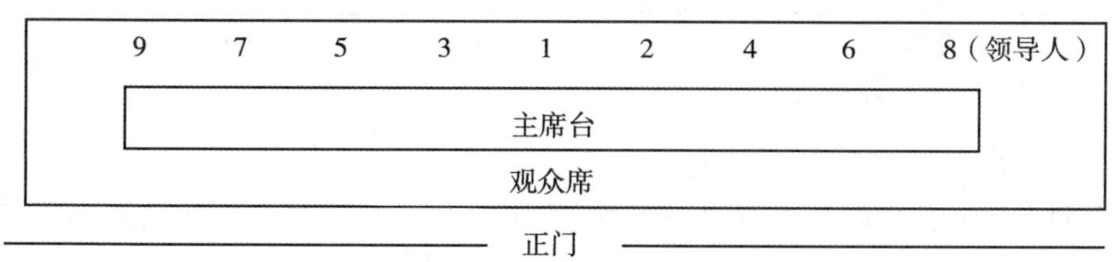

图 7-1

②国际惯例主席台的座位安排礼仪。

按照国际惯例，排定主席团位次的三项基本原则。前排高于后排；中央高于两侧；

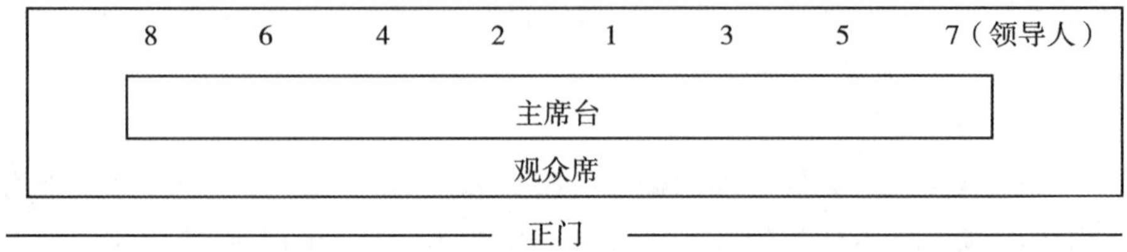

图 7-2

右侧高于左侧（如图 7-2 所示）。

③主持人坐席。

会议主持人，又称大会主席。其具体位置有三种方式可供选择：一是居于前排正中央；二是居于前排的两侧；三是按其具体身份排座，但不宜令其就座于后排。

④发言者席位。

发言者席位，又叫发言席。在正式会议上，发言者发言时不宜就座于原处发言。发言席的常规位置有两种：一是主席团的正前方（如图 7-3 所示）；二是主席台的右前方（如图 7-4 所示）。

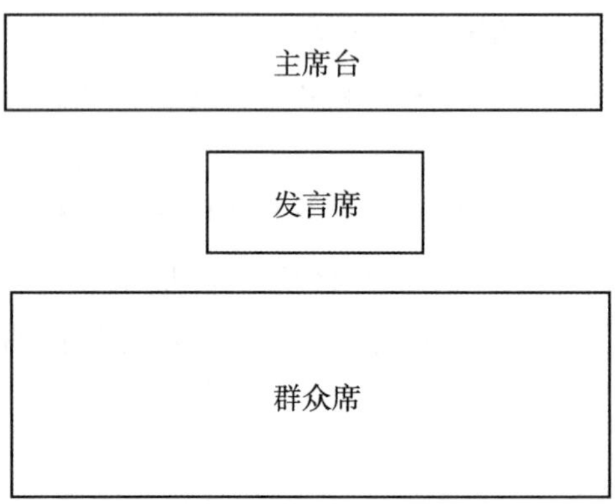

图 7-3

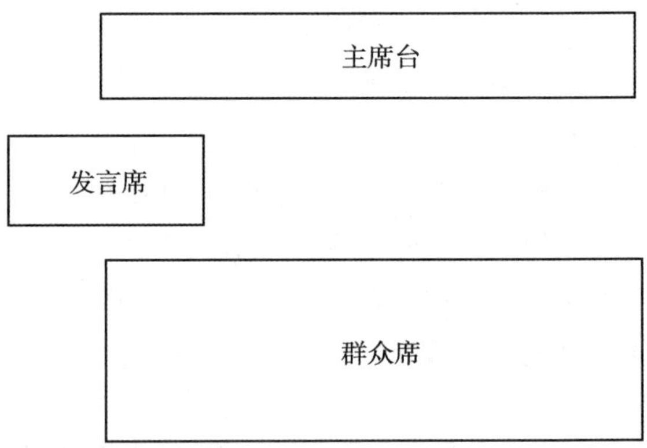

图 7-4

⑤群众席排座。

在大型会议上，主席台之下的一切坐席均称为群众席。群众席的具体排座方式有两种：

一是自由式择座，即不进行统一安排，而由大家各自择位而坐。

二是按单位就座：与会者在群众席上按单位、部门或者地位、行业就座。它的具体依据，既可以是与会单位、部门的汉字笔画的多少、汉语拼音字母的前后，又可以是其平时约定俗成的序列。按单位就座时，若分为前排后排，一般以前排为高，后排为低；

若分为不同楼层，则楼层越高，排序越低。在同一楼层排座时，又有两种普遍通行的方式：一是以面对主席台为基准，自前往后进行横排（如图 7-5 所示）；二是以而对主席台为基准，自左而右进行竖排（如图 7-6 所示）。

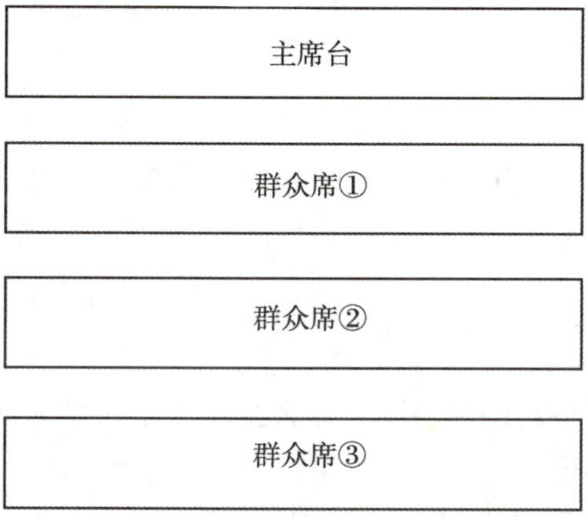

图 7-5

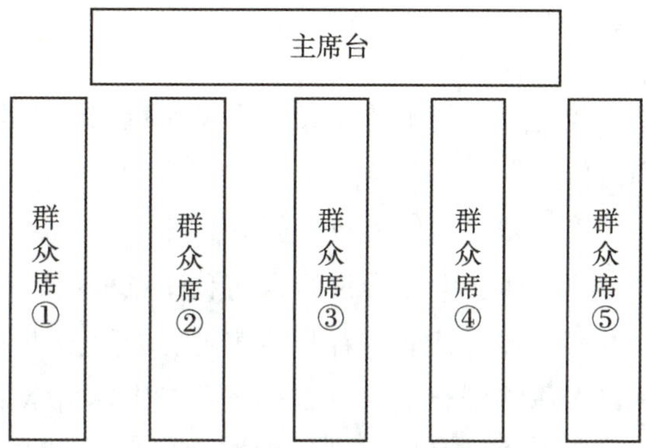

图 7-6

（2）会议与会人员礼仪

①主持人礼仪。

会议的主持人是整个会议的中心，一般由具有一定职位的人员来担任，主持人应能控制会议的气氛和进程，并促使与会者齐心协力，使会议达到预期的目的。主持人基本礼仪规范如下：

第一，主持人应衣着整洁，大方庄重，精神饱满，切忌不修边幅。

第二，入席后，如果是站立主持，应双腿并拢，腰背挺直。持稿时，一手持稿的底中部，一手并拢自然下垂。双手持稿时，稿应与胸齐高。坐姿主持时，应身体挺直，双臂前伸，两手轻放于桌沿。主持过程中，切忌出现搔头、揉眼等不雅动作。

第三，主持人应口齿清晰，思维敏捷，简明扼要。

第四，主持人应根据会议性质调节会议气氛，或庄重、或幽默、或沉稳、或活泼。

第五，主持人不能与会场上的熟人打招呼，更不能与其寒暄闲谈，会议开始前，可点头、微笑致意。

②会议主持程序。

作为主持人应时刻牢记自己的职责，并在会议进程中自觉履行自己的职责。会议程序如图 7-7 所示。

第一步，主持人自我介绍。通常，在很多场合主持人不用介绍自己。但如果觉得在场有很多人不一定认识自己，可以对自己作简单介绍，如说：“请允许我作一下自我介

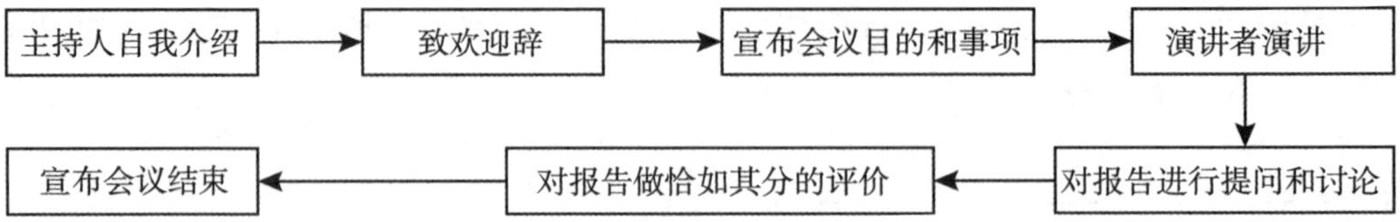

图 7-7

绍，我是……能主持今天的会议我感到十分荣幸。”自我介绍关键是要向大家介绍姓名和身份。

第二步，主持人致欢迎辞。

第三步，宣布会议的目的和注意事项。

第四步，请演讲者开始演讲。如果演讲者有很高的知名度，那么主持人不必费时对演讲者作特别介绍，只需对演讲者作热情邀请即可。

第五步，对报告进行提问和讨论。在演讲者结束报告时，主持人应对报告人表示感谢，并宣布进行提问和讨论。主持人应尽量让所有人都能自由地提问或发表意见。如果有人偏离了会议主题，主持人应给予礼貌提醒。提问或讨论也应控制在规定的时间内。

第六步，主持人对报告内容作恰如其分的评价。对于很有价值的报告应用恭敬、诚恳的语气进行赞美；对于一般性的报告也应给予礼节性的肯定，并对报告人再次表示感谢。如果接下来还有其他演讲者，就继续为大家介绍下一位演讲者，并请演讲人作报告。

第七步，主持人在规定的时间内宣布会议结束。在会议结束之前，主持人应对会议作简要的总结。如果就某些问题，大家达成了一致的意见，在结束前就应予以重申。会议结束时，主持人应对前来出席会议并提供帮助的人表示感谢，另外还要对协助组织会议的工作人员或单位表示感谢。

③会议演讲者礼仪。

演讲者或发言人是会场的中心人物，演讲者礼仪即指演讲者在演讲前后和演讲时对听众的礼节。主要有以下几个方面。

a. 进入会场时的礼仪。

一是有人陪同时。听众可能已经坐好，几位演讲者同时进入会场，不可在门口推托谦让，而应以原有的顺序进入会场；听众如果起立、鼓掌欢迎，演讲者应边走边举手表示谢意，不可东张西望，更不要止步与熟人打招呼、握手。

二是没人陪同时。听众可能没有完全入场，演讲者要寻找靠近讲台的边座坐好，不要在门口观望或等听众坐好后进场。

b. 入座前后的礼仪。

有人陪同时，要等陪同人指示座位，并应等待与其他演讲者同时落座，如果先坐下会有失礼节。如果先进入会场，被会议主持人发现时给安排座位，应马上服从，按指定座位坐好，并表示谢意。坐好后不要左顾右盼找熟人，更不要主动与别人打招呼，那样会显得轻浮。

c. 介绍时的礼仪。

演讲前主持人常常要向听众介绍演讲者。主持人提到名字时，演讲者应主动站起来，立直身体、面向听众，并微笑致意，估计听众可以认清自己后再转身坐下，如果主持人介绍辞中介绍了演讲者的成绩或事迹，听众反响强烈，演讲者应再次起身，向听众致谢，并向主持人表示“不敢当”“谢谢”之意。

d. 走上讲台时的礼仪。

当听到主持人邀请上台时，演讲者应站起身来，先向主持人点头致意，然后走向讲台。走路时，目视前方，虚光看路。头要正，不偏不摇，双手自然摆动。走上讲台后要慢步，自然转弯，面向听众站好，正面扫视全场，与听众进行目光交流，然后以诚恳、恭敬的态度向听众致鞠躬礼或点头礼致意，稍稍稳定一下之后再开始演讲。

e. 站立和目光。

站位不但要考虑演讲时活动的方便，而且要考虑听众观察演讲者的方便。要使听众无论在什么地方都能看到演讲者的演示，方便情感的双向交流。目光要散到全场，落到每位听众的脸上，使听众仿佛觉得光顾到他。

f. 走下讲台时的礼仪。

演讲完毕后，要向听众敬礼，向主持人致意，如果听到掌声，应再次向听众表示谢意，然后下台回到原座位，走路姿态要和上台时一样仪态端装、从容不迫。

小资料

出席国际会议时的一些礼仪常识

常识一：准时抵达会场，按照会场的指定座位或区域落座。

常识二：正式会议开始以后，尽量避免频繁进出会场。

常识三：进出会场或上下电梯时要遵循女士优先的原则，不管那位女士是什么身份。

常识四：不在会场和餐厅里大声喧哗，不在客人面前大声接打电话。

常识五：无论在主席台上，还是在台下，坐姿要端正。

常识六：出席正式会议和宴请，要穿正装，男士着深色西服，女士穿中长裙和长裤均可。男士要贴身穿衬衣，衬衣和领带要及时更换，袜子应是深色的。女士的衣服最好每天换一套。

常识七：集体行动时，相互之间保持距离，尤其同性之间不能太亲密，不能勾肩搭背。领导不要戴墨镜，否则影响公众形象。

(3) 会议服务人员礼仪

负责会议具体工作的服务人员，其工作程序如图 7-8 所示。

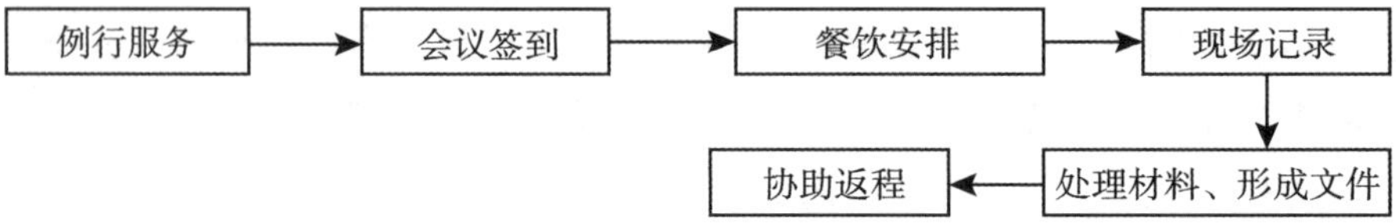

图 7-8

现代会议礼仪应该是全方位、立体化的服务，应该将礼仪服务贯穿会议始终。

①例行服务。

第一，安排专人负责接待与会者，为其办理登记和入住手续，并热情做好引导、介绍服务。对于远道而来的客人，需要接站的，应派人到车站、码头、机场等地按相应接待规格迎接，接站牌要醒目。

第二，服务人员提前到达会场，反复检查会场准备情况，做好迎接准备。并主动为与会者引座，指路时右手抬起，四指并拢，拇指与其余四指自然分开，手心向着客人，示意所指方向时说“请这边走”或“请那边走”。

第三，落实主席台领导、发言人是否到齐。

第四，按预定方案组织与会人员由前向后依次就座。

第五，维持好会场秩序。会议开始前 5 分钟，关闭会场大门，与会人员入座就绪，无关人员离开会场；开会期间关闭手机，一般不允许找人，无关人员不准进入会场。

第六，会议开始后，应根据会议规模配备适当数目的服务人员。服务人员应站在适当的位置观察会场内的情况。会场内有人招呼要及时应答。若会场上因工作不当发生差错，工作人员应不动声色，尽快处理，不能惊动其他人，更不能慌慌张张、来回奔跑，以免影响会议气氛和正常秩序。

第七，当与会人员落座后，服务人员应及时倒茶递茶。递茶要用双手，茶杯把儿要放在与会者的右手处。倒茶要轻而规范，杯盖的内口不能接触桌面，手指不能按住杯口，可左手拿开杯盖，右手持水壶，将开水准确倒入杯中。茶水倒至八分满为宜，然后将杯盖盖上。有条件的可先递上热毛巾，等待客人用毕后适时收回。

在会议期间，服务人员一般应每 30 分钟给宾客续水一次。续水时应带小暖瓶并带小毛巾一块，准备用来擦干洒在杯子外的水。会议结束后，服务人员应及时打开门并检查活动现场。发现未灭的烟头要及时熄灭，发现与会人员遗忘的物品要立即送归原主。如物主已离开，可上交主办负责人处理。

会议厅中的温度，夏天一般控制在24~25℃，冬天在20~22℃为宜。

第八，会议如有颁奖内容，服务人员应迅速组织受奖人按顺序列队站好，礼仪人员及时送上奖状或荣誉证书，由领导颁发给受奖者。

第九，如果有电话或有事相告，服务人员应走到身边，轻声转告。如果要通知主席台上的领导，最好用字条传递通知，避免因服务人员在台上频繁走动或用耳语，而分散他人注意力，影响会议效果。服务人员在会场内不要随意走动，不要使用手机。

②会议签到。

为了掌握到会人数，严肃会议纪律，凡大型会议或重要会议，通常要求与会者在入场时签到。负责此项工作的人员，应及时向会议的负责人进行通报。会议签到的方式一般有以下三种：

一是簿式签到。与会人员在会议工作人员预先备好的签到簿上按要求签名，表示到会。签到簿上的内容一般有姓名、职务、所代表的单位等。簿式签到的优点是利于保存，便于查找；缺点是这种方式只适用于小型会议。一些大型会议，参加会议的人数较多，采用簿式签到就不太方便。

二是证卡签到。会议工作人员将印好的签证卡事先发给每位与会人员，签证卡上一般印有会议的名称、日期、座次号、编号等，与会人员在签证卡上写好自己的姓名，进入会场时，将签证卡交给会议工作人员，表示到会。证卡签到的优点是比较方便，避免临开会时签到造成拥挤，缺点是不便保存查找。证卡签到多用于大中型会议。

三是电脑签到。电脑签到快速、准确、简便，参加会议的人员进入会场时，只要把特制的签到卡放入签到机内，签到机就将与会人员的姓名、号码传到中心，与会者的签到手续在几秒钟内即可完成，然后将签到卡退还本人，参加会议人员的到会结果由计算机准确、迅速地统计并显示出来。电脑签到是先进的签到手段，一些大型会议都是采用电脑签到这种方式。

③餐饮安排。

举行较长时间的会议安排时，一般会为与会者安排会间的工作餐。与此同时，还应为与会者提供卫生可口的饮料。会场所提供的饮料，最好便于与会者自助饮用，不提倡为其频频斟茶续水。那样做既不卫生、安全，又有可能妨碍对方。如果必要，还应为外来的与会者在住宿、交通等方面提供力所能及、符合规定的方便服务。

④现场记录。

凡重要的会议，均应进行现场记录，其具体方式有笔记、打印、录入、录音、录像等。可单用某一种，也可交叉使用。用手写笔记进行会议记录时，对会议名称、出席人数、时间地点、发言内容、讨论事项、临时动议、表决选举等基本内容要力求做到完整、准确、清晰。

⑤处理材料，形成文件。

在会议结束后，一般应对与其有关的一切图文、影像等材料进行细致的收集、整理。收集、整理会议材料时，应遵守规定与惯例，应该汇总的材料，一定要认真汇总；应该存档的材料，要一律归档；应该回收的材料，一定要如数回收；应该销毁的材料，则一定要仔细销毁。

为了给会后工作提供借鉴和依据，每次会议的全部文件，诸如通知、报告、简报、决议、纪要、记录、群众来信、新闻报道等，都应立卷归档，妥善保存。

⑥协助返程。

会议结束后，主办单位一般应为外来的与会者提供一切返程便利服务。若有必要，应主动与对方联络，提供交通工具，或是替对方订购、确认返程机票、船票、车票。当团队与会者或与会的特殊人士离开本地时，还应安排专人为其送行，并帮助其托运行李。

如果所订返程票不能完全满足与会者的要求，应优先照顾年老体弱者、女士，并对其他人耐心解释，取得谅解。对个别因故在结束后暂时滞留的与会者，也要一如既往地关照，并尽可能地为其解释实际困难，不能一推了之。

7.1.2 签字仪式礼仪

(1) 签字仪式准备

①布置好签字厅。

签字厅有常设专用的，也有临时以会议厅、会客室来代替的。布置它的总原则是庄重、整洁、清净。

一间标准的签字厅，室内应当铺设地毯，除了必要的签字用桌以外，其他一切陈设都不需要。正规的签字桌应为长桌，其上面最好铺设深绿色台布。按照仪式礼仪的规范，签字桌应当横放。

在签字桌上，应事先安放好待签的合同文本，以及签字笔、吸墨器等签字时所用的一切用品。

②预备好待签的合同文本。

在正式签署合同之前，应由举行签字仪式的主方负责准备待签合同的正式文本。它应当是正式的不会再进行任何更改的标准文本。

负责为签字仪式提供待签合同文本的主方，应会同有关各方一同指定专人，共同负责合同的定稿、校对、印刷与装订。按常规，应为在合同上正式签字的有关各方，均提供一份待签的合同文本。必要时，还可再向各方提供一份副本。

待签的合同文本，应以精美的白纸印制而成，按大八开的规格装订成册，并以高档质料，如真皮、金属、软木等作为其封面。

③确定签字仪式的出席人员。

在举行签字仪式之前，有关各方应预先确定好参加签字仪式的人员，并向其有关方面通报。客方要将自己一方出席签字仪式的人数提前报给主方，以便主方安排。一般情况下，出席签字仪式的人员如图 7-9 所示。

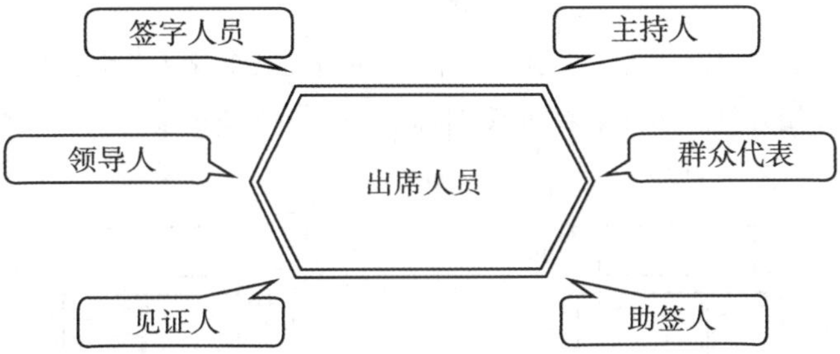

图 7-9

④要规范好签字人员的服饰。

按照规定，签字人、助签人以及随员在出席签字仪式时，男士应当穿着具有礼服性质的深色西装套装、中山装，女士则应着西装套裙。男士还必须系上单色领带，以示正规。

在签字仪式上露面的礼仪人员、接待人员，可以穿自己的工作制服，或是旗袍一类的礼仪性服装。

签字仪式是签署合同的高潮，它的时间不长，但程序必须规范、庄重而热烈。

（2）签字仪式座次安排

根据“面门为上”的原则，签字桌前的座位主左客右。桌上摆放的是各自保存的文本，文本前面放有签字文具。桌子中间摆一旗架，悬挂双方国旗，双方助签人员分别站在各自人员的外侧，双方参加仪式的其他人员，按身份顺序排列于各自签字人员的座位之后（如图 7-10 所示）。

有些国家则在签字厅内安放两张方桌为签字桌，双方签字人各坐一桌，双方的小国旗分别悬挂在各自的签字桌上，参加仪式的人员坐在签字桌的对面（如图 7-11 所示）。

还有的国家是安排一张长方桌为签字桌，签字人分坐左右，国旗分别悬挂在签字人身后，参加签字仪式人员分坐签字桌前方两旁（如图 7-12 所示）。

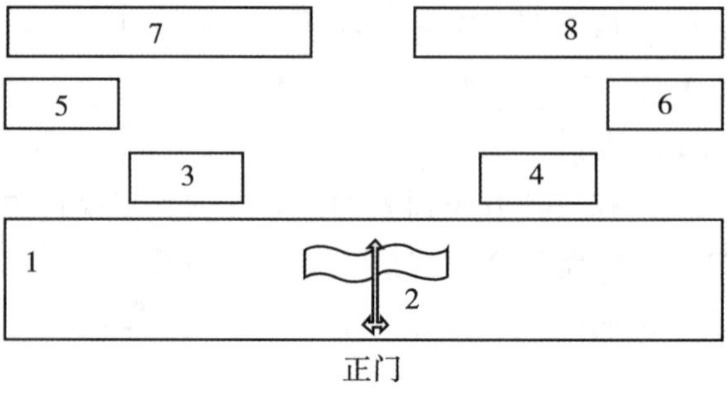

图 7-10

1-签字桌　2-双方国旗　3-客方签字人　4-东道国签字人　5-客方助签人
6-东道国助签人　7-客方参加签字仪式人员　8-东道国参加签字仪式人员

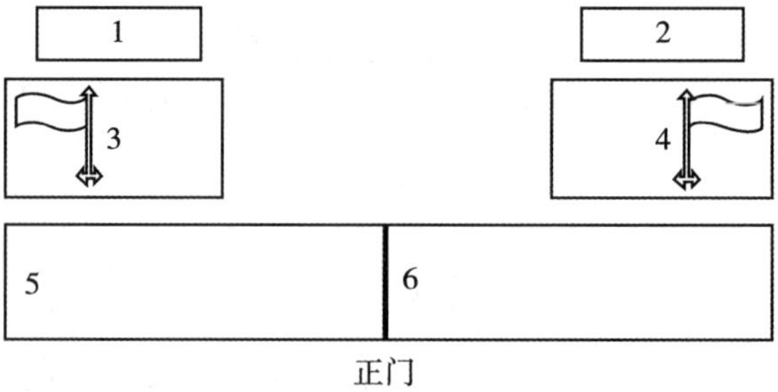

图 7-11

1-客方签字人席位　2-东道国签字人席位　3-客方国旗　4-东道国国旗
5-客方参加签字仪式人员席位　6-东道国参加签字仪式人员席位

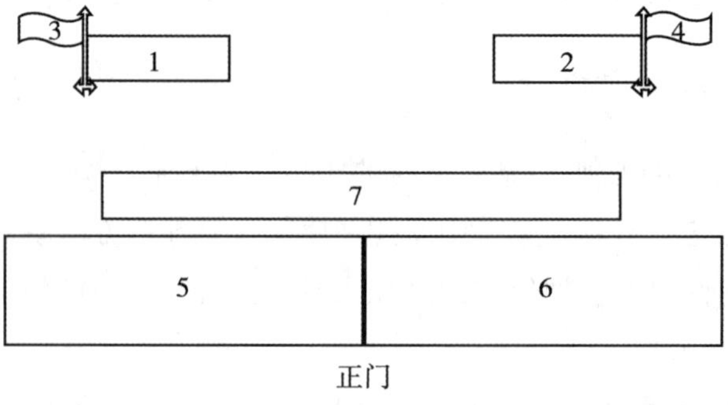

图 7-12

1-客方签字人席位　2-东道国签字人席位　3-客方国旗　4-东道国国旗
5-客方参加签字仪式人员席位　6-东道国参加签字仪式人员席位　7-签字桌

多边签字仪式与双边签字仪式大体相似，若只有三四个国家，一般只相应多配备签字人员席位、签字文具、国旗等物。如果签字国家众多，通常只签1份正本，签字人员座次可按国家英文名称首字母顺序排列，排列最前的国家居中，其余按顺序先右后左排开。

(3) 签字仪式程序

①签字仪式正式开始。

有关各方人员进入签字厅，在既定的位次上各就各位。

②签字人正式签署合同文本。

通常的做法是首先签署己方保存的合同文本，再接着签署他方保存的合同文本。

③签字人正式交换已经由各方正式签署的合同文本。

此时，各方签字人应热情握手，互致祝贺，并相互交换各自一方刚才使用过的签字笔，以示纪念。全场人员热烈鼓掌，表示祝贺。

④共饮香槟酒互相道贺。

交换已签的合同文本后，有关人员，尤其是签字人应当场共饮香槟酒，这是国际上通行的用以增添喜庆色彩的做法。

⑤礼毕退场。

主持人宣布仪式结束后，应让双方最高领导及宾客先退场，然后东道主再退场。

7.2 涉外会见礼仪

《案 例》

有一位外国记者将要采访中国总理，见面时他很积极地走到总理跟前，伸出手来想跟中国总理握手，这时总理也不得已伸出手来跟他握手。但是握完手之后，这个记者居然用手绢把手擦了一下，说："我怎么跟打过仗的人握手呢，太可怕了。"这时总理为了调节尴尬，也掏出手绢擦了一下手，然后把手绢扔到了垃圾箱里，说："现在已经无法清洗这个手绢了。"由此事件可以看出，握过手之后是不能用东西擦拭手的，这是对别人的不尊重。你不尊重别人，别人也不会尊重你。

(资料来源：鄢向荣．旅游服务礼仪［M］．北京：清华大学出版社，2008.)

7.2.1 涉外礼仪的原则

在涉外礼仪中，无论是旅游接待，还是友好往来，我们都要尊重对方，既要对外宾彬彬有礼，又要维护国家尊严。这就要求我们旅游从业人员掌握一定的涉外礼仪原则，它是中国人在接触外国人时，必须遵守的基本原则。

《案 例》

某饭店一位客房服务人员值班时，碰到一位住在本饭店略懂中文的装扮入时的外国留学生小姐，她刚从房间里出来准备外出。服务员便有礼貌地打招呼道："小姐，您好，您出去吗?"不料这句中国人之间常用的问候语却让那位对中文似懂非懂的留学生小姐误解了，她当即用中文反问道："你刚才说的是什么意思? 你说的您好我知道是问候，那么'您出去呀'的意思我就不明白啦。"服务员赶紧解释："在中国，朋友之间说：'您出去啊''您去公园啊''您去工作啊'等和'您好'一样，都是问候的意思。"没想到服务人员越解释，那位留学生小姐越不明白，她只是听懂了"您去公园工作啊"几个词，认为这是说她要在公园工作，就是当妓女。留学生当即向客房部主管投诉，认为服务员在侮辱她。

（资料来源：黄海燕，王培英．旅游服务礼仪［M］．天津：南开大学出版社，2006.）

所谓涉外礼仪，是对涉外交际礼仪的简称，它是指在对外交往中，旅游从业人员用以维护自身形象，向交往对象表示尊重与友好的约定俗成的习惯做法。涉外礼仪的基本内容就是国际交往的惯例，它是参与国际交往时必须认真了解并予以遵守的通行做法。涉外礼仪原则主要包括以下几方面内容。

（1）维护形象

维护形象首先是维护个人形象。一个人的外在形象体现了其个人的教养和品质。比如：一名男子身穿深色西服套装时，上衣左袖口上的商标必须拆掉，穿黑皮鞋不能穿白色袜子。首先，个人形象也可以表示对他交往对象的重视程度，尤其是服务行业，顾客很重视服务提供者的形象。其次，维护个人形象也是维护所在单位的整体形象。最后，在国际交往中，个人形象往往还代表其所属国家、所属民族的形象。所以我们在涉外交往中必须时时刻刻注意维护个人形象，特别是在正式场合留给外国友人的第一印象。

在维护个人形象时，应该注意6个要素：仪容、表情、举止、服饰、谈吐、待人接物。

（2）不卑不亢

不卑不亢，即要求我们在涉外交往中既要维护本国的利益尊严，又要尊重他国的利益和尊严。国家不分贫富与大小，人不分种族与信仰，不分宗教与习俗，应一律平等以礼相待，不能厚此薄彼，不能做任何有损人格、国格的事。

(3) 入乡随俗

由于不同民族的文化背景对礼仪有很大影响，因此，在异国他乡就要入乡随俗，避免交往中唯我独尊的失礼行为，使自己或对方尴尬。要做到“入乡随俗”，必须注意两个问题：一是充分了解对方的风俗习惯，知己知彼，可以拉近彼此间的距离。二是充分尊重交往对象所特有的习俗。切记，做客时要“客随主便”，做东道主要“主随客便”。

(4) 信守时约

遵守时间，信守约定，是建立良好人际关系的基本前提，也是取信于人的基本要求。要做到信守时约的原则，重要的是要做好以下两点：一是在与他人交往时，许诺必须谨慎。承诺一旦做出，就应认真地加以遵守，不宜随便加以变动或取消。二是发生特殊情况，致使自己单方面失约，务必要尽早通知对方，诚恳地向对方致歉并说明原因。

在约会方面，与西方人交往时可按以下惯例。

①集会、约会按时到达。西方国家的会议和演出都是准时开始的，在活动开始前就座才符合礼节。

②参加宴会应提前 10 分钟到达。西方人的宴会也是准时开始的，可在宴会开始前 10 分钟到达，提前太多会打乱主人的计划，而迟到则显得对其他人很不礼貌。

③沙龙、舞会可迟到几分钟。这是被西方人公认的“守时行为”，因为到了预定时间，一切工作已准备就绪，主人这时可以专门恭候客人了。

(5) 热情有度

在交往中的热情适度主要体现在四个方面：关心适度、批评适度、距离适度、举止适度。

①关心适度。中国人一向倡导“关心他人比关心自己为重”，可是西方人大多强调个性独立，自强自爱，反对他人对自己过分关心。在涉外交往中关心过度，人家不仅不领情，弄不好还会嫌我方人员多管闲事。

②批评适度。按国际交往原则，只要不触犯我国法律，不违背伦理道德，没有辱没我方的国格人格，不危及人身安全，就没有必要去评判是非对错，尤其不宜对对方当面进行批评指正，或是加以干预。

③距离适度。按不同场合分几种距离：私人距离在 0.5 米内，社交距离为 0.5~1.5 米，礼仪距离为 1.5~3 米，公共距离为 3 米开外。

④举止适度。要注意两点：一是不要随便采用某些显示热情的动作。例如，在国内，朋友见面彼此拍肩膀；长辈遇孩子，抚摸其头顶或脸蛋；两名同性在街上携手而行

等。西方人一般接受不了这些举动。二是不要有不文明、不礼貌动作。例如，当众挖鼻、抠耳、抓痒，或交谈时用手指指点点、高跷着“二郎腿”乱抖不止等，都是被公认的不文明、不礼貌行为。

《案 例》

小李被派到英国专家家中做家政服务员。因为她热情负责、精明能干，专家夫妇对她印象很好，也把她当成家庭成员。一个假日的傍晚，夫妇外出归来，小李打过招呼后，又随口问道：“你们去哪玩了？”专家迟疑一下说：“我们去建国门外大街了。”小李又接着问：“你们逛了什么商店？”对方答道：“友谊商店。”小李热情地建议说：“你们怎么不去国贸大厦和赛特购物中心看看，那儿的商品质量最让人放心。秀水街的东西也挺不错的。”谁知话音未落，专家夫妇已转身进房了。几天后小李被辞退了，公司转述专家的辞退理由是：“李小姐令人讨厌，她对主人的私生活太感兴趣了。不然打听这个打听那个干什么？我们去哪一家商店关她什么事！”

（资料来源：黄海燕，王培英．旅游服务礼仪［M］．天津：南开大学出版社，2006.）

（6）尊重隐私

个人隐私，泛指一个人不想告知于人或不愿对外公开的个人情况，在许多国家，它受法律保护。按尊重隐私的原则，我们在跟外国友人交往时，千万不要没话找话，信口开河，穷追猛打地探究别人的个人情况，对人家不愿意回答的问题绝不要刨根问底。一旦发现无意提出的问题引起对方反感，应立即表示歉意或转移话题。

在国际交往中，下列八个方面的私人问题，被外国人尤其是西方人视为个人隐私问题：年龄大小、工资收入、恋爱婚姻、健康状况、家庭住址、个人经历、信仰政见、所忙何事。

（7）女士优先

女士优先是国际礼仪的重要原则。就是指在一切社交场合，每一个成年男子都有义务尊重、照顾、关心、保护女士，尽可能地为女士排忧解难。在国际交往的各种场合，谁不遵守这一成规，就会被视为失礼。

女士优先原来主要在西方社会盛行，现在成为国际礼仪通则，但也只是适用于社交场合，在公务场合强调“男女平等”或忽略性别。如果办公室的男同事主动为女同事脱大衣，是让人不能接受的。另外，在今天的阿拉伯国家、东南亚地区以及日、韩、蒙、印等东方国家，还依然讲究“男尊女卑”。

(8) *以右为尊*

所谓以右为尊，意即在涉外交往中，一旦涉及位置的排列，原则上都讲究右尊左卑，右高左低。也就是说，右侧的位置在礼仪上总要比左侧的位置尊贵。在各类国际交往中，大到外交活动，商务往来，小到私人交往、社会应酬，凡是需要确定和排列位次时，都要坚持“以右为尊”的原则。在并排站立、行走和就座时，为了对客人表示尊重和友好，主人应主动居左，而请客人居右。就是会见场所并排悬挂两国国旗，也是东道主国旗居左，客方国旗居右。这与中国“以左为尊”的礼仪传统完全相反，运用时不可混淆。

7.2.2 外事迎送礼仪

迎送外宾是外事交往中最常见的礼仪活动，它既是东道主给予客人的礼遇，体现东道主的热情、友好之情，同时又是给予客人的第一印象和最后印象。迎送活动的安排必须严格按照国际惯例和外事特有的礼仪进行。

(1) *确定迎送规格的一般原则*

①对等原则。

对于应邀来访，安排什么样身份的人出面迎送，应有一定的礼仪规格。迎接规格是由东道主依据来访者的身份及其来访的性质、目的，并适当考虑双方关系，同时注意社交惯例等因素，综合平衡来确定的。一般来说，应遵循对等原则，其基本要求是主方的主要迎送人员应与来宾的身份大致相当，迎送的主方人员人数应与客方人数相近。迎送在社交实践中，根据对等原则，其具体安排方法有如下几种。

a. 由与来宾身份相同或级别相当的人员作为主迎送人，亲自到车站、码头或机场迎送客人。

b. 由与来宾身份或级别略低的人员到车站、码头或机场迎送，而与来宾身份相同或略高的人员则在来宾下榻处的门前迎接或送行。

c. 若因种种原因，如国家体制不同，当事人年高不便出面、临时身体不适或不在当地等情况，可以灵活变通，可由职务相当的人士或副职出面作为代表迎送来宾。对等原则，同样适用于国家机关、企事业单位及民间组织对国内宾客的迎送接待。

②惯例原则。

根据惯例，迎送规格的确定要因人而异，对不同身份、不同国籍、不同单位的不同人应有相应的迎送规格。接待来访的外国国家元首、政府首脑，往往都要举行隆重的迎送仪式，但对军方领导人的访问一般不举行欢迎仪式。对一般来访者，无论是官方人士、专业代表团，还是民间团体、知名人士，在他们抵离时，均应安排身份相当的人员前往机场、码头、车站作一般迎送；对在本国工作的外国人、外交使节、专家等，在他们到任或离任时，有关方面亦应安排相应人员前往迎送。迎送一般不宜破格，但有时从发展双边关系或当前政治需要出发，破格组织迎送仪式、安排较大的迎送场面也是可以的。

（2）迎送礼仪

①官方迎送。

a. 接待准备。

迎来送往，是国际交往中最常见的礼仪。接待的准备工作主要由外事部门负责主持、联系和安排。为了做好接待工作，需要通过外交途径事先了解对方的来访目的与要求、前来的路线与交通工具、抵离的具体时间与地点及来访人员的姓名、身份、性别、年龄、生活习惯、宗教信仰、饮食爱好与禁忌等，据此制定具体详尽的接待方案，确定接待规格和主要活动的安排日程。接待规格的高低，通常是根据来访者的身份、愿望、两国关系等因素来决定的。根据外事工作的特点和要求，接待准备工作必须注意以下几点。

一是对参加接待服务的人员进行严格的挑选和必要的培训。

二是根据确定的来宾规格，备齐接待物品，安排布置好会见、会谈场所。

三是确定会见、会谈和宴请的地点、时间、人员、座次、程序、菜单等。宴会上使用的食品、饮料等要专人把关、化验，以确保安全、卫生，防止意外事故发生。

四是落实安全保卫工作，制定周密的警卫方案。严格按照有关规定控制通讯设备和出入人员。对使用的车辆、途经路线和道路及会见、会谈和宴请场所要认真仔细地进行安全检查，不能有任何疏忽或差错。

五是安排好来访者的下榻处和迎送车辆。外国国家元首或政府首脑通常是在国宾馆下榻，整个代表团的住房分配可先由东道国根据来访者的身份、地位作一一安排，待征求对方意见后实施。有时也可把下榻处的建筑平面图交给对方，由其自行安排。对于外国国家元首或政府首脑，通常安排开道车和摩托车队护送，并在所乘车辆的右前方插上该国国旗。随行人员的座次要按礼宾顺序来安排。对于大型代表团的随行人员也可安排乘坐大轿车。对有些重要的外国代表团，也可派车开道，以示重视和尊敬。

b. 我国迎送仪式的惯例。

外国国家元首或政府首脑抵达北京首都国际机场或车站时，由国家指定的陪同团团长或外交部的部级领导人及级别相当的官员赴机场或车站迎接，并陪同来访国宾乘车前往宾馆下榻。

国宾抵达北京的当日或次日，在人民大会堂东门外广场举行隆重的欢迎仪式。如天气不适于举行此项仪式，则在人民大会堂东门内的中央大厅举行。欢迎仪式为双边活动，不邀请各国驻华使节出席，中方出席地位、职位相当的国家领导人和有关部门负责人等。

广场悬挂两国国旗，组织首都少年儿童列队欢迎，少年儿童代表献花，奏两国国歌，检阅三军仪仗队，鸣放礼炮。

国宾离京返国或到外地访问时，我方出面接待的国家领导人到宾馆话别，由陪同团团长或外交部部级领导人陪同客人前往机场、车站送行或陪同赴外地访问。

国宾到外地访问时，由省长或市长迎送；如省长、市长不在时，则由副省长或副市长代表。外国议长率领的议会代表团到地方访问时，应由省、市人大常委会主任迎送；如主任不在，则由副主任代表。另外，有些外宾虽无明确职务，但其身份特殊，如有些是王室成员（相当于政府首脑）来访，也应参照上述原则安排。

小资料

我国国宾车队的具体安排

国宾坐车，一般是三排座位的豪华型进口车。国宾座位是车内最后一排的右边，左边是我方陪同团团长座位。陪同团团长座位前一加座是翻译座位，司机右边是我方警卫座位。这辆车称主车。主车前后各有一警卫车，分别称前卫车和后卫车，内乘中、外双方警卫和医护人员。后卫车后，往往还安排一辆同主车车型、设备完全一样的备用车，如主车万一发生故障，马上代替主车启用。备用车后是主宾夫人车，夫人由陪同团团长夫人陪同。前卫车前是礼宾车，内乘双方礼宾负责人。礼宾车前是前导车，车上配有警笛、扩音器、闪光设备，以便肃清道路。不过，国宾行车路线，一般提前15分钟就应中断交通，采取全封闭方式，待国宾车队通过后开放。国宾夫人车后，按礼宾顺序，安排身份最高的随行人员。部长级以上官员，一般一人一车，副部长级两人一车，司局级及以下人员安排乘小面包车。国宾车队中我方礼宾、安全人员配有必要的通讯联络设备，如手机、对讲机等，以便同有关方面保持密切联系。国宾车队还配有九辆摩托车护卫，其中一辆行驶在前卫车前，前卫车至后卫车两侧各四辆，另有两辆备用摩托车也列入编队之中。所以，人们常常见到的是11辆摩托车。摩托车护卫，我国于1981年恢复。

（资料来源：马保奉．外交礼仪漫谈［M］．北京：中国铁道出版社，1996.）

②民间团体、一般客人的迎送。

a. 对民间团体的迎送。

迎送民间团体时，不举行官方正式仪式，但需根据客人的身份、地位，安排对口部门、对等身份的人员前往接待。对身份、地位高的客人，应事先在机场（车站、码头）安排贵宾休息室，准备茶水饮料，并在客人到达前尽可能将住房和乘车号码提前通知客人，也可印好住房、乘车表，或制作成卡片，在客人到达时，及时发到每个人手中，或通过对方的联络秘书转达，以便使客人做到心中有数、主动配合。

b. 对一般客人的迎送。

迎送一般客人时，主要是做好各项安排。如果客人是熟人，则不必介绍，直接上前握手，互相问候即可；如果客人是首次前来，相互又不认识，接待人员应主动打听，主动自我介绍；如果是大批客人，也可事先准备特定的标志，如小旗或牌子等，让客人从远处就能看到，以便客人主动前来接洽。

机场迎接程序和主车乘坐图解如图 7-13、图 7-14 所示。

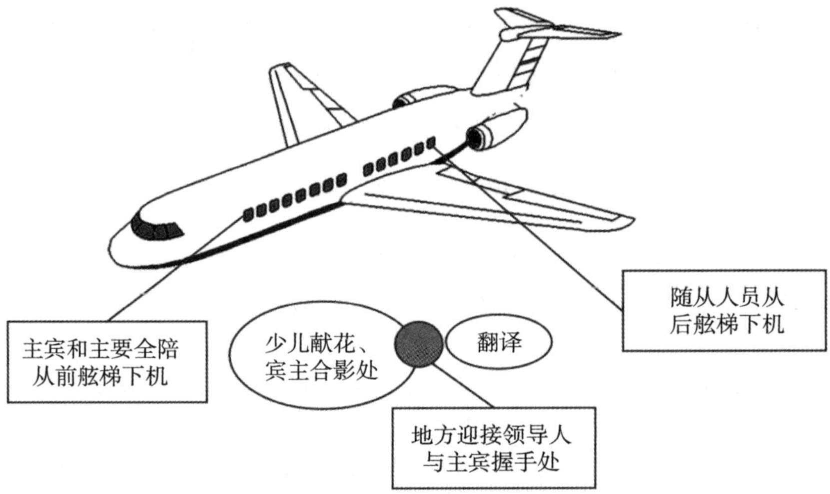

图 7-13

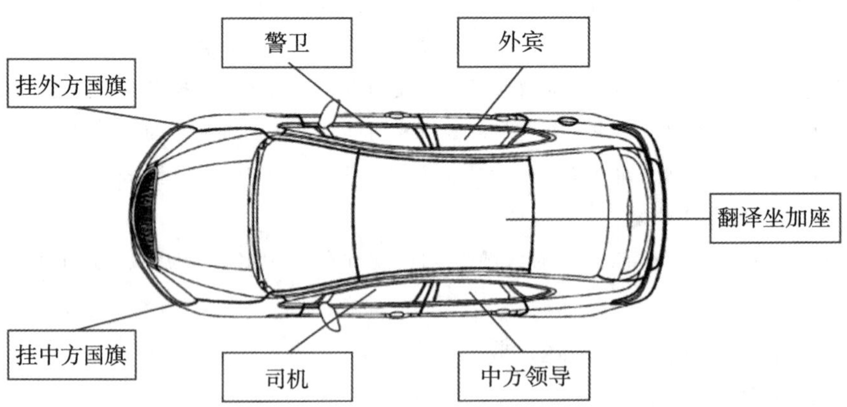

图 7-14

主人陪同乘车时，应请来宾坐在主人右侧。如是三排座的轿车，翻译员坐在主人前面的加座上；如是两排座，翻译员坐在司机旁边。上车时，要请客人从右侧先上车，主人从左侧上车。如客人先上车，坐在主人位置上，则不必请客人挪动位置。

《案　例》

郑伟是一家大型国有企业的总经理。有一次，他获悉一家德国著名企业的董事长正在本市访问，并有寻求合作伙伴的意向。于是他想尽办法，请有关部门为双方牵线搭桥。让郑伟欣喜若狂的是，对方也有兴趣同他的企业进行合作，而且希望尽快与他见面。到了双方会面的那一天，郑总经理对自己的形象刻意进行了一番修饰。他根据自己对时尚的理解，上穿夹克衫，下穿牛仔裤，头戴棒球帽，足蹬旅游鞋。无疑，他希望自己能给对方留下精明强干、时尚新潮的印象。然而事与愿违，郑总经理自我感觉良好的这一身时髦的"行头"，却偏偏坏了他的大事。

郑总经理的错误在哪里？他的德国同行对此有何种评价？

郑总经理与德方同行的第一次见面属国际交往中的正式场合，应穿西服或传统中山装，以示对德方的尊重。但他没有这样做，正如他的德方同行所认为的：此人着装随意，个人装束不合常规，给人的感觉是过于前卫，尚欠沉稳，与之合作之事当再作他议。

（资料来源：鄢向荣．旅游服务礼仪［M］．北京：清华大学出版社，2008.）

7.2.3 涉外会见

《案　例》

国内有一家企业前往日本寻找合作伙伴。到了日本后，通过多方努力，终于寻觅到了自己的"意中人"——一家具有国际声望的日本大公司。经过双方商定，先草签了一份有关双边合作的协议，当时，在中方人士看来，可以算是大功告成了。

到了正式签订中日双方合作协议的那一天，由于种种原因，中方抵达签字地点的时间比约定时间晚了15分钟。当他们快步走进签字厅时，只见日方人员排成一行，正在恭候他们的到来，还没等中方人员作出关于迟到原因的解释，日方的全体人员整整齐齐地向他们鞠了一个大躬，然后集体退出签字厅。双方的合作就此结束了。事后，日方的解释是"我们绝不会为自己找一个没有时间观念的生意伙伴。不遵守约会的人，永远都是不值得信赖的"。

（资料来源：鄢向荣．旅游服务礼仪［M］．北京：清华大学出版社，2008.）

凡身份高的人士会见身份低的人，或主人会见客人，一般称为接见或召见。凡身份低的人士会见身份高的人，或客人会见主人，一般称为拜会或拜见。我国一般不作上述区分，统称会见。接见或拜会后的回访，称回拜。

涉外会见、会谈的礼节要求比较正规，因此一定要特别注意，准确掌握会见、会谈的时间、地点以及双方出席人员的人数、名单，都是非常重要的，要慎重对待。

会见就其内容来说，有礼节性、政治性和事务性三种形式。礼节性的会见，时间较短，话题较为广泛。政治性会见一般涉及双边关系、国际局势等重大问题。事务性会见则指一般外交事务安排、业务商谈等，外交交涉一般称为召见。会见形式根据对象不同又分为个别约见和大型接见。个别约见是指国家领导人或某部门负责人就其一方面的外交事务或业务问题，与个别人士或使馆人员进行会面商谈的一种礼宾活动。它的特点是会见的范围小、保密性强。大型接见是指国家领导人会见一国或几国群众团体、国际会议代表。它的特点是参加会见的人数多，首长比较集中，场面隆重。

（1）会见的座次

会见在国际上通常安排在会客厅或办公室。有时宾主各坐一边，有时穿插坐在一起。某些国家元首会见还有其独特的礼仪形式。在布置形式上，各国也不一样。有的国家主宾的座位是特制的，有的则是主宾同坐一个三人长沙发。外国领导人来我国访问，会见安排比较简单，无特殊仪式。会见地点安排在人民大会堂或中南海。会见的座位安排一般为客人坐在主人的右边（个别情况例外），译员、记录员安排在主人和主宾的后面，其他客人按礼宾顺序在主宾一侧就座，主方陪同人在主人一侧就座，座位不够可在后排加座。座位多采用单人沙发、扶手椅进行布置，人数在十几至几十人之间的会见，里圈用沙发，外围用扶手椅或靠背椅围置（如图 7-15 所示）。

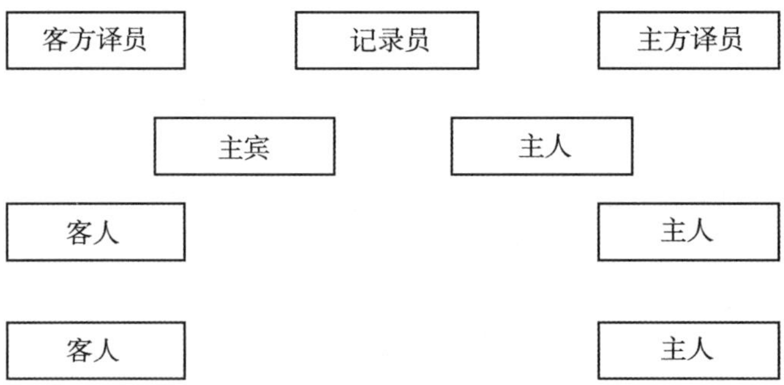

图 7-15

（2）会见的服务规程

当宾客到达时，服务员要利用主人到门口迎接的间隙，迅速整理好茶几上的物品和沙发上的坐垫。然后用茶杯上茶，杯把一律朝客人的右手一侧。

宾主入座后，一般由两名服务员从主要的外宾和主人处开始递毛巾。递毛巾时要热情地道一声“请”。如果是一名服务员递毛巾，要先从外宾处开始，然后再递给主人。如果有两名服务员，则递给外宾的服务员动作要先于另一名服务员。宾客用完毛巾后要及时收回，以保持台面整洁。如果会见中招待冷饮，上完毛巾后，接着上冷饮，其礼宾程序与上毛巾相同。上冷饮时，托盘中的冷饮品种要齐全，摆放要整齐，请宾客自选。

会见期间的续水一般在30分钟左右间隔一次。续水用小暖瓶，并带块小毛巾。续水的礼宾程序与上毛巾相同。

会见厅内的光线和温度应根据实际情况和主要宾客的要求而定。一般夏季24~25℃；冬季在20~22℃为宜。

会见结束后，要及时把厅室门打开，并对活动现场进行检查。会见室布置如图7-16所示。在主人送走客人返回时，应及时给主要首长上一块热毛巾，并送主要首长和年老及行动不便的首长上车。

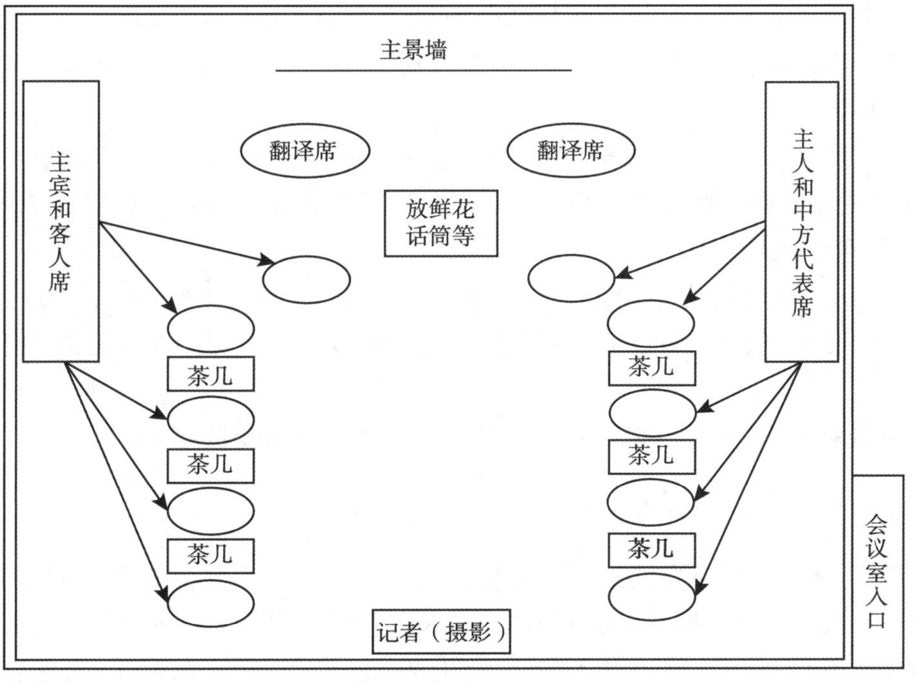

图7-16

7.2.4 会谈

参加会谈的双方或多方主要领导人的级别、身份原则上是对等的，所负责的事务和业务也是对口的。如外国由总统、总理率领的代表团参加会谈，我方则由国家主席、总理出面接见；如外方是外交部长出席，则我方也应是外交部长出席。

会谈一般来说内容较为正式，政治性和业务性都较强，要特别注意保密。代表团身份和规格很高的国事会谈还要悬挂双方国旗。

(1) 会谈的服务规程

①会谈用品的摆放。

在每个座位前桌面的正中摆放一本供记事的便笺，便笺的下端距桌面的边沿约 5 厘米。紧靠便笺的右侧摆红、黑笔各一支，便笺的右上角摆一个茶杯垫盘，盘内垫小方巾。主要宾客处每人放一个烟缸和烟盘，其他每两人放一套（摆在两个座位之间处）。

②会谈的服务程序。

当主人提前到达活动现场时，要迎至厅内周围的沙发上就座，用小茶杯上茶。在主办单位通知外宾从住地出发时，服务员在工作间内将茶杯沏上茶。当主人到门口迎接外宾时，服务员把茶杯端上，放在每人的茶杯垫盘上。宾主来到会谈桌前，服务员要上前拉椅引座。当记者采访和摄影完毕，服务员分别从两边为宾主双方递上毛巾。宾主用完后，应立即将毛巾收回。

会谈中间如果上牛奶、咖啡、干果等，应先把牙签、小毛巾（叠成长方形，每盘两块）、奶罐垫盘、咖啡杯垫盘上桌。然后把已装好的糖罐、奶罐（加勺）、咖啡（加勺）、干果盘依次上桌。

会谈活动一般时间较长，可视宾客的具体情况及时续水、续换铅笔等。如会谈中间休息，服务员要及时整理好座椅、桌面用品等。在整理时，注意不要弄乱和翻阅桌上的文件、便笺等。

会谈结束时，要照顾宾客退席，然后按善后工作程序做好收尾工作。

(2) 会谈的座次安排

会谈，一般来说内容较为正式，政治性或专业性较强。双边会谈通常用长方形或椭圆形桌子，宾主相对而坐，以正门为准，主人在背门一侧，客人面向正门。主谈人居中。我国习惯把译员安排在主谈人右侧，但有的国家也让译员坐在后面，一般应尊重主人的安排。其他人按礼宾顺序左右排列。记录员可安排在后面，如参加会谈人数少，也可安排在会谈桌就座。

①横桌式：面门为上，居中为上，以右为上（静态的右），如图 7-17 所示。

②竖桌式：以右为上（动态的右），居中为上，如图 7-18 所示。

③小范围的会谈，也有不用长桌只设沙发的，双方座位按会见座位安排，如图 7-19 所示。

a. 双边会谈长桌横放时座次安排。

宾主相对而坐，以正门为准，主方人员在背门一侧就座，客方人员面向正门就座（如图 7-20 所示），具体位次如图 7-21 所示。

b. 双边会谈长桌竖放时座次安排。

图 7-17

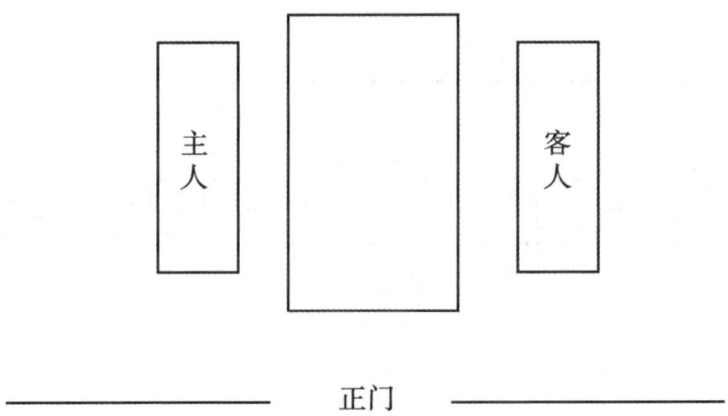

图 7-18

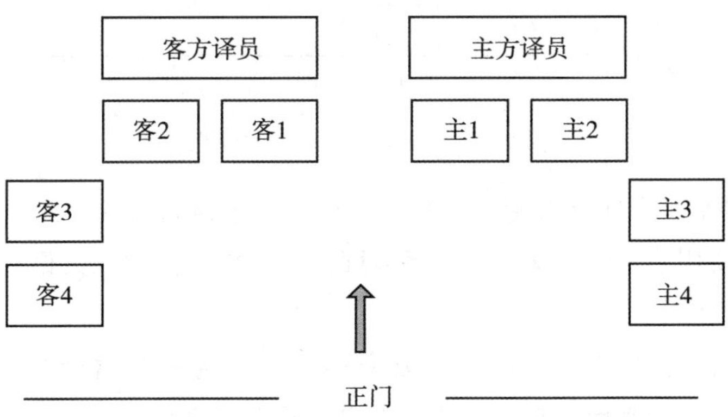

图 7-19

如果会议桌的摆放位置与会议室的正门平行，则以入门方向为准。右侧为客方，左侧为主方，主要会谈人居中，翻译安排在主要会谈人右侧，记录员安排在后面，如图

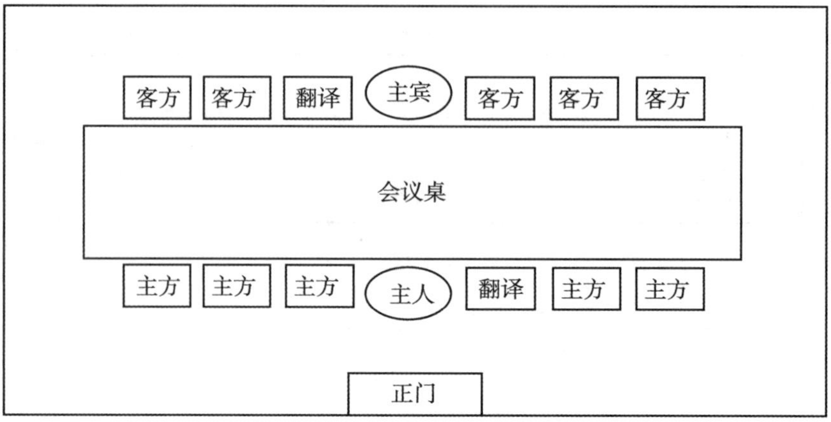

图 7-20

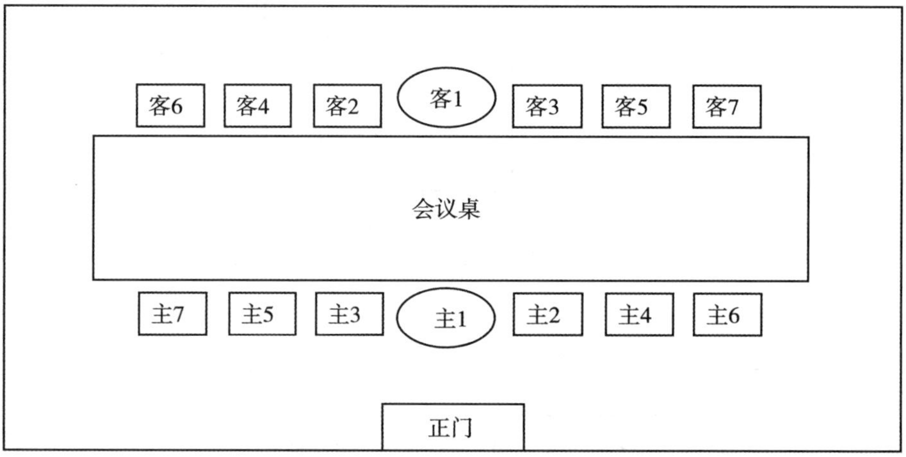

图 7-21

7-22所示。最好设计座位卡放在桌上，以便与会人员清楚自己应该坐在哪个位置。涉外会谈中，座位卡要用中文、外文两种文字双面书写，以便与会人员相互认识对方。具体位次如图 7-23 所示。

在非正式场合或条件不具备时，只要遵循“以右为尊”这个基本原则就可以了。一般是等主人或主宾就座后，其他人就座于主人或主宾两旁。

c. 多边会谈座次安排。

多边会谈，座位可摆成圆形、方形等。小范围会谈，有时只设沙发，座位按会见座次安排。

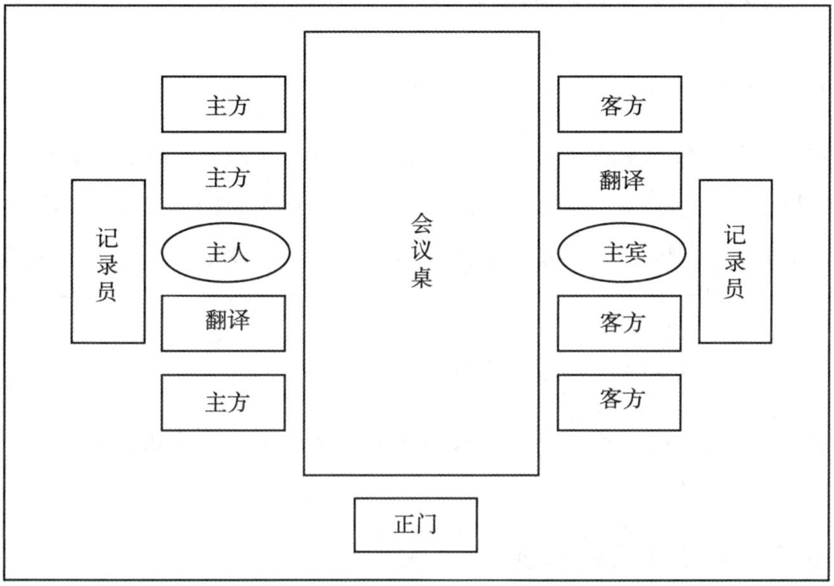
主方
主方
记录员
主人
翻译
主方
会议桌
客方
翻译
主宾
客方
客方
记录员
正门

图 7-22

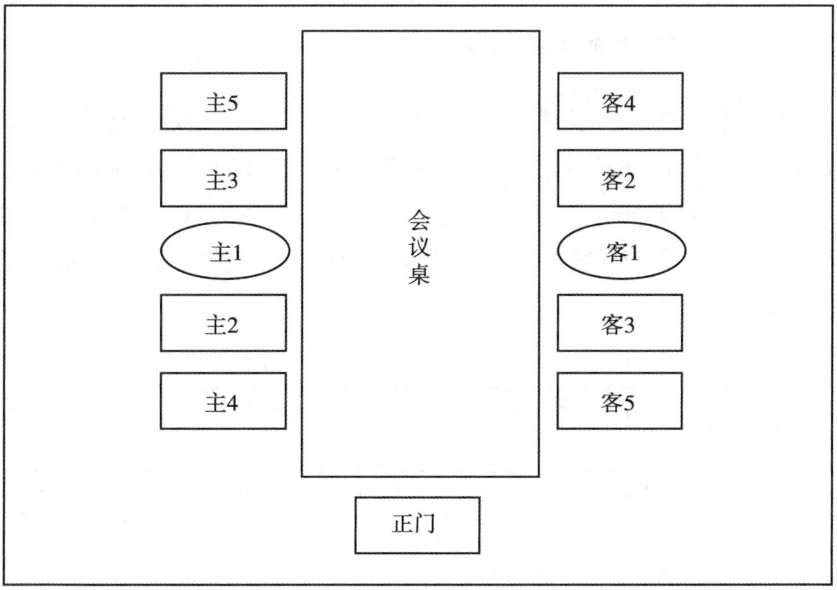
主5
主3
主1
主2
主4
会议桌
客4
客2
客1
客3
客5
正门

图 7-23

7.2.5 会见与会谈的具体礼仪

(1) 迎接客人

客人到达前，主人应提前到达会见（会谈）场所。客人到达时，主人在门口迎候。主人的穿着要和自己的职务、身份相称。如果主人不到大楼门口迎接，则可由工作人员迎接并引入会客厅。迎接者应在门口迎接，与客人握手、致意。主人在主宾左侧，陪伴客人步入会见厅。

(2) 会见、会谈期间的服务礼仪

会见时所招待的饮料，各国不一。我国一般只备茶水，夏天加冷饮，如会见时间过长，可适当加上咖啡（红茶）和点心。

(3) 会见、会谈涉及的人员

重要的会见、会谈，除陪见人和必要的译员、记录员外，其他工作人员安排就绪后均应退出。如允许记者采访，也只能在正式谈话开始前短暂采访，然后全部离开。谈话过程中，旁人不要随意进出。

(4) 会见与会谈合影留念位次排序

会见与会谈的程序中，一般都会安排合影留念，因此主方要事先安排好椅凳（人数不多时可站立拍照）。位次的安排，按礼宾常规，宾主双方的领导居中间位置，主人右方为上，主客双方穿插排列。如果是多边会见，应注意各方代表的人员比例和其代表性。代表人数众多时，要分成多排，注意每排人数应大体相等，主方人员一般尽量居边站立，如图 7-24 所示。

主方人员	来宾	来宾	来宾	主方人员

主方人员	来宾	副来宾	副主人	主宾	主人	副主宾	副主人	来宾	主方人员

图 7-24

(5) 会见与会谈结束

主人应将客人送至门前或车前，握手话别。客人应当表示感谢，同时礼貌性发出邀请。主人目送客人离去后方可转身离开，整个会见与会谈程序及接待工作宣告结束。

礼节性的会见一般不宜逗留过久，半小时左右即可告辞，除非主人特意挽留。客人来访，一般应予以回访。如果客人为祝贺生日、节日等喜庆日来访则不必专门回访，一般可在对方节日、生日时前往表示祝贺，以示礼貌。①

7.3 交通礼仪

《案 例》

一次被错过的晋升机会

某公司的何先生年轻能干，点子又多，很快就引起了总经理的注意，拟提拔为营销部经理。为了慎重起见，总经理决定对他再进行一次考查。恰巧总经理要去省城参加一个商品交易会，需要带两名助手，总经理选择了公关部杜经理和何先生。何先生也很珍惜这次机会，想好好表现一下。

出发前，由于司机小王乘火车先行到省城安排一些事务，尚未回来，所以他们临时改为搭乘董事长亲自驾驶的轿车一同前往。上车时，何先生麻利地打开了前车门，坐在驾车的董事长旁边的位置上，董事长看了他一眼，但何先生并没有在意。

上路后，董事长驾车很少说话，总经理好像也没有兴致，似乎在闭目养神。为活跃气氛，何先生寻找了一个话题："董事长驾车的技术不错，有机会也教教我们，如果我们自己都会开车，办事效率肯定会更高。"董事长专注地开车，不置可否，其他人均无反应，何先生感到无趣，便也不再说话。一路上，除董事长向总经理询问了几件事，总经理简单地作回答后，车内再无人说话。到达省城后，何先生悄悄问杜经理："董事长和总经理好像都不太高兴?"杜经理告诉他原委，他才恍然大悟。

会后从省城返回，车子改由司机小王驾驶，杜经理由于还有些事要处理，需要在省城多住一天，同车返回的还是四人。这次不能再犯类似的错误了，何先生想。于是，他打开了前车门，请总经理上车，总经理坚持要与董事长一起坐在后排，何先生诚恳地说："总经理您如果不坐前面，就是不肯原谅我来时的失礼之处。"坚持让总经理坐在前排才肯上车。

回到公司，同事们知道何先生这次是同董事长、总经理一道出差，猜他肯定是要得到提升，都纷纷祝贺。但最终此事竟不了了之了。

（资料来源：陆纯梅．现代礼仪实训教程［M］．北京：清华大学出版社，2008.）

---

① 资料来源：马保奉．外交礼仪漫谈［M］．北京：中国铁道出版社，1996.

7.3.1 行路礼仪和乘车礼仪

(1) 行路礼仪

①公共场合行进礼仪。

公共场合的行进，可分为并排行进和单行行进两种情况。

在并排行进时，总的原则是中央高于两侧，内侧高于外侧。一般情况下，应把内侧（靠墙一侧）让给职位高者、长辈或客人，把方便留给尊者。服务人员在引领时，标准位置是服务人员在客人的斜前方约1米处。

②上下楼梯礼仪。

上下楼梯时宜单行行进。服务人员为客人引路时，不管是上楼还是下楼，服务人员都应走在前面，同时，应把楼梯扶手的一边让给客人并给予必要的帮助。

③出入房间礼仪。

一般情况下，出入房间时应让尊者（职位高者、长辈或客人）先进或先出。如果遇道路不熟或光线昏暗时，礼貌的做法是服务人员先进去，为客人开门、开灯；出来时也是服务人员先出去，为客人拉门引导。同时，出入房间还要做好以下几点：

第一，礼貌敲门。在进入他人房间时一定要先有节奏地轻声敲门，经允许后再进入。不能未经允许破门而入，也不能把门敲得很响。

第二，轻声入门。出入房门时，应轻拉、轻推、轻关，不能用脚踢门、用背撞门、用肘和膝推门。

第三，进出有礼。经人允许进入房间后，正面侧向客人关门，出房间时应面对房间轻声把门拉上。切忌不礼貌地背对客人关门。

第四，搭乘自动扶梯礼仪。

在公共场合搭乘自动扶梯时应保持良好姿势，握住扶手，靠边站立，让出一侧通道给急需快速通过的人，在我国是“左行右立”，在英国等国家则正好相反。

小资料

行路的一般礼则

遵守当地交通规则，服从交警的指挥。在我国应遵守靠右行走，不逆向行走，不占用盲道，过马路要走人行横道、天桥或地下通道等原则。

二人行，前为尊，后为次；右为上，左为下；内侧为上，外侧为下。三人并行，中为尊，右为次，左为再次。如果一位男士和一位女士一同外出，应让女士走在右侧，男士应走在靠近行车道的一侧以示尊重。

(2) 乘车礼仪

轿车的类型不同，其座次的尊卑也不一样，在我国，车辆座次排序有以下几种情况。

①双排5人座轿车座次。

若乘坐小双排座轿车，驾驶座居左，由专职司机开车时，座次的尊卑应当是：后排上，前排下，右为尊，左为卑。具体而言，除驾驶座外，车上其余4个座位的顺序，由尊而卑依次应为：后排右座，后排左座，后排中座，前排副驾驶座（如图7-25所示）。应当特别说明的是，按照国际惯例，乘坐有专职司机驾驶的轿车时，通常不应当让女士在副驾驶座上就座。

图7-25

由主人亲自驾驶双排座轿车时，车上其余4个座位的顺序，由尊而卑依次应为：副驾驶座，后排右座，后排左座，后排中座（如图7-26所示）。

图7-26

②三排 7 人座轿车座次。

由专职司机驾驶三排 7 人座轿车时，车上其余 6 个座位（中排为两个折叠坐椅）的顺序，由尊而卑依次应为：后排右座，后排左座，后排中座，中排右座，中排左座，副驾驶座（如图 7-27 所示）。

图 7-27

由主人亲自驾驶三排 7 人座轿车时，车上其余 6 个座位的顺序，由尊而卑依次应为：副驾驶座，后排右座，后排左座，后排中座，中排右座，中排左座（如图 7-28 所示）。

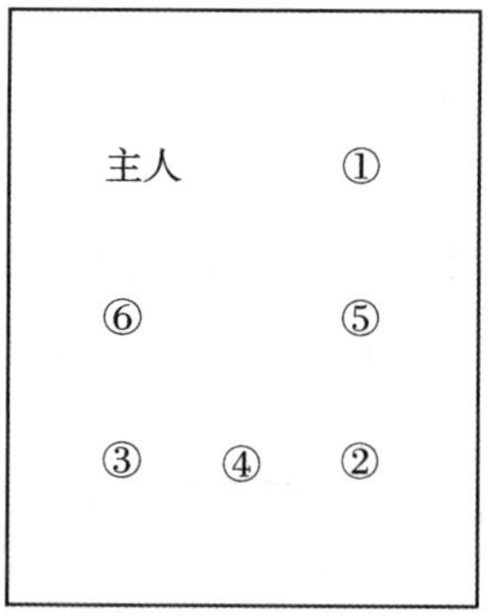

图 7-28

③三排 9 人座轿车座次。

由专职司机驾驶三排 9 人座轿车时，车上其余 8 个座位的顺序，由尊而卑依次应为：中排右座，中排中座，中排左座，后排右座，后排中座，后排左座，前排右座，前排中座（如图 7-29 所示）。

由主人亲自驾驶三排 9 人座轿车时，车上其余 8 个座位的顺序，由尊而卑依次应

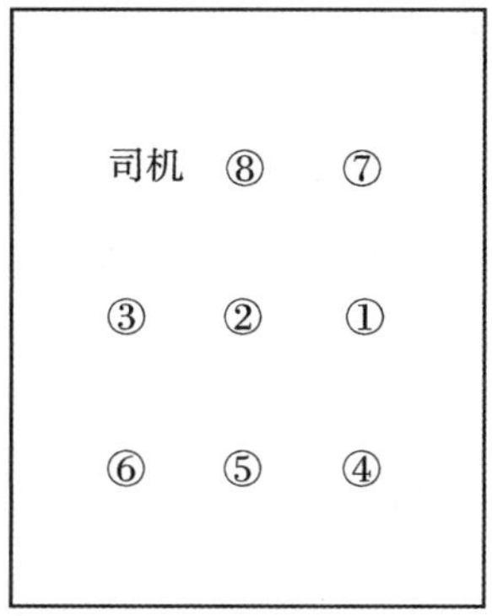

图 7-29

为：前排右座，前排中座，中排右座，中排中座，中排左座，后排右座，后排中座，后排左座（如图 7-30 所示）。

图 7-30

④越野车和其他多排座客车座次。

越野车，又叫吉普车，属轻型越野客车，大多是 4 座车。不管由谁驾驶，越野车上座次由尊而卑均依次为：副驾驶座，后排右座，后排左座（如图 7-31 所示）。

多排座客车，指的是 4 排及 4 排以上座位的大中型客车。不论由何人驾驶，均以前排为上，以后排为下；以右为尊，以左为卑；以距离前门的远近来排定其具体座次的尊卑。

为了更好地体现对客人的尊重，轿车应让尊者先上车，一般客车应让尊者后上车。

若宾主不乘坐同一辆轿车时，依照礼仪规范，主人乘坐的车辆应行驶在前，目的是为了开道和带路。若宾主双方乘坐的车辆不止一辆时，仍应当是主人乘坐的车辆在前，客人乘坐的车辆居后。它们各自的先后顺序，亦应由尊而卑地由前往后排列，只不过主

图 7-31

方要派一辆车垫后，以防止客方的车辆掉队。

7.3.2 乘船礼仪和乘机礼仪

(1) 乘船礼仪

①乘船须知。

第一，对号入座。国内轮船分为头等舱、一等舱、二等舱、三等舱、四等舱、五等舱这 6 个等级。乘客上船后应按所购船票上的座号或铺号对号入座，不能认为是谁先上船谁就可以任意占位。

第二，注意安全。一般情况，上下船时会通过舷梯，但有时也会走跳板或用小船摆渡。不管何种情况，一定要注意安全，不能乱蹦乱跳。上船后，不要到不该去的地方，如轮机舱、桅杆上和没有扶手的甲板上散步。另外，未经允许不能下水游泳，以免发生溺水事故。

第三，预防疾病。乘船时一些人会出现晕船或生病现象，所以乘船之前一定要预备一些应急和治疗的药物。如发生晕船，应及时服用防晕船的药物，并躺下休息，如果发生呕吐虚脱，应请随船医生进行救治。当船上有人突发急病如心脏病等，周围人员应及时为其求援，并给予力所能及的帮助。

第四，讲究卫生。在乘船的整个过程中，应注意保持船内环境的整洁。做到不在狭小的空间内吸烟，不把果皮纸屑或吃剩的食物随船乱丢或随手扔到水中，避免造成污染。发生晕船需要呕吐时，应到洗手间或呕吐到塑料袋中，不要随处乱吐。如果控制不住呕吐到甲板上或船舱内，自己或随行人员一定要及时清除呕吐物，把地面清洗干净。

第五，应对突发事件。在乘船过程中，如果发生突发事件，如火灾、触礁、撞船、翻船、劫船、台风、海浪等灾祸，首先应当镇定和冷静，听从船长和船员指挥，做好自救和救人的心理准备和物质准备，需乘救生艇离开时，应照顾好老人、妇女和儿童，同舟共济，一起渡过难关。

②乘船礼仪。

上下船时，应注意按顺序排队上下船，遇到前后有老人、孩子、女士时应及时礼让并提供帮助，协助其安全上下船。

上船后，对待船员和其他乘客应热情友好。对船员提供的帮助和服务应及时表示感谢。与同舱的乘客交往应注意团结和礼让，与人交谈时尽量压低音量，不要影响到其他人的休息。

在船上与其他乘客聊天时，应选择轻松愉悦、大家喜闻乐道的话题，如旅游目的地的情况、影视、体育等，切忌谈论翻船、沉船等事件。用餐吃鱼时，也不要有翻鱼的动作，特别是不要说出“翻”“沉”等字，因为这是乘船时船员和乘客都忌讳的事。

（2）乘机礼仪

①乘机须知。

乘机之前，一定要了解乘机前的准备工作以及相关手续办理，以便于顺利登机。

a. 乘机准备须知。

乘机的准备工作主要包括：选择合适的航班、及时购买机票、准备行李等。

首先，选择合适的航班。要选择合适自己出行的航班，应考虑以下几个方面因素：

第一，选择直达的航班。为了节省时间和费用，选择航班时最好选择直达目的地的航班，避免选择经某地中转的航班，以免耽误时间，带来不必要的麻烦。

第二，查清抵达的时间。大多数城市的机场都设在比较远的郊区，从机场到市区一般还需要一段时间，所以选择夜晚到达的航班，会给自己带来诸多不便。

第三，选择航空公司和机型。购买机票前，一定要了解自己要乘坐航班所属的航空公司和机型。一般应选择信誉好、服务好的航空公司，同时考虑要乘坐航班的机型，大型或先进机型的客机乘坐时较安全舒适，会使旅途顺利、心情愉悦。

其次，按规定准备行李。乘坐飞机出差或旅行时，乘客携带行李物品时，应遵守航空公司的相关规定。

一是禁运物品须知。按照规定，国家明令禁运的物品、限制运输的物品、危险物品以及具有异味或容易污损飞机的其他物品，如易燃、易爆、腐蚀、有毒等物品，不准托运或随身携带。枪支、弹药、刀具、利器等，不准随身携带登机。除此之外，还有动物、磁性物质、可聚合物质、放射性物质等。另外，机密文件、资料、外交信贷、证券、货币、汇票等贵重物品，以及其他需要专人照管的物品，也不得在交运行李内夹带和交付托运。承运人对交运行李内夹带上述物品的遗失或损坏不承担赔偿责任。

二是随身携带行李须知。乘坐头等舱的乘客，每人可随身携带两件物品，乘坐公务舱或经济舱的乘客，每人只能随身携带一件物品。每件物品的总重量不得超过 5 公斤，其大小应限制在长 55 厘米、宽 40 厘米、高 20 厘米之内，否则不准带入机舱。

三是免费托运行李须知。每位乘客可免费托运一定重量的行李物品，其免费的重量为：头等舱 40 公斤，公务舱 30 公斤，经济舱 20 公斤。超重的行李应付费托运。持婴儿票的旅客无免费行李额。

四是托运行李规格须知。付费托运的行李，应包装完好，捆扎牢固，密封严实，能承受一定压力，而且每件不得超过 50 公斤，其大小应限制在长 100 厘米、宽 60 厘米、高 40 厘米以内。

五是行李赔偿须知。交运行李如发生损坏或丢失，由承运人负责赔偿。赔偿限额每公斤不超过人民币 40 元，按实际交运重量计算。

b. 办理手续须知。

中国民航规定：乘客必须在机票上明示的航班起飞时间前 90 分钟到达指定机场，提前办理登机手续。在航班规定的起飞时间前 30 分钟，将停止办理登机手续。所以，乘坐飞机必须提前到达机场，留出充裕时间办理登机手续。

首先，换取登机牌。乘客在进行安全检查前，必须在机场候机大厅内的指定处换取登机牌，然后持登机牌登机，直接手持机票是不能登机的。换取登机牌时，需要注意以下几点：

第一，出示证件和票据。换取登机牌时，应向机场工作人员出示机票、身份证（或其他有效证件）。换取登机牌后，应和其他证件和票据一起妥善保管。如若丢失，将不能登机。

第二，提出调位申请。换取登机牌的意义有三：确认乘客的身份，严防冒名顶替；清点最终登机的实际人数；确定乘客的具体座位。

乘客在换取登机牌时，可提出想调换座位的申请，并阐述原因。如想看云海可提出调换到临窗的座位；身体不适可调换至过道处，以便于服务人员的救助。一般情况下，工作人员会满足你的要求，但如果所提要求未被解决，也应理解体谅，不能胡搅蛮缠。

第三，办理托运手续。在换取登机牌的同时，可办理免费托运和付费托运的手续。托运行李物品的票据一定要保管好，以便提取行李时作为凭证。

随着网络及通讯工具的普及和发展，客人也可以选择自助办理选位及换取登机牌等手续。如有需要，还可以更早地使用手机软件进行提前选座。

其次，接受安全检查。乘客在登机之前，必须接受例行的安全检查，检查的对象是所有的乘客及其随身携带的行李物品。这是为了确保飞机飞行安全的需要，所以每位乘客应主动配合。乘客在接受安全检查时，一般有两种形式。

一是仪器检测。机场在安检口设置的安检仪器有两种：安全门和手提式金属探测器。乘客应把随身携带的手表、钢笔、手机等金属制品取下，然后通过安全门检测。乘客在通过安全门后，为进一步检测，工作人员会使用手提式金属探测器对乘客进行身体检测。

二是手工检测。乘客随身携带的物品通过传送带进行仪器检测后，工作人员必要时会进一步打开行李进行检查，有时也会对乘客进行身体触摸检查。进行身体触摸检查时，通常由同性别的工作人员担任。

②乘机礼仪。

乘坐飞机时，应注意安全和礼貌，做到严于律己和尊重他人。

a. 严于律己。

由于飞机高空飞行的特殊性，所以每位乘客应特别注意以下几个方面。

一是不使用违禁物品。为了飞行安全，飞机上严禁使用移动电话（手机）、激光唱机、手提电脑、调频收音机、电子游戏机以及电子玩具等有可能干扰无线电信号的物品，每位乘客登机后应按要求关闭手机和手提电脑等电子物品，以保证自己和他人的生命安全。

二是对号入座。乘客登机后应按登机牌上指定的座位就座，不要抢占他人的座位。

三是服从乘务员管理。乘坐飞机时，乘务员会根据情况及时进行提醒，诸如请系好安全带、收起小桌板等，乘客一定要听从管理，不要发生争吵，以便于顺利飞行。

四是做到文明卫生。乘机时应讲究文明卫生，不露背脱鞋，不乱吐乱扔。用餐完毕应把吃剩的食物放入餐盒交由乘务员收走，晕机发生呕吐时，应使用机上备用的呕吐袋。

b. 尊重他人。

在乘坐飞机的旅途中，应尊重乘务员和其他乘客，以体现自己的良好修养。上下飞机时，机舱门口会有乘务员迎送问好，乘客应用微笑回应。对乘务员应尊重，称呼可用“乘务员、乘务员小姐、乘务员先生、小姐、先生”等。需要服务时，可在乘务员走近时提出，如果乘务员在远处要招手示意，不能大喊大叫。在飞机上可以和邻座进行交谈，但忌谈私人问题以及劫机、坠机等空难事故之类的话题。飞行中，乘务员会送上报纸和画册，乘客看完后可互相交换，但下机时不能带走。飞机停稳后，应做好下机的准备，与邻座的乘客道别。拿取行李时尽量礼让，不要冲撞他人，如果碰到他人，一定要道歉。

7.4　涉外礼宾次序及国旗悬挂礼仪

《案　例》

多边外交的礼宾排序，涉及国家及其元首、政府首脑的尊严，颇为复杂。《联合国宪章》中说，大小国家一律平等，不分高低。因而大国、小国及其代表，在礼宾上是平等的，不可分出高低、先后的。然而在实践中，不排出先后次序，任何多边活动也无法进行，所以人们就想出各种办法，使“平等”理念得以通融。

按照国名字母顺序排列，一般情况下是行得通的。在多边外交活动中，为了体现各国平等的原则，在与会国人员身份相同的情况下，常常以通用文字或东道国文字的字母顺序，排列各国代表的顺序。

按照国名字母顺序排列，使用较多的文种是英文，但有时也使用其他文种。如上海经济合作组织首脑开会，1996 年 4 月在上海首次会晤时，中、俄、哈、吉、塔五国首脑礼宾顺序，是按其国名的汉语拼音字母顺序排列的；而下一年在莫斯科开会，则以各国国名俄文字母顺序决定其先后位置。2000 年 7 月，上述五国首脑在杜尚别会晤，塔吉克斯坦方面按五国国名英文字母排列，其顺序是：中、哈、吉、俄、塔。这种方式没有突出俄的地位，而塔、俄关系非同一般。为了照顾俄，塔方在欢迎宴会时，把俄总统普京排在客人的首位。

为了做到礼宾次序排列的准确无误，重大的、涉外的礼宾次序一定要在外事、礼宾部门的指导下，慎重、细致地加以安排。

7.4.1 礼宾次序

所谓礼宾次序礼仪，指的是在国际交往中，为了体现出席活动者的身份、地位、年龄等的差别，给予其必要的尊重，或者为了体现所有参与者一律平等，而将出席活动的国家、团体、各国人士的位次按一定的惯例和规则进行排列的礼仪规范。

一般来说，礼宾次序虽然形式上只是一个先后问题，但却是一个既关系到各方人员素质、社会组织的修养、形象问题，又体现了东道主对各国礼宾所给予的礼遇。如安排不当或不符合国际惯例，则会引起不必要的争执与交涉，甚至影响国家关系。因此在组织涉外活动时，商务人员对礼宾次序应给予高度的重视。礼宾次序的排列虽然在国际上已有一定惯例，但各国做法仍不尽相同。

(1) 礼宾次序常用排列方法

①按身份与职务高低排列。

这是礼宾次序排列的主要根据。在官方活动中，通常是按身份与职务的高低安排礼宾次序，如按国家元首、副元首、政府首相、副首相、部长、副部长等顺序排列。各国提出的正式名单或正式通知是确定职务高低的依据，由于各国的国家体制不同，部门之间的职务高低也不尽一致，要根据各国的规定，按相应的级别和官衔进行安排。在多边活动中有时按其他方法排列。无论按何种方法排列，都应考虑身份与职务高低的问题。

②按国家名称的字母顺序排列。

在多边活动中的礼宾次序也常按参加国国名字母顺序排列，一般以英文字母排列居多，如国际会议、体育比赛等。对于第一个字母相同的国家则按第二个字母排列，以此类推。联合国大会的席位次序也按英文字母排列。但是，为了避免一些国家总是占据前排席位，每年抽签一次，决定本年度大会席位以哪一个字母打头，以便让各国都有排在前列的机会。在国际体育比赛中，体育代表团（队）名称的排列和开幕式开场的顺序一般也按国名字母顺序排列，东道国一般排列在最后。体育代表团观礼或召开理事会、委员会等，则按出席代表团团长的身份高低排列。

③按通知代表团组成的日期先后排列。

在一些国家举行的多边活动中，按通知代表团组成的日期先后排列礼宾次序，也是国际上经常采用的一种方法。东道国对同等身份的外国代表团，按派遣国通知代表团组成的日期排列，或按代表团抵达活动地点的时间先后排列，或按派遣国决定应邀派遣代表团参加该活动的答复时间先后排列。究竟采用何种方法，东道国在致各国的邀请书中都应加以说明。

在实际工作中，礼宾次序的排列常常不能按一种方法进行，而是几种方法交叉使用，并考虑其他因素，包括国家间的关系、地区所在地、活动的性质与内容、对于活动的贡献大小，以及参加活动者在国际事务中的威望、资历等。倒如，通常把同一国家集团的、同一地区的、同一宗教信仰的或关系特殊的国家的代表团排在前面或排在一起。对同一级别的人员，常把威望高、资历深、年龄大者排在前面。有时还考虑业务性质、相互关系、语言交流等因素。例如，在观礼、观看演出或比赛，特别是在大型宴请时，除考虑身份、职务之外，还应将业务性质对口、语言相通、宗教信仰一致、风俗习惯相近的安排在一起。

总之，在礼宾次序安排工作中，要做到全面、周到、细致、耐心、慎重，设想多种方案，以避免因礼宾次序的问题引起不必要的外交误解或麻烦。

（2）礼宾次序的排列要求

①社交场合的一般要求。

在一般社交场合，约定俗成的做法是：凡涉及位次顺序时，国际上都讲究“右贵左贱”。即一般以右为大、为长、为尊；以左为小、为次、为偏。行走时，应请外宾走在内侧即右侧，而我方人士则走在外侧即左侧；进餐时，主人应请客人坐在自己的右边。

②不同场合的特殊要求。

同行时，两人同行，以前者、右者为尊；三人行，并行以中者为尊，前后行，以前者为尊。

进门、上车时，应让尊者先行。下车时，低位者应让尊者由右边下车，然后再从车后绕到左边上车。坐轿车时，以后排中间为大位，右边次之，左边又次之，前排最小。

迎宾引路时，迎宾，主人走在前；送客，主人走在后。

上楼时，尊者、妇女在前；下楼时则相反，位低者在前，尊者、妇女在后。

在室内，以朝南或对门的座位为尊位。

重大宴会上的礼宾次序，按礼宾次序规则，主要体现在桌次、席位的安排上。国际上的一般习惯，桌次高低以离主桌位置远近而定，主宾或主宾夫人坐在主人右侧。我国习惯按客人职务、社会地位来排次序；外国习惯男女穿插安排，以女主人为准，主宾在女主人右上方，主宾夫人在男主人右上方。如果是两桌以上的宴会，其他各桌第一主人的位置可以跟主桌主人的位置同向，亦可面对主桌的位置为主位。

7.4.2 国旗悬挂法

国旗，是一个国家的标志和象征。在正式活动中，人们往往通过升挂本国国旗来表达自己的民族自尊心、自豪感以及对本国的热爱。在对外交往中，恰如其分地升挂本国国旗或外国国旗，不但有助于维护本国的尊严和荣誉，而且也有助于对别国表示应有的尊重与友好。

悬挂国旗不可随意而行，在国际交往中形成了悬挂国旗的一些惯例，为各国所公认并执行。

按照国际法规定和国际惯例，在某块领土上悬挂某国国旗，就是确认该国在此领土上行使权力的标志之一；无权悬挂而悬挂他国国旗的责任者要受到惩罚。

在实际操作中，国旗排序指的是我国国旗与其他旗帜或外国国旗同时升挂时具体顺序的排列，排列的总原则是居前为上、以右为上、居中为上、以大为上、以高为上。具体而言，可分为中国国旗与其他旗帜的排序，中国国旗与外国国旗的排序这两个具体问题。

（1）国内排序

国旗与其他旗帜排序，具体是指国旗与其他组织、单位的专用旗帜或彩旗同时升挂时的顺序排列。在国内活动中，此种情景时有所见。我国国旗法专门规定，升挂国旗，应当将国旗置于显著的位置。在一般情况下，我国国旗与其他旗帜的排序具体有下列三种常见的情况。

①前后排列。

当我国国旗与其他旗帜呈前后列队状态进行排列时，必须使我国国旗排于前列。

②并排排列。

国旗与其他旗帜并排升挂，存在两种具体情况：

一是一面国旗与另外一面其他旗帜并列。其标准做法是使国旗位居右侧。

二是一面国旗与另外多面其他旗帜并列。在此情况下，必须令国旗居于中心的位置。

③高低排列。

国旗与其他旗帜呈高低不同状态排列时，按惯例应当使国旗处于较高的位置。

(2) 涉外排序

在某些特殊情况下，我国境内有可能升挂外国国旗。正式场合升挂国旗时，应以其正面面向观众，即旗套应居于国旗的右方。悬挂双方国旗时，按国际惯例，以旗身面向为准，右高左低。汽车上挂旗则以汽车前进方向为准，驾驶员左手为主方，右手为客方。所谓主客，不以活动举行所在国为依据，而以举办活动的主人为依据。然而，也有个别例外国家，总把本国国旗挂在上手方向。

具体处理中外国旗的排序问题时，一定要遵守有关的国际惯例与外交部的明文规定。

①升挂外国国旗的规定。

只有在下述情况下，外国国旗才有可能在中华人民共和国境内升挂使用。

a. 外国驻我国的使领馆和其他外交代表机构，及其主要负责人的寓邸与乘用的交通工具。

b. 外国的国家元首、政府首脑、副首脑、议长、副议长、外交部长、国防部长、总司令或总参谋长，率领政府代表团的正部长，国家元首或政府首脑派遣的特使，以其公职身份正式来华访问之际所举行的重要活动。

c. 国际条约和重要协定的签字仪式。

d. 国际会议、文化、体育活动，展览会、博览会等的举行场所。

e. 民间团体所举行的双边和多边交往中的重大庆祝活动。

f. 外国政府经援项目以及大型三资企业的重要仪式，重大庆祝活动。

g. 外商投资企业，外国其他的常驻中国机构。

此外，在一般情况下，只有与我国正式建立外交关系的国家的国旗，方能在我国境内的室外或公共场所按规定升挂。若有特殊原因需要升挂未建交国国旗，必须事先经过省、市、自治区人民政府外事办公室批准。

②升挂外国国旗的限制。

为维护我国的国家主权，外国国旗即使在我国境内合法升挂，也应受到一定的限制。

a. 在我国升挂的外国国旗，必须规格标准，图案正确，色彩鲜艳，完好无损，为正确而合法的外国国旗。

b. 除外国驻华的使领馆和其他外交代表机构之外，在我国境内凡升挂外国国旗时，一律应同时升挂中国国旗。

c. 在中国境内，凡同时升挂多国国旗时，必须同时升挂中国国旗。

d. 外国公民在中国境内平日不得在室外和公共场所升挂其国籍国的国旗。唯有其国籍国国庆日可以例外，但届时必须同时升挂中国国旗。

e. 在中国境内，中国国旗与多国国旗并列升挂时，中国国旗应处于荣誉地位。外国驻华机构、外商投资企业、外国公民在同时升挂中国和外国国旗时，必须将中国国旗置于上首或中心位置。外商投资企业同时升挂中国国旗和企业旗时，必须把中国国旗置于中心、较高或者突出的位置。

f. 中国国旗与外国国旗并挂时，各国国旗均应按本国规定的比例制作，尽量做到其面积大体相等。

g. 多国国旗并列升挂时，旗杆高度应该统一。在同一旗杆上，不能升挂两国的国旗。

③中外国旗并列时的排序。

中国国旗与外国国旗并列时的排序，主要分为双边排列与多边排列这两种具体情况。

a. 双边排列。

我国规定：在中国境内举行双边活动需要悬挂中外国旗时，凡中方所主办的活动，外国国旗应置于上首；凡外方所主办的活动，则中方国旗应置于上首。下面以中方主办活动为例，说明三种常用的排列方式。

一是并列升挂，中外两国国旗不论是在地上升挂，还是在墙上悬挂，皆应以国旗自身面向为准，以右侧为上位。

二是交叉悬挂。在正式场合，中外两国国旗既可以交叉摆放于桌面上，又可以悬空交叉升挂。此时，仍应以国旗自身面向为准，以右侧为上位。

三是竖式悬挂。有时，中外两国国旗还可以进行竖式悬挂。这时也应以国旗自身面向为准，以右侧为上位。竖挂中外两国国旗又有两种具体方式，即二者皆以正面朝外，或以客方国旗反面朝外而以主方国旗正面朝外。应当指出：某些国家的国旗因图案、文字等原因，既不能竖挂，也不能反挂。有的国家则规定，其国旗若竖挂需另外制旗。

b. 多边排列。

当中国国旗在中国境内与其他两个或两个以上国家的国旗并列升挂时，按规定应使我国国旗处于以下荣誉位置：一是一列并排时，以旗面面向观众为准，中国国旗应处于最右方。二是单行排列时，中国国旗应处于最前面。三是弧形或从中间往两旁排列时，中国国旗应处于中心。四是圆形排列时，中国国旗应处于主席台（或主入口）对面的中心位置。

(3) 升降旗仪式

①升旗的程序。

举行正式的升旗仪式时，通常应包括以下 5 项基本程序。

第一，全场肃立。

第二，宣布仪式正式开始。

第三，出旗，即国旗正式出场。出旗应由专人负责，其负责操作者通常由一名旗手和双数的护旗手组成，出旗时通常以旗手居中，护旗手在其身后分列两侧随行，大家一起齐步走向旗杆。

第四，正式升挂国旗。升旗者可以是旗手，亦可由事先正式指定的各界代表担任。

第五，奏国歌或唱国歌。升旗时，若演奏国歌，宜与升旗同步进行，一般讲究旗升乐起，旗停乐止。若演唱国歌，则也可以升旗之后进行。

在升旗的仪式上，在场人员应自觉保持绝对安静。不许在此过程中交头接耳、打打闹闹，更不许接打手机或者令自己的手机鸣叫不止。

②降旗的要求。

作为升旗仪式最重要的后续环节之一，降旗也需重视。此处的降旗，特指降下升旗仪式中所升挂的国旗。做好此点，升旗仪式才谈得上有始有终。正式的降旗活动，往往称为降旗仪式。

一般而言，降旗的具体形式不限，并非需要组织专门仪式，但仍需由训练有素的旗手、护旗手负责操作。届时，所有在场者均应肃立。无论有无他人在场，降旗时其具体操作者均须态度认真，对国旗毕恭毕敬。降旗完毕，旗手、护旗手应手捧国旗，列队齐步退场，然后将其交由专人保管，切不可将其乱折、乱叠、乱揉、乱拿、乱塞、乱放。

③升降旗时在场人员临场表现。

出席升旗仪式时，所有在场人员均应有意识地对个人表现严加约束。以下两点，尤应重视。

第一，应肃立致敬。当国旗升降之时，任何在场者均应停止走动、交谈，并且停下手中的一切事情，然后面向国旗立正，向其行注目礼。戴帽者通常应脱下自己的帽子，唯有身着制服者可例外。

第二，应神情庄严。参加升旗仪式时，每一名在场人员均应以自己庄重、严肃的态度与表情，来认真表达对国旗的敬意。此时此刻，绝对不应当态度漠然或者嬉皮笑脸。

在建筑物上，或在室外悬挂国旗，一般应日出升旗、日落降旗。遇需悬旗志哀，通常的做法是降半旗，即先将旗升至杆顶，再下降至离杆顶相当于杆长 1/3 的地方。也有的国家不降半旗，而是在国旗上方挂黑纱志哀。升降国旗时，服装要整齐，要立正脱帽行注目礼，不能使用破损和污损的国旗。国旗一定要升至杆顶。

内容小结

本部分内容介绍了几种常见的公务礼仪，包括会议服务、涉外的迎送礼仪、涉外会见会谈礼仪、常见的交通礼仪和涉外礼宾次序及国旗的悬挂。随着经济的发展，旅游从业人员需要学习更多涉外礼仪，从而在礼仪接待时，既尊重对方，又维护国家的尊严。

☞ 课后思考

1. 涉外礼仪的原则是什么？
2. 参加涉外活动坐车位置有何讲究？
3. 举行多边会谈时，座位如何摆放？请拟画简图。
4. 简述会谈的座次安排？
5. 涉外活动中，国旗应如何悬挂？
6. 在国际交往中，礼宾次序一般是如何安排的？

☞ 实训项目

项目一：各种场合位次安排礼仪

训练要求：

（1）熟悉掌握各种场合位次礼仪。

（2）分小组自编、自导、自演位次礼仪情景剧。

（3）其他各小组为该小组的表演进行评议并打分。

项目二：各种场合引领服务礼仪

训练要求：

（1）掌握各种场合的引领服务礼仪。

（2）分小组自编、自导、自演引领礼仪情景剧。

（3）其他各小组为该小组的表演进行评议并打分。

项目三：模拟迎送外宾

训练要求：

(1) 熟悉掌握外宾迎送的基本礼仪。

(2) 分小组自编、自导、自演外宾迎送情景剧。

(3) 其他各小组为该小组的表演进行评议并打分。

第八章
中国主要客源国和地区的礼仪及习俗

【知识目标】

1. 了解主要客源国和地区的基本概况。
2. 熟悉主要客源国和地区的饮食特点和主要禁忌。
3. 掌握主要客源国和地区的礼俗禁忌。

【能力目标】

1. 能正确了解不同客源国礼仪及习俗。
2. 能在旅游服务工作中更好地为接待对象服务，使旅游接待与交际达到更高层次。

《案 例》

餐桌风波

国内某家专门接待外国游客的旅行社，有一次准备接待来华的美国游客。于是，旅行社在该市某老字号酒楼准备了丰盛的筵席进行款待！

旅行社的工作人员为美国客人点了本地特色菜品——清蒸鲈鱼、叫花鸡、毛血旺、泡椒凤爪、鱼香肉丝等。但是，没想到餐桌上的游客议论纷纷，表现出了失望和不满。眼看给客人的第一印象就这样让一顿饭毁了，导游员小王急忙给在某高校教授社交礼仪课程的高老师打电话向他请教。在高老师的指点下，小王赶紧把这几样菜换成了：糖醋里脊、炸春卷、宫保鸡丁、麻婆豆腐、扬州炒饭、腰果虾仁、北京烤鸭。没想到这几样菜一上餐桌就得到了美国客人的高度赞赏，一个劲地说："Good，good！"一场餐桌风波终于平息了下去。

事后小王又打通了高老师的电话，向他求个明白。原来，根据美国人的饮食习惯，给美国人上鸡一定要去头去脚再端上来。鱼也尽量不要点什么活鱼活虾，因为对于他们来说，看见脑袋在盘子里面是非常恐怖的事情。同时美国客人是不吃动物内脏的，喜欢吃成块的肉，不喜欢把肉切成丝、肉丁、肉末吃。小王听了高老师的话后若有所思地说："看来下次接待外国游客时一定要做足功课，这样才能保证客人的满意。"

礼仪是文化的载体。世界不同国家文化背景的差异，使各国礼节礼仪形式也大不相同。旅游接待工作是面向世界的工作，旅游工作者必须了解世界各地，尤其是我国旅游客源国和目的地国家与地区的习俗礼仪，才能使旅游工作顺利开展，也才能使接待工作中的礼节、礼仪达到最高的层次。

8.1 亚洲主要国家和地区习俗礼仪

亚洲位于东半球的东北部，是世界第一大洲，其主要种族是黄色人种。亚洲是现代三大宗教——基督教、伊斯兰教、佛教的发源地，同时也是印度教、儒教、犹太教、道教等宗教的最大传播区，宗教文化发达，其礼仪习俗具有浓郁的东方色彩。在历史上亚洲各国之间交往频繁、关系密切，因此相互影响大，许多国家民族的习俗、礼节都有相近之处，礼仪习俗内容十分丰富。

8.1.1 日本

(1) 基本概况

日本的正式名称是日本国，它是位于亚洲东部、太平洋西侧的一个群岛国家，全境由本州、北海道、九州、四国4个大岛和许多小岛组成。人口由大和族人、阿伊努人、朝鲜人和华人组成，大和族是日本的主体民族，约占日本全国总人口的88%。

日本国名的含意是“太阳升起的地方”，即“日出之国”。由于日本盛开樱花，故又有“樱花之国”的称谓。

日本目前的行政区划是将全国分为一都、一道、二府和43个县。日本的首都是东京。

日本的主要宗教是神道教和佛教。神道教是日本固有的宗教，它所崇拜的是象征着太阳的“天照大神”。在日本，大部分居民都信奉该教。因此，神道教在日本人的日常生活中，尤其是在礼仪习俗方面，影响甚大。

日本的国语是日语。日本现在实行君主立宪政体，日本的国庆日，即日本在位的天皇诞辰之日。其他重要节日有“元旦”“成人节”“樱花节”等。

(2) 风俗习惯

①社交礼仪。

待人接物谦恭有礼。日本人初次见面非常注重礼节。在向别人介绍自己时，一般都是用自谦的语气，而称呼别人都是用尊敬或抬高对方身份的语言，尤其在服务行业。日本人还非常善用礼貌语言，常见的有“您好”“打扰您了”“对不起”“请多关照”等。

日本人初次见面最主要的礼节是鞠躬礼。无论是亲人，或是朋友、熟人，每天第一次见面总是行鞠躬礼。日本人行鞠躬礼，在鞠躬的度数、鞠躬时间的长短、鞠躬的次数等方面还特别讲究。日本的鞠躬礼可分为15°、45°和90°三种，不同的场合要使用不同度数的鞠躬礼。一般在说“早上好”“晚上好”时行15°鞠躬礼；说“欢迎光临”或表示感谢时行45°鞠躬礼；初次见面或对对方表示十分敬意时行90°鞠躬礼。

在日本，拜访他人一般要避开清晨、深夜以及用餐等时间。在进日本式房屋时，要先脱鞋，脱下的鞋要整齐放好，鞋尖向着房间门的方向，这在日本是尤其重要的。此外，通常拜访他人要带些礼物，过去多为酒或是鱼干之类，现在送一些土特产和工艺品更受欢迎。礼品一般送奇数，因为日本人习惯以奇数表示“阳”“吉”等，偶数则表示“阴”“凶”等。礼品的颜色也很讲究，吉事礼品应为黄白色或是红白色，不幸事送礼应为黑色、白色或灰色。

称呼日本人可称“先生”“小姐”或“夫人”，也可以在男士姓氏之后加一个“君”字，但在正式场合称呼日本人必须使用全称。

日本人在交际应酬中对穿衣打扮十分注重。在正式场合，通常穿西式服装。在隆重的社交场合或节庆日，时常穿着自己的国服和服。与日本人见面时一般不宜穿着过分随便，特别是不要光脚或穿背心。参加庆典或仪式时，不论天气多热，都要穿套装或套裙。单穿衬衫、穿短袖衫，或是将长袖衬衫袖管卷起来，都会被视为失礼。

②饮食习惯。

日本人以米饭为主食，副食多吃鱼，喝酱汤。人们喜欢清淡，除油炸食品外，使用油的菜很少，一般都是低热量、低脂肪，而且营养也平衡。

日本的传统饭菜有生鱼片、寿司、天妇罗（油炸菜、虾、鱼等）、鸡素烧（日式火锅），还有各式各样的鱼饼、海菜制品，讲究新鲜的配料。

日本菜素有“五味五色五法菜肴”之称。“五味”即甜、酸、辣、苦、咸；“五色”为白、黄、红、青、黑；“五法”乃生、煮、烤、炸、蒸。一方面不失材料的原味；另一方面讲究色香味，重视春夏秋冬的季节感，注重材料的时令性。

日本人不吃肥猪肉和猪的内脏，也有一些人不喜欢吃羊肉和鸭肉。

日本人非常爱喝酒，西洋酒、中国酒和日本清酒，统统都是他们的所爱。在日本，斟酒讲究满杯。人们普遍爱好饮茶，特别喜欢喝绿茶，讲究“和、敬、清、寂”四规的茶道，有一整套点茶、泡茶、献茶、饮茶的具体方法。

③节庆习俗。

日本多节庆，法定节日就有13个。新年1月1日，庆祝方式似我国春节。前一天晚上全家团聚，吃过年面条，“守岁”听午夜钟声，新年第一天早上吃年糕汤，下午举家走亲访友。1月15日是成人节，庆祝男女青年年满20周岁，从此开始解禁烟酒。女子过成人节时都要穿和服。女孩节是3月3日，又称“雏祭”，凡有女孩子的家庭要陈设民族服装和玩具女娃娃。3月15日至4月15日是樱花节，此期间人们多倾城出动赏花游园，饮酒跳舞，喜迎春天。5月5日是男孩节，旧称“端午节”，习俗似我国的端午节，此时家家户户都要挂菖叶、吃粽子。9 月 15 日是敬老节，社会各界和晚辈会向高龄者赠送纪念品。11 月 3 日是文化节。

④礼仪禁忌。

日本人忌讳绿色，认为是不祥的颜色，忌荷花图案。探望病人时忌讳送菊花、山茶花、仙客来花、白色的花和淡黄色的花，对金色的猫及狐狸极为反感，认为它们是“晦气”“贪婪”与“狡诈”的化身。日本人有着敬畏“7”这一数字的习俗，认为“4”与“9”甚为不吉。原来，“4”在日文里发音与“死”相似，而“9”的发音则与“苦”相近。

日本人用筷子有八忌，即舔筷、迷筷、移筷、扭筷、剔筷、插筷、跨筷、掏筷。

日本人很爱给人送小礼物，但不宜送下列物品：梳子、圆珠笔、T 恤衫、火柴、广告帽。在包装礼品时，不要扎蝴蝶结。同他人相对时，日本人觉得注视对方双眼是失礼的，通常只会看着对方的双肩或者脖子。日本人不给人敬烟，即使是吸烟者，日本人也不愿意别人给自己敬烟，他们也绝对不会给别人敬烟。

8.1.2 韩国

(1) 基本情况

韩国的正式名称是大韩民国。它位于亚洲东北部的朝鲜半岛南部，北接朝鲜，隔海与中国相望。韩国全部都是单一的韩族人，韩族人就是朝鲜族人。

韩国目前的行政区划是全国分为 8 个道，首都是首尔。韩国的主要宗教是基督新教、佛教、天主教。韩国的官方语言是韩语，亦是朝鲜语。在韩国，有不少人懂得一点中文，其中尤以上年纪者居多。

韩国目前实行的是总统制共和政体，韩国的国庆节是每年的 8 月 15 日。韩国人除了同中国人一样过春节、清明、端午、中秋等传统节日外，还有每年 6 月 18 日举行的“洗头节”。

(2) 风俗习惯

①社交礼仪。

韩国人崇尚儒教，尊重长者，长者进屋时大家都要起立，问他们高寿。父母外出回来子女都要迎接。用餐时一般要待老人举匙后，全家方能开始用餐。年轻人不能在长辈面前抽烟、喝酒。乘车时，要让位给老年人。

见面时的传统礼节是鞠躬。晚辈、下级走路时遇到长辈或者上级，应鞠躬、问候，站在一旁，让其先行，以示敬意。男人之间见面打招呼互相鞠躬并握手，握手时或用双手，或用右手，并只限于点一次头。鞠躬礼节一般在生意人中不使用。和韩国官员打交道，一般可以握手或是轻轻点一下头。女人一般不与人握手。

在韩国，如有人邀请你到家里吃饭或赴宴，你应带小礼品，最好挑选包装好的食品。席间敬酒时，要用右手拿酒瓶，左手托瓶底，然后鞠躬致祝辞，最后再倒酒，且要一连 3 杯。敬酒人应把自己的酒杯举得低一些，用自己杯子的杯沿去碰对方的杯身。敬完酒后再鞠躬才能离开。做客时，主人不会让你参观房子的全貌，不要自己到处逛。你要离去时，主人送你到门口，甚至送到门外，然后说再见。

韩国人在交际应酬中通常都穿着西式服装。着装朴素整洁、庄重保守。邋里邋遢、衣冠不整和着装过露、过透都是失礼的。在某些特定的场合，尤其是在逢年过节的时候，喜欢穿本民族的传统服装。其民族服装是：男子上身穿袄，下身穿宽大的长裆裤，外面有时还会加上一件坎肩，甚至再披上一件长袍。女子则大多上穿短袄，下着齐脚长裙。

②饮食习惯。

韩国人在一般情况下喜欢吃辣和酸。主食主要是米饭、冷面。菜肴有泡菜、烤牛肉、烧狗肉、人参鸡等。总体来说，韩国人的菜品种不是太多，而且绝大多数都比较清淡。一般来说，韩国男子的酒量都不错，对烧酒、清酒、啤酒往往是来者不拒，妇女则多不饮酒。平日，韩国人大多喝茶和咖啡。但是，韩国人通常不喝稀粥，不喜欢喝清汤。韩国人一般不喜欢吃过油、过腻、过甜的东西。

吃饭时，一般用筷子。为环保，韩国人会为你提供铁餐具。不可以用筷子对别人指指点点，用餐完毕后将筷子整齐放在餐桌的桌面上。吃饭时，不宜高谈阔论。吃东西时，嘴里响声太大，也是非常不礼貌的。在韩国人的家里宴请时，宾主一般都是围坐在一张矮腿方桌周围，盘腿席地而坐。在这种情况下，切勿用手摸脚，伸直双腿，或是双腿叉开，都是不礼貌的。

③节庆习俗。

韩国节庆多。农历正月初一至正月十五的节日活动类似我国的春节。农历正月十五为元宵节。传统饮食是种果（栗子、核桃、松子等）、药膳、五谷饭、陈茶饭等。农历四月初八为佛诞节及弘扬女性的春香节。农历五月五日为端午节，家家户户都以食青蒿糕、挂菖蒲来过节。农历八月十五为中秋节，农历九月九日为重阳节。清明扫墓，冬至吃冬至粥（有掺高粱面团子的小豆粥）。除上述传统节日外，韩国人还很重视圣诞节、5 月 5 日的儿童节、3 月 28 日至 4 月 1 日的恩山别神节等。群众喜闻乐见的体育活动有射箭、摔跤、拔河、秋千、跳板、风筝、围棋、象棋等。

④礼仪禁忌。

韩国人禁忌颇多。例如，逢年过节互相见面时，不能说不吉利的话，更不能生气、吵架。农历正月头 3 天不能倒垃圾、扫地，更不能杀鸡宰猪。寒食节忌生火。生肖相克忌婚姻，婚期忌单日。渔民吃鱼不许翻面，因忌翻船。忌到别人家里剪指甲，否则两家死后结怨。吃饭时忌戴帽子，否则终生受穷。睡觉时忌枕书，否则读书无成。忌杀正月里出生的狗，否则“3 年内必死无疑”。

由于发音与“死”相同的缘故，韩国人对“4”这一数字十分厌恶。受西方礼仪习俗的影响，也有不少韩国人不喜欢“13”这个数。与韩国人交谈时，发音与“死”相似的“私”“师”“事”等几个词最好不要使用。需要对其国家或民族进行称呼时，不要将其称为“南朝鲜”“南韩”或“朝鲜人”，而宜分别称为“韩国”或“韩国人”。

韩国人的民族自尊心很强，他们强调所谓“身土不二”。在韩国，一身外国名牌的人，往往会被韩国人看不起。需要向韩国人馈赠礼品时，宜选择鲜花、酒类或工艺品。但是，最好不要送日本货。

8.1.3 泰国

(1) 基本情况

泰国的正式名称是泰王国，它位于亚洲东南部，地处中南半岛的中南部。全国有泰族、马来族、高棉族、华裔泰人等 30 多个民族。其中，泰族人占全国总人口的 40%。

在历史上，泰国曾被称为“罗”，泰国人有时自称“孟泰”，泰语即“自由的国家”，因此，泰国有“自由之国”“微笑之国”“佛教之国”“黄袍之国”“大象之邦”等称呼。

泰国目前设有 77 个府，首都是有着“东方威尼斯”之称的曼谷。泰国以佛教为国教，全国总人口的 90%都信奉佛教。泰国的官方语言为泰语，英语则为通用语。

泰国实行君主立宪制，泰王是国家元首和国家的象征，泰王的生日 12 月 5 日即泰国国庆日。其他主要节日还有佛历“元旦”“宋干节”“水灯节”等。

(2) 风俗习惯

①社交礼仪。

泰国人习惯“合十礼”，即合掌躬首互相向对方致礼。行合十礼时，须站好立正，低眉欠身，双手十指相互合拢，并且同时互致问候“沙瓦迪卡”（即“您好”）。行合十礼的最大讲究是，合十于身前的双手所举的高度不同，其意义也不同。通常，合十的双手举得越高，表示对对方越尊重。

在一般情况下，合十礼之后，不必握手。行合十礼时，晚辈要向长辈行礼。身份、地位低的人要向身份、地位高的人行礼。对方随后亦还应还之以合十礼，否则即为无礼，只有佛门弟子可以不受此例限制。

泰国人大多彬彬有礼。很难看到有人大声喧哗或者吵架，因此说话时应压低嗓门，无论发生了什么，不要当众发脾气。泰国人跟外人打交道时，喜欢面含微笑。在交谈时，总是低声细语。泰国人非常爱清洁，随地吐痰、扔东西被认为是非常缺乏教养的行为。他们还非常注重卫生间的整洁，因此无论是外出还是在酒店，都应该注意保持整洁。

泰国人称呼人名时，通常在名字前加一个“坤”字，无论男女均可用，表示“先生”“夫人”“小姐”之意。在交际场合，习惯以“小姐”“先生”等国际上流行的称呼彼此相称。在称呼交往对象的姓名时，为了表示友善和亲近，不惯于称呼其姓，而是惯于称呼其名。

在一些正式的场合，泰国人都会穿着自己本民族的传统服饰。服饰喜用鲜艳之色。在泰国，有用不同的色彩表示不同的日期的讲究。例如，黄色表示星期一，粉色表示星期二，绿色表示星期三，橙色表示星期四，淡蓝色表示星期五，紫色表示星期六，红色表示星期日。因此，泰国人常按不同的日期，穿着不同色彩的服装。由于天气炎热，泰国人平时多穿衬衫，长裤与裙子。在参观王宫、佛寺时，穿背心、短裤和超短裙是被禁止的。去泰国人家里做客，或是进入佛寺之前，务必先在门口脱下鞋子。另外，在泰国人面前，不管是站是坐，忌讳把鞋底露出来，尤其不能以其朝向对方。

②饮食习惯。

泰国是一个临海的热带国家，盛产大米、绿色蔬菜、甘蔗、椰子，渔业资源也很丰富。因此泰国菜用料以海鲜、水果、蔬菜为主。泰国人的主食是大米，副食是鱼和蔬菜。正餐大多以一碗大米饭为主食，佐以一道或两道咖喱料理、一条鱼、一份汤以及一份沙拉（生菜类）。泰国人的口味特点是爱辛辣，喜欢在菜肴里放鱼露和味精，但不喜欢酱油，不爱吃红烧食物，也不爱在菜肴里放糖。

泰国的民族风味是“咖喱饭”，是用大米、肉片（或鱼片）和青菜调以辣酱油做成的。爱吃鱼、虾、鸡、鸡蛋等，一般不爱吃牛肉，不喝酒。用餐顺序没有讲究，随个人喜好。餐后点心通常是时令水果或用面粉、鸡蛋、椰奶、棕榈糖做成的各式甜点。泰国菜色彩鲜艳，红绿相间，视感极佳，不管是新鲜蔬菜水果的艳丽清新，还是乌贼鱿鱼等海鲜的质感，都让人们大饱眼福。

③节庆习俗。

泰历 1 月 1 日是泰国人的元旦，这一天举国欢庆。泰历 4 月 13 日至 15 日为宋干节，即求雨节，俗称泼水节，也是泰国的新年。这一节日是泰国最隆重的节日，活动内容丰富，主要项目是泼水。此时正当干热时节，急需降雨，可以毫无顾忌地互相泼水。泰历 5 月 9 日是春耕节，这一天由国王主持典礼，农业大臣开犁试耕，祈求风调雨顺、五谷丰登。泰历 12 月 15 日为水灯节，也叫佛光节，人们用香蕉叶或香蕉树皮和蜡烛做成船形灯，放进河里，让其随波逐流，以感谢水神，祈求保佑。此期间的河岸也是男女青年追求爱情的场所。

④礼仪禁忌。

泰国人视头部为神圣之地，因此不要随便触摸别人的头部。抚摸对方头颅或挥手越过别人的头顶，都被视为有污蔑之意，是禁止的动作。忌讳用脚指物或人，即便是坐着时，也不允许将脚尖对着别人，特别是脚底不要直冲着佛像，此举被视为不礼貌的做法。也不要用脚开门关门。

泰国人认为右手是高贵的，而左手只能做一些不干净的东西，因此，给别人递东西时都要用右手，以示敬意。在比较正式的场合还要双手奉上，用左手则被视为鄙视他人。女士若想将东西奉给僧侣，宜托男士转交。如果亲手送赠，那僧侣便会张开一块黄袍或手巾，承接该女士交来的东西，因为僧侣是不允许触碰女性的。

尊重宗教。寺庙是泰国人公认的神圣的地方，因此凡入寺庙的人，衣着必须端庄整洁，不可穿短裤、迷你裙、袒胸露背或者其他不适宜的衣服。在寺庙内，可以穿鞋，但进入佛殿时，必须脱下鞋子，并注意不可脚踏门槛。每尊佛像，无论大小或是否损坏，都是神圣的，绝不可爬上佛像拍照，或对佛像做出失敬的动作。

不要在公共场所做出伤风化的举动，例如，在公共场合应避免和泰国人接吻、拥抱或握手。除在某些海滩允许裸体日光浴外，在其他地方，泰国人不喜欢这种行为，尽管未触犯法律，但是违背了泰国人的佛教理念。

8.1.4 新加坡

(1) 基本情况

新加坡的正式名称是新加坡共和国，它位于东南亚马来半岛的南端，是一个由60多个大小岛屿组成的岛国。新加坡公民主要以四大族群来区分，其中华人所占比例最高，约为74%。除华人外，新加坡人口较多的民族还有马来人和印度人，新加坡政府执行各民族一律平等的政策，同时又给予本土马来人某些特殊的优待。

新加坡的首都是新加坡，是新加坡政治、经济、文化中心。由于一年四季鲜花盛开，清洁美丽，故新加坡有“花园之国”的美称。“新加”在马来语里的意思是“狮子”，所以新加坡又有“狮城”之称，在海外华人中，它被称为“星加坡”“星岛”“星洲”。坐落在鱼尾狮公园内的鱼尾狮像，是新加坡的标志和象征。新加坡的主要宗教为伊斯兰教，除此之外，信徒较多的宗教还有佛教、印度教和基督教。

在新加坡，马来语被定为国语，马来语、英语、华语和泰米尔语4种语言同为官方语言，英语则为行政语言。

新加坡实行内阁制政体，它的国庆日是每年的8月8日。其主要节日有“元旦”等。

(2) 风俗习惯

①社交礼仪。

新加坡十分讲究礼貌礼节，以讲礼貌、讲卫生为其行为准则。在待人接物方面，特别强调笑脸迎客，彬彬有礼。见面礼节多为握手礼，华人见面以鞠躬为礼；马来人则大多采用民族传统的“摸手礼”。在新加坡，不讲礼貌不仅会让人瞧不起，而且还会寸步难行。对某些失礼之举，在新加坡也有明确的限制。比如，在许多公共场所，通常竖有“长发男子不受欢迎”的告示，以示对留长发的男子的反感和警告。此外，人们对讲脏话的人也深表厌恶。

新加坡人时间观念强，与人约会要事先约定，准时赴约。同时，与新加坡人打交道，以姓称其为“某先生”“某太太”“某小姐”，无论对何种民族都是适用的。

新加坡的国服，是一种以胡姬花作为图案的服装。在国家庆典和其他一些隆重的场合，人们经常穿着自己的国服。在社交正式场合，男子一般要穿白色长袖衬衫和深色西裤，并且打上领带；女子则须穿套装或深色长裙。在日常生活中，不同民族的新加坡人的穿着打扮往往各具其民族特色。华人的日常着装多为长衫、长裙、连衣裙或旗袍；马来人最爱穿“巴汝”、纱笼；锡克人则是男子缠头，女子身披纱丽。在许多公共场所，穿着过分随便者，比如穿牛仔裤、运动装、沙滩装、低胸装的人，往往会被禁止入内。

②饮食习惯。

中餐是新加坡华人的最佳选择。新加坡华人口味喜欢清淡，偏爱甜味，讲究营养，平日爱吃米饭和各种生猛海鲜，对于面食不太喜欢。粤菜、闽菜和上海菜，都很受他们的欢迎。马来人忌食猪肉、狗肉、自死之物和动物的血，不吃贝壳类动物，不饮酒；印度人则绝对不吃牛肉。在用餐时，不论马来人还是印度人都不用刀叉、筷子，而惯于用右手直接抓取食物，绝对忌用左手取食物。新加坡人，特别是新加坡华人，大多喜欢饮茶，对客人通常喜欢以茶相待。

③节庆习俗。

新加坡华人过春节相当隆重，也过元宵节、端午节、中秋节等中国传统节日。信奉印度教的人过“屠妖节”。马来人最重要的节日当属开斋节，每年回历九月，回教徒从日出到日落都要禁食，戒食一个月后见到新月才开斋。

④礼仪禁忌。

新加坡人不喜欢“4”，因为“4”的发音与“死”相似，而“7”则被视为一个消极的数字。

与新加坡人攀谈时，不能口吐脏字，且应较多使用谦词、敬语。新加坡人对“恭喜发财”这句祝颂词极其反感。他们认为，这句话带有教唆别人去发不义之财、损人利己的意思。在商业活动中，宗教词句和如来佛的图像也被禁用。

在新加坡，人们不准嚼口香糖，过马路时不能闯红灯，“方便”之后必须冲水，在公共场合不准吸烟、吐痰和随地乱扔废弃物品。不然的话，就必受处罚，需要缴纳高额的罚金，搞不好还会吃官司。

新加坡文化部专门印发《礼仪手册》，对国民的礼仪修养加以指导。街头宣传品总是印着笑脸和一句口号，主张“处事待人，讲究礼貌”“真诚微笑，处世之道”。新加坡的法律对非礼行为的处罚十分严厉，随地丢弃垃圾、损坏公物等不文明行为将被罚巨款，因此国民礼仪素质普遍很高，公共环境十分整洁，被称为花园式国度。

8.1.5 印度

(1) 基本情况

印度的正式国名是印度共和国，它位于南亚次大陆，首都新德里，印度各族人民称他们的国家为“婆罗多”，意为月亮。在印度，月亮是一切美好事物的象征，所以亦称为“月亮之国”。

印度的官方语言是英语，国语是印地语。印度是世界上第二人口大国。主要民族为印度斯坦族，其他有泰卢固族、孟加拉族、马拉地族、古吉拉特族等。

(2) 风俗习惯

①社交礼仪。

在印度，人们的交际应酬中最常见的见面礼节是合十礼和拥抱礼，此外还有 3 种较有特色的见面礼节：①贴面礼，流行于印度的东南地区；②摸脚礼，它是印度极高的见面礼遇，主要用于晚辈拜见长辈；③举手礼，是合十礼的一种变通。

印度是一个东西文化共存的国度，有的印度人见到外国人时，能用标准英式英语问候“你好”，有的则用传统的佛教手势——双手合十进行问候。目前，印度也流行握手，但男人不可与印度女子握手，即使在公共场所也不能和女子单独说话，妇女很少在公共场所露面。

在迎接嘉宾时，印度人要向对方敬献用鲜花编织而成的花环，花环的大小长度视客人的身份而定，献给贵宾的花环既粗又长，超过膝盖。

在印度孟买，60%的人是素食主义者。因此，宴请印度商人时，事先必须确认对方的习俗，是否为素食主义者。

在印度，若要进入印度教的寺庙，身上绝不可以穿牛皮制造的东西，否则会被视为犯了禁戒，皮鞋、皮带表、皮带、手提包等牛皮制品，都不得入其寺门。印度人走进庙宇或到家庭做客，进门必须脱鞋。他们认为，若穿鞋进去，既不礼貌，也不圣洁。不论男女老幼，统统把鞋放在门口，赤脚进去。在一般场合，印度男子的着装往往是上身一件“吉尔达”，即一种宽松的圆领长衫，下身一条“陀地”，即一种以一块白布缠绕下身，垂至脚面的围裙，在极少数的活动中，会在“吉尔达”之外加上一件外套。印度女子的服装是纱丽，即将一大块丝质长巾披在内衣之外，好似一件长袍。纱丽非常漂亮，色彩鲜艳，图案优美。印度人不喜欢露出头顶，出门或在正式场合，男子根据宗教信仰不同而戴不同的帽子或在头上包裹一块头巾，女子则要披纱巾。

印度的女子习惯在自己的前额上点一个红色“吉祥痣”，过去用于表示已婚，而今则用于装扮。印度女子喜欢佩戴首饰，她们不仅将首饰视为装饰品，而且当作趋吉避邪的象征物。

②饮食习惯。

印度人的主食既有大米，又有面食，依个人情况而定。他们烹调食物常用炒、煮、烩 3 种方法，以素食为主。由于印度南部气候炎热，当地人一般味重，嗜好辛辣性食品，北部印度人的口味相对就轻多了。印度是个香料之国。印度菜的烹调也极重视对香料的运用，主要调料就有十几种，几乎每种菜肴都离不开。在印度社会地位越高的人越忌荤食，爱吃马铃薯。有很多印度人不吃蛇肉、竹笋、蘑菇、木耳和鸡蛋，绝大多数印度人不吸烟。“羊肉汁拌饭”“烤饼”是印度的特色食物。他们一般都不爱喝汤，认为任何一种汤都无法与无色无味、冰凉爽口的白开水相比。他们喜欢吃中餐，喜欢分餐制，不习惯用刀叉和筷子，一般用手抓食。

印度人大多不饮酒，白开水和红茶是他们的常用饮料，饮茶常用“舔饮”，即把茶斟入盘中用舌头舔饮。

③节庆习俗。

印度的节庆较多。国庆节是 1 月 26 日。独立日是 8 月 15 日，为庆祝印度实现独立。洒红节，也称泼水节，在印历 12 月（公历 2—3 月）举行。十胜节是印度教三大节日之一，于每年 9 月、10 月举行。灯节在印历 9 月（公历 10—11 月）举行，富有浓厚的东方色彩，前后要庆祝 3 天。

④习惯禁忌。

印度人忌讳白色，忌弯月图案，忌送百合花，“1”“3”“7”这 3 个数字被认为不吉祥。

印度人最崇拜蓝孔雀和黄牛，蓝孔雀为吉祥、如意的象征；印度人敬牛、爱牛，不打牛、不杀牛、不吃牛肉、不使用牛皮制品，印度人喜欢蛇、猫、狗等动物，但一般不喜欢龟、鹤以及其图案。

与印度人接触时，切忌用左手递东西给他。因为他们认为左手肮脏，右手干净。吃饭用右手抓取，不但吃米饭用手抓，就连稀粥也能用手抓入口中。在印度，除上洗手间外均不使用左手。

小资料

什么是“迪勒格”

去过印度的人都会发现，印度妇女不分老幼都在前额正中点一个红点，称为吉祥痣，即“迪勒格”。按照传统的方法，点吉祥痣时要用朱砂、糯米和玫瑰花瓣等材料捣成糊状，点在前额的眉心。据说这本来是一种宗教符号，可以消灾避邪。

印度古代的瑜伽行者认为，前额的眉心是人的生命力的源泉，必须涂药膏加以保护。至今仍有不少印度教苦行僧前额点上朱砂。在印度教的婚礼仪式上，点吉祥痣是不可缺少的部分，有的地方是在婚礼之前请婆罗门祭司为新娘点吉祥痣，有的地方则是在婚礼仪式最后，由新郎为新娘点上吉祥痣，预示着婚后生活的幸福美满。

8.2 欧洲主要国家和地区礼俗礼仪

《案 例》

因价值观不同造成的语言冲突

由于西方人崇尚年轻而有活力，因此，在旅游服务中要尽量避免用“老”字。如一些导游在导游八达岭长城时，常讲“右侧是老人路线，左侧是年轻人路线”，听后许多上年纪的西方游客脸上总是挂满苦笑，有的西方老年游客往往半开玩笑地重复导游的话。后来一些导游发现了这个问题，改用右侧是“熟年路线”（指阅历丰富的人），他们看到外宾脸上立即露出了会心的微笑，事后他们了解到在西方文化中“老人”有粗俗、伤感之意，而“熟年”则有文雅、明快之意，可见价值观之差。在旅游服务过程中，一些服务人员由于不了解西方游客“忌老”的人生观念，对一些年长的西方游客倍加呵护和关照，结果反而引起客人的不快，道理就在这里。

欧洲国家众多，人口相当密集，民族多，语言按语系分类。习惯上，人们把欧洲细分为东、西、南、北、中5个区域，其中北欧的瑞典、芬兰、丹麦、挪威，西欧的英国、荷兰、法国、比利时，中欧的德国、奥地利、瑞士以及南欧的意大利、西班牙等国家，不但自然环境优美、文化古迹多，而且工业相当发达，国民生活水平高。欧洲的礼仪习俗有较多现代文明的内涵，封建色彩相对淡薄。欧洲人的文明程度较高，人际关系比较符合现代交际的需要，其衣食住行既有同一性，又有各国特色，生活禁忌相对比较一致。

8.2.1 英国

(1) 基本情况

英国的正式名称是大不列颠及北爱尔兰联合王国，有时它也被人们称为“联合王国”“不列颠帝国”“大英帝国”“英吉利”或是“英伦三岛”。它位于欧洲西部，是由大不列颠岛、爱尔兰岛的东北部及其周围的一些小岛所组成的岛国。英国居民主要有英格兰人、威尔士人、苏格兰人和爱尔兰人，此外还有少量的犹太人，其中英格兰人所占的比例最大。

英国目前的行政区划是将全国分为英格兰、威尔士、苏格兰和北爱尔兰 4 个部分，首都是伦敦。

英国的主要宗教是基督教，英国国教会为英国的国教，亦称圣公会，其信徒占全国总人口的60%以上。严格地讲，英国国教会只是英格兰地区的国教，在威尔士、苏格兰、北爱尔兰地区，它并非国教。

英国的官方语言是英语，在威尔士北部，人们使用凯尔特语。而在英格兰西北高地与北爱尔兰，则通用盖尔语。英国目前实行君主立宪政体，英国的国庆日是现任英王的诞生日。

(2) 风俗习惯

①社交礼仪。

一般而言，英国人比较矜持庄重，不少人追求绅士和淑女风范，衣着比较讲究。英国人很少在公共场合表露自己的情感，庄重、含蓄、自谦，富幽默感，视夸夸其谈为缺乏教养。与英国人谈话不能指手画脚，否则被视为不礼貌的举动。

英国民众时间观念很强，而且照章办事。若请英国人吃饭，必须提前通知，不可临时匆匆邀请。到英国人家里赴宴，不能早到，以防主人还未准备好，导致失礼。

英国人，特别是年长的英国人，喜欢别人称他们的世袭头衔或荣誉头衔，至少要用“先生”“夫人”“阁下”等称呼。见面时对初次相识的人行握手礼，一般不像东欧人那样互相拥抱。“女士优先”在英国比其他国家都明显，如走路要让妇女走在前面。

英国人服装的总趋向是舒适与多样化。男士在上班和出席社交场合，多穿西服，系领带或领结，近年来双排扣式西服已让位给单排扣式西服。如果参加宴会、音乐会或看戏剧，则打扮会更加考究，有时还要穿晚礼服。一些英国绅士仍然戴圆顶帽，而鸭舌帽在乡村很流行。英国年轻人的衣着则较随意，平时喜欢穿便装和牛仔裤。

英国的女士通常穿西装裙，但不少职业妇女穿工装裤上班。她们有的时候也穿潇洒的流行服饰，但观看歌剧的时候要穿长的晚礼服。大多数女士至今仍保持在公共场所戴帽子的传统习惯，戴着帽子参加婚礼、游园会和赛马会等。许多妇女讲究服装的个性化，除了大多束腰外，她们的衣服款式很少有一样的。

②饮食习惯。

英式菜是世界公认的名流大菜，历史悠久、工艺考究，很得世人青睐。与此相关，英国人在用餐上也是很讲究的。一般的英国家庭一天通常是4餐：早餐、午餐、午茶点和晚餐，有极个别地区的人还要在晚上9点钟以后再加一餐。

英国人的早餐通常在7点到9点之间，他们少不了喝麦片粥，此外还有咸肉、鸡蛋、面包、果酱等食品。午餐通常在下午1点左右，有各种熟肉、沙拉、面包、饼干、奶酪、黄油等食品。因为下午大多数人还要工作，所以一般不在进餐时喝烈性酒。晚餐一般在晚上7点到8点之间，是一天中最丰盛的一餐。正规的晚餐至少上3道菜，最常见的主菜就是烤炙肉类、浇肉汁，以及牛排、火腿、鱼等，通常是每人一大块肉（鸡肉、羊肉、猪肉、牛肉等），一盘拌了黄油的土豆泥，一盘青菜（沙拉等）。另外，饭前每人有一盘汤，饭后有点心和冰激凌以及水果。晚餐时一般要喝啤酒或葡萄酒，也有人喝烈性的蒸馏酒——威士忌。下午茶点一般在下午4点左右，以喝茶（奶茶）为主，同时吃一块蛋糕或一些饼干等。英国人称此为“茶休”（TeaBreak），时间15~20分钟。不少英国人还有喝上午茶的习惯。

中国茶从17世纪传入英国，英国人便和茶结下了不解之缘，一改过去只喝咖啡、啤酒等饮料的习惯。如今，真正的英国人都有早上喝“被窝茶”，下午喝“下午茶”的习惯，并一般以红茶为主。

③节庆习俗。

英国除了宗教节日外还有不少全国性和地方性的节日。在全国性的节日中，国庆和除夕之夜是最热闹的。英国国庆按历史惯例定在英王生日的那一天。除夕之夜全家团聚、举杯畅饮，欢快地唱着“辞岁歌”。除夕之夜必须瓶中有酒，盘中有肉，象征来年富裕有余。丈夫在除夕还赠给妻子一笔钱，作为新的一年缝制衣物的针线钱，以表示在新的一年里能得到家庭温暖。在苏格兰，人们提一块煤炭去拜年，把煤块放在亲友家的炉子里，并说一些吉利话。

④礼仪禁忌。

当你去访问一个英国人时，得先在门口敲门，一直等到他说“请进”，才能进去。先生们进屋脱帽，而女士们则不必在室内脱帽。英国人在日常生活中经常谈论的话题是天气，往往这也是第一个话题。英国人从不由梯子下走过，在屋里不撑伞，从不把鞋子放在桌子上。

去英国人家里做客，最好带点价值较低的礼品，因为花费不多就不会有行贿之嫌。菊花在任何欧洲国家都只用于万圣节或葬礼，一般不宜送人。白色的百合花在英国象征死亡，也不宜送人。其他的花都可送人。

在英国购物，最忌讳的是砍价。英国人忌讳的数字是“13”与“星期五”，当二者恰巧碰在一起时，不少英国人都会有大难临头之感。英国人还忌讳“3”这个数字，特别忌讳用打火机和火柴为他们点第三支烟。

8.2.2 法国

(1) 基本情况

法国的正式名称是法兰西共和国，它位于欧洲西部，法国的主体民族法兰西人，另外还有布列塔尼人、巴斯克人、科西嘉人以及一些外籍人。

“法兰西”源于古代的法兰克王国的国名，“法兰西”一词的本意是“自由”或“自由人”。在历史上，法国还曾被人称为“高卢”“艺术之邦”“时装王国”“葡萄之国”“奶酪之国”“名酒之国”“美食之国”等，这些都是世人给予法国的美称。

法国的主要宗教是天主教，在全国总人口之中，约有64%的人是天主教教徒，此外，还有人信奉基督教、犹太教或伊斯兰教。

法国的国语是法语。法国目前实行的是总统共和政体。在1789年7月14日的法国大革命中，法国人民冲进并捣毁了巴士底狱，取得了巴黎武装起义的胜利。因此，法国把每年的7月14日定为国庆日。其他重要节日有“万灵节”等。

(2) 风俗习惯

①社交礼仪。

法国人性格比较乐观、热情，谈问题开门见山，爱滔滔不绝地讲话，讲话时喜欢用手势加强语气。法国人所采用的见面礼节，主要有握手礼、拥抱礼和吻面礼。吻面礼，使用最多、最广泛。法国人与交往对象行吻面礼，意在表示亲切友好。为了体现这一点，在行礼的具体过程中，他们与交往对象会在彼此的双颊上交替互吻三四次，而且亲吻时一定要连连发出声响。

法国人对礼物非常重视，一般初次见面不赠送礼品。送礼品时宜选择有艺术品位和纪念意义的物品，不宜送刀、剑、剪刀、餐具或是带有明显广告标志的物品，忌给关系一般的女士赠送香水。接受法国人的礼品一定要当着送礼人的面打开，否则会被认为是一种无礼的行为。

法国人常用的敬称主要有3种。其一，是对一般人称第二人称复数，其含义为“您”。其二，是对官员、贵族、有身份者称“阁下”“殿下”或“陛下”。其三，是对陌生人称“先生”“小姐”或“夫人”。“老人家”“老先生”“老太太”，都是法国人忌讳的称呼。

法国人十分重视服饰，把服饰看作身份的象征。在正式场合，法国人通常要穿西装、套裙或连衣裙。妇女在参加社交活动时，一定要化妆，并且要佩戴首饰，佩戴首饰一定要选“真材实料”。男士对自己仪表的修饰相当看重，在正式场合亮相时，他们会剃须修面，头发“一丝不苟”，身上略洒一些香水。

②饮食习惯。

法国是世界三大烹饪王国之一。他们很讲究吃，而且舍得花钱。在餐饮中，他们对于逊色的菜，是不愿意接受的。另外法国人对菜肴和酒的搭配也很有讲究，他们认为：饭前一般要喝度数不高的甜酒，习惯称之为“开胃酒”；吃饭时要喝不带甜味的葡萄酒或玫瑰酒；吃肉时一般喝红葡萄酒；吃海味时喝白葡萄酒或玫瑰酒；饭后要喝一点儿带舌甘味的“消化酒”；每逢宴请还要喝香槟酒，以增加席间欢乐的气氛。

法国人对烹饪技术极为重视。他们讲究菜肴的色、香、味、形，操作上很重视掌握火候。著名的美味佳肴有炸牛排、烤蜗牛、烤鹌鹑、葡萄酒煮虾和鲜鱼、鹅肝等。法国尤为偏重于菜品的鲜嫩程度，他们一般都喜欢吃略带生口、极为鲜嫩的美味佳肴。法国人十分讲究作料的搭配，并精于此道。大多数法国人喜欢吃奶酪，每人每年平均消费18.6千克奶酪，居世界前列。

法国人喜欢喝咖啡，一日三餐都少不了。法国的大街小巷均设有咖啡馆，人们边喝咖啡边聊天，其乐融融。

③节庆习俗。

1月1日是元旦，这一天也是亲友聚会的日子，家中酒瓶里不能有隔年酒，否则被认为不吉利。元旦的天气还被认作新年光景的预兆。春分所在月份第一个星期天为复活节。复活节后40天为耶稣升天节，复活节后50天为圣灵降临节。4月1日为愚人节，这一天人人都可骗人。11月1日为万灵节，祭奠先人及为国捐躯者。12月25日为圣诞节，是法国最重大的节日。

法国重要的世俗节日有：7月14日为国庆节，全国放假一天，首都会举行阅兵式；5月30日是民族英雄贞德就义纪念日；11月1日是第一次世界大战停战日；5月8日是反法西斯战争胜利日；3月中旬第一个星期天是体育节，人们都自愿为心脏的健康而跑步。

④礼仪禁忌。

法国人所忌讳的数字是“13”与“星期五”。给妇女送花时，宜送单数，但要记住避开“1”与“13”这两个数字。在一般情况下，法国人绝对不喜欢在13日外出，不会住13号房、坐13号座位，或是13个人同桌进餐。

法国人忌讳黄色，对墨绿色也极为反感。他们视孔雀为祸鸟，认为仙鹤是蠢汉和淫妇的象征。还视菊花为丧花，认为核桃、杜鹃花、纸花也是不吉利的。同时，法国人对核桃十分厌恶，认定它代表着不吉利，以之招待法国人，会令其不满，法国人对黑桃图案也深感厌恶。他们还把称呼老年妇女“老太太”视为一种污辱的语言。他们忌讳男人向女人赠送香水，否则，就有过分亲热或有“不轨企图”之嫌。他们忌讳别人打听他们的政治倾向、工资待遇以及个人的私事。对法国人来说，初次见面就送礼，会被人认为是不善交际的，甚至还会认为你行为粗鲁。在饮食上，法国人不爱吃无鳞鱼，也不爱吃辣味重的菜肴。

8.2.3 德国

(1) 基本情况

德国的正式名称是德意志联邦共和国，它位于欧洲中部，德国的主体民族是德意志人，此外，在德国还生活着少量的丹麦人、吉卜赛人、索布人，以及不少的外籍人。

德国作为国家的名称，源于“德意志”一词，其含义为“人民的国家”或“人民的土地”。在世界上，德国人有“经济巨人”“欧洲心脏”“出口大国”“运河之国”“啤酒之国”等美称。

德国目前的行政区划，是将全国划分为16个州。德国的首都是柏林，德国的官方语言是德语。德国的主要宗教是天主教和基督教。

德国目前实行的是内阁制共和政体，东、西德国于1990年10月3日得以统一，因此德国就把每年的10月3日定为国庆日。其他主要节日有“元旦”“啤酒节”“狂欢节”等。

(2) 风俗习惯

①社交礼仪。

德国人在待人接物上所表现出来的独特风格，往往会给人以深刻的印象。主要有：纪律严明，法制观念很强；讲究诚信，重视时间观念；极端自尊，重视传统习俗；热情好客，十分注重感情。

德国人在人际交往中对礼节非常重视，通常采用握手礼作为见面礼节，与德国人握手时，要特别注意下述两点：①握手时务必坦然地注视对方；②握手的时间宜稍长一些，晃动的次数宜稍多一些，握手时所用的力量宜稍大一些。

由于德语语言自身的特点，在与德国人交往时还会遇到一个是用尊称还是用友称的问题。一般与陌生人、长者以及关系一般的人交往，通常用尊称“您”；而对私交较深、关系密切者，往往用友称“你”来称呼对方。称谓的交换，标志着两者之间关系的远近亲疏。

德国人在穿着打扮上的总体风格是庄重、朴素、整洁。在一般情况下，男士大多爱穿西装、夹克，并且喜欢戴呢帽。妇女们则大多爱穿翻领长衫和色彩、图案淡雅的长裙。在日常生活中，德国妇女以淡妆为主。在正式场合露面时，必须要穿戴得整整齐齐，衣着一般多为深色。在商务交往中，一般男士穿三件套西装，女士穿裙式服装。

②饮食习惯。

德国人以面包、土豆为主食，偶尔用大米、面条为主食。猪肉、牛肉、猪蹄膀和以猪肉制成的各种香肠，令德国人百吃不厌。通常，德国人不太爱吃羊肉，动物内脏只吃肝脏。除北部地区的少数居民之外，大多不爱吃鱼、虾。吃鱼的人在吃鱼时也不准讲话，其主要原因是担心被鱼刺扎伤。德国人喜食油腻之物，爱吃冷菜和偏甜、偏酸的菜肴，对于辣和过咸的菜肴则不太欣赏。在饮料方面，最爱啤酒，人人海量。对咖啡、红茶、矿泉水，也很喜欢。自助餐发明于德国，在外出用餐时，德国人很爱选择这一进餐方式。

在一日三餐之中，德国人最重视的是晚餐。用餐的时候，他们习惯于关闭电灯，点燃蜡烛，以朦胧的烛光烘托出优雅的气氛。

③节庆习俗。

德国狂欢节（每年 11 月 11 日 11 时 11 分）要持续 10 天。过完复活节前一周的星期四是妇女节，妇女们这一天不但可以坐市长的椅子，还可以拿着剪刀在大街上公然剪下男子的领带。

元旦，也是德国人的重大日子。除夕之夜，男子按传统习俗聚在屋里，喝酒打牌，将近零点时，大家纷纷跳到桌子上和椅子上，钟声一响，就意味着“跳迎”新年，接着就扔棍子，表示辞岁。

德国人是世界上最爱喝啤酒的，所以除传统宗教节日外，还有举世闻名的“慕尼黑啤酒节”。每年的“慕尼黑啤酒节”从 9 月最后一周到 10 月第一周要持续过半个月，热闹非凡。

④礼仪禁忌。

吃鱼用的刀叉不得用来吃肉或奶酪。若同时饮用啤酒与葡萄酒，宜先饮啤酒后饮葡萄酒，食盘中不宜堆积过多的食物。餐桌上不得用餐巾煽来煽去。

在所有的花卉之中，德国人对菊花最喜欢，不喜欢郁金香，忌讳用玫瑰或蔷薇送人，前者表示求爱，后者则专用于悼亡。送女士一枝花，一般不合适。德国人对黑色、灰色比较喜欢，对于红色以及渗有红色或红、黑相间之色，则不感兴趣。

德国人对于“13”与“星期五”极度厌恶。4 个人交叉握手，或在交际场合进行交叉谈话，被他们看做是不礼貌的。德国人对纳粹党党徽的图案十分忌讳，切勿滥用。

在德国，跟别人打招呼时，切勿身体立正，右手向上方伸直，掌心向外。向德国人送礼品时，不宜选择刀、剑、剪刀和餐叉。以褐色、白色、黑色的包装纸和彩带包装、捆扎礼品，也是不允许的。在公共场合窃窃私语是十分失礼的。

在德国，星期天商店一律停业休息。根据法律规定，德国同性恋婚姻是合法的。

小资料

慕尼黑啤酒节

慕尼黑啤酒节可以追溯到1810年。当年巴伐利亚加冕王子路德维希和特蕾瑟公主10月完婚，官方的庆祝活动持续了5天。人们聚集在慕尼黑城外的大草坪上，唱歌、跳舞、观看赛马和痛饮啤酒。从此，这个深受欢迎的活动便被延续下来，流传至今，每年9月的第三个星期六至10月的第一个星期日就固定成为啤酒节。历史上，除因战争和霍乱中断外，慕尼黑啤酒节截至2020年已整整举办了177届。

8.2.4　意大利

(1) 基本情况

意大利的正式名称是意大利共和国，它位于欧洲南部，意大利的主体民族是意大利人。此外，在该国还生活着少量的费留利人、拉丁人、法兰西人和奥地利人。意大利作为国家的名称，译自英语，在意大利语里，它应为“意大利亚”，即“小牛生长的乐园”。意大利目前的行政区划是将全国划分为20个行政区，意大利的首都是罗马。意大利的官方语言是意大利语，在个别边境地区，也有一些人讲法语或德语。在世界上，意大利有着“欧洲花园”“旅游之国”“航海之国”“欧洲炼油厂”等美称。

意大利的主要宗教是天主教。意大利目前实行的是内阁制共和政体，国庆节是每年的6月2日，其他主要节日有“圣诞节”“复活节”等。

(2) 风俗习惯

①社交礼仪。

意大利人的时间观念相对来说会显得散漫一点。他们高级主管的上班时间是不规律的，而且午餐休息时间也很长。所以如果约访意大利人，一定要尽早联系，并且切忌将约会定在一大早或午餐后一两个小时内。7、8月份是意大利的年假时间，这个时间段尽量不要去联系客户。

日常生活的社交中，意大利习惯于身体上的接触，不过这并不代表你可以先拥抱或亲吻对方，要等到对方先表示拥抱或亲吻，然后做出回应，这样才比较合适。作为拉丁语系的人民，他们认为对于身体接触表示回避的人是冷酷的、不友好的、傲慢自大的。在意大利，无论是在社交还是商务场合，人与人的距离都是非常近的，他们认为近距离能更好地表示友好。所以在乘坐电梯时，即使只有两个人，他们之间的距离也会非常近。

在人际交往中，意大利人表情丰富，尤其喜欢用不同的手势来表达自己的思想感情。如竖起食指来回摆动表示“不”；一边伸出手掌，一边撇嘴，表示“不清楚”“无可奉告”；伸出双手，手掌向上，并且耸动肩膀，表示“我不知道此事”等。

在正式场所，称呼以称全姓，在社交场合，称其姓氏，或与“先生”“小姐”“夫人”一起连称，对于关系密切者可直呼其名，意大利人往往称对方“您”，以示恭敬之意，切忌称“老人家”“小鬼”。

在穿着打扮上，意大利人衣着考究，非常时髦，讲究个性。在日常生活中较少穿着其传统的民族服装，但是大多爱戴假发。平时，男士爱穿背心，戴鸭舌帽；妇女则爱穿长裙，有时则爱戴头巾。

②饮食习惯。

意大利人喜爱面食，做法吃法甚多，制作面条有独到之处，各种形状、颜色、味道的面条至少有上百种，如字母形、贝壳形、实心面条、通心面条、菜汁面条等，还有意式馄饨、意式饺子等。吃意式西餐主要用刀叉，因此，意大利在餐桌上的习惯是吃时尽可能闭嘴，吃喝尽量不发出声音，吃面条要用叉子卷好送入口中，不可吸入发出声音。

意大利三面临海，海鲜丰富，所以意大利人喜食海鲜，尤其是生的牡蛎和蜗牛。他们的口味上接近法式菜肴，注重浓、香、烂，偏爱酸、甜、辣。烹饪方法上，多采用焖、烩、煎、炸，不喜欢烧、烤。肉食与蔬菜、水果，是意大利人都非常喜欢的食品。意大利人大多嗜酒，他们之中不少人鼻子红红的，据说这与饮酒过量有关。

③节庆习俗。

意大利的节日比较多。1 月 1 日是元旦，新年钟声敲响后，他们纷纷将家中旧物抛出窗外，以辞旧迎新。3 月 21 日至 4 月 25 日春分月圆后第一个星期天为复活节，人们纷纷结伴去郊游、踏青、聚餐。复活节前 40 天为斋戒期，之前数天为狂欢节，一般在 2 月中旬，该时期有化装游行及盛大游艺活动。复活节后 40 天为圣灵降临节，这一天会举行各种纪念活动。12 月 25 日为圣诞节，罗马教皇发表演说是这天最重要的节目。

意大利威尼斯狂欢节起源于公元 11 世纪，到 18 世纪时成为欧洲最著名的狂欢节，由于王孙贵族纷至沓来又不想暴露身份，戴面具和乔装改扮就成了传统。与巴西狂欢节及意大利其他地方的狂欢节相比，威尼斯狂欢节给人的感觉是欢而不是狂，人们更倾向于享受放松愉悦的生活。

④礼仪禁忌。

在意大利，玫瑰一般用以示爱，菊花则专门用于丧葬之事，因此这两种花不可以用来送人。送给意大利女士的鲜花，通常以单数为宜，较为忌讳紫色、仕女图案、十字花图案等。

与其他欧美国家的人基本相似，意大利人最忌讳的数字与日期分别是“13”与“星期五”。除此之外，他们对于“3”这个数字也不太有好感。切勿将手帕、丝织品和亚麻织品送给意大利人。意大利人认为，手帕主要是擦眼泪的，象征情人离别，属于让人悲伤之物，不宜送人。他们在与客人闲谈中，不喜欢议论有关政治方面的问题，以及美国的橄榄球等话题。

8.2.5 俄罗斯

(1) 基本情况

俄罗斯的正式名称是俄罗斯联邦，它位于欧洲东部和亚洲北部，但是在人们的习惯上，常把它看成一个欧洲国家。俄罗斯是世界上面积最大的国家，首都为莫斯科，人口由俄罗斯人、鞑靼人、乌克兰人、楚瓦什人等194个民族所构成，主体民族是俄罗斯。

俄罗斯的官方语言是俄语，许多少数民族都拥有各自的语言文字，懂英语的人不多，而德语、法语则较为普及。

俄罗斯人最主要的宗教是东正教，其次为伊斯兰教。俄罗斯目前实行总统制共和政体，它是独联体成员国之一。重要节日有“圣诞节”等。

(2) 风俗习惯

①社交礼仪。

在人际交往中，俄罗斯人非常热情、豪放、勇敢和耿直。人们初次见面是先开口问好，“早安”“午安”“晚安”或者“日安”是他们常用的问候之语。问好后再行握手礼，如果是非常熟悉的人，特别是在久别重逢时，大多会热情拥抱对方，有时还会与对方互吻双颊，这些对于俄罗斯人来说都是常规的见面礼节。对于非常尊贵的客人，他们通常会献上“面包和盐”，这是一种极高的礼遇，来宾必须高兴地接受。在社交场合，俄罗斯人还讲究与人相约准时。同时他们尊重女性，男性有帮女性拉门、脱大衣等习惯。

在称呼方面，以前俄罗斯人习惯称呼“同志”，而目前随着时间的推移和社会制度的变化，在正式场所他们也采用“先生”“小姐”“夫人”之类的称呼。另外，俄罗斯人非常看重社会地位，因此对有职务、学衔、军衔的人，最好称其职务、学衔、军衔。在俄语中“您”这个称呼多用于称呼女士、长辈、师长、上司或贵族，表示尊重与客气。

俄罗斯人的传统服装为：男人上穿粗麻布长袖斜襟衬衣，腰系软腰带，下穿瘦腿裤。外面常穿呢子外套，并且头套毡帽，脚穿皮靴。女人则爱穿粗麻质地的带有刺绣的长袖衬衫，并配以方格裙子。在俄罗斯民间，已婚妇女必须戴头巾，并以白色的为主；未婚姑娘不戴头巾，但常戴帽子。前去拜访俄罗斯人时，进门之后务请立即自觉地脱下外套、手套和帽子，并且摘下墨镜。前往公共场所时，还须在进门后自觉将外套、帽子、围巾等衣物存放在专用的衣帽间里。

②饮食习惯。

在饮食习惯上，俄罗斯人讲究量大实惠，油大味厚，制作上较为粗糙。他们喜欢酸、辣、咸的口味，偏爱炸、煎、烤、炒的食物。俄罗斯人日常以面食为主食，爱吃用黑麦烤制的黑面包，以鱼、肉、禽、蛋和蔬菜为副食。他们喜欢吃牛、羊肉，但大多不爱吃猪肉。另外，鱼子酱、红菜汤、酸黄瓜、酸牛奶等也是俄罗斯大名远扬的特色食品。欧洲人视鱼子酱为上等美食，其中又以俄罗斯产的为上品。鱼子酱有灰（明太鱼）、红（鲑鱼）和黑（鲟鱼）3 种。对俄罗斯人来说，吃一片抹黑鱼子酱和黄油的面包是一种享受。俄罗斯人不吃海参、海蜇、乌贼、黄花菜和木耳。

在饮料方面，俄罗斯人很能喝冷饮，平时爱吃冰淇淋，大多很能喝烈性酒。具有该国特色的烈性酒伏特加，是他们最爱喝的酒。他们还喜欢喝一种叫“格瓦斯”的饮料。同时，俄罗斯人习惯用茶饮沏茶，喜喝红茶或加果酱、蜂蜜。

③节庆习俗。

俄罗斯人除根据信仰过宗教节日，如圣诞节、洗礼节、谢肉节（送冬节）、清明节、旧历年等，还把圣诞节的传统习俗与过新年结合起来。如圣诞老人叫冬老人，代表旧岁，雪姑娘代表新年。冬老人和雪姑娘是迎新晚会的贵客，并负责分发礼物。大多数俄罗斯人喜欢在家过年，男人们通宵饮伏特加。当电视广播里传出克里姆林宫的钟响过 12 下后，男女老少互祝新年快乐。女主人则按照俄罗斯人的习惯，要大家说一个新年的心愿。

④礼仪禁忌。

向日葵是俄罗斯人的最爱，被视为光明的象征。他们普遍偏爱红色，不喜欢黑色。在数字方面偏爱“7”，认为是成功、美满的预兆，对于“13”“666”与“星期五”则和欧洲人一样十分忌讳。俄罗斯人非常崇拜盐和马，认为盐有驱邪避灾的力量，马则会给人们带来好运。他们十分厌恶黑猫，极为讨厌兔子。

在俄罗斯，打碎镜子和打翻盐罐，都被认为是极为不吉利的预兆。俄罗斯人主张“左手凶，右手吉”，因此，他们不喜欢以左手触碰别人，或以之递送物品。在俄罗斯，蹲在地上，卷起裤腿，撩起裙子，都是严重的失礼行为。俄罗斯人讲究“女士优先”，在公共场所，男士们往往自觉地充当“护花使者”。不尊重妇女，到处都会被报以白眼。

8.3 美洲主要国家和地区礼俗礼仪

美洲位于西半球大陆，可分为北美洲和南美洲。美洲地区的美国、加拿大、墨西哥、巴西、阿根廷等国家，大多信奉天主教或基督教，其饮食也以西餐为主，比较讲究食品的营养和卫生。

8.3.1 美国

(1) 基本情况

美国的正式名称是美利坚合众国，美国领土由其本土、位于北美洲西北部的阿拉斯加半岛和位于太平洋中部的夏威夷群岛3个部分组成。在全国居民中，以白人为主。

美国的行政区划，是将全国划分为50个州、1个特区。美国的首都是华盛顿。英语是其官方语言。

美国作为国家的名称，来自它所在的美洲洲名，在英语里，作为国名的“美利坚”与作为洲名的“亚美利加”，是相同的词，在中文里，人们习惯于用前者代表美国，而以后者泛指美洲。“世界霸主”“超级大国”“国际警察”“金元帝国”“电影王国”“钢管王国”“轮子上的国家”等，都是世人对于美国常用的称谓。

美国的重要宗教是基督教和天主教。在美国，目前约有57%的居民信仰基督教，约有28%的居民信仰天主教。同时，还存在着多种其他宗教信仰。

美国现在实行总统制共和政体。1776年7月4日，美国发表《独立宣言》，宣告北美13个殖民地脱离英国独立，成为美利坚合众国。之后，美国将每年的7月4日定为国庆日。其他主要节日有“感恩节”“母亲节”“父亲节”等。

(2) 风俗习惯

①社交礼仪。

美国人给人的印象是性格开朗、乐观大方、不拘小节、讲究实际、直言不讳，所以他们乐于与人交际，而且不拘泥于正统礼节，没有过多的客套，与人相见不一定以握手为礼，笑一笑，说声“Hi（你好）”就算有礼，而不必加上各种头衔。还有，美国人在社交场合散席或者业务会议散会时，较少与人一个个地道别，而是向大家挥手，说一声“Well，so long everybody”（好啦，我们再见吧），这样做并不表示人们相互间缺少敬意，而是人们长年累月的习惯使然。

美国人讲话中礼貌用语很多，“对不起”“请原谅”“谢谢”“请”等礼貌用语不离口，显得很有教养。同时在交谈中喜欢夹带手势，有声有色，但他们不喜欢别人不礼貌地打断他们讲话，美国人崇尚自由，重视隐私权，忌讳被人问及个人的私事，交谈时与别人总是保持一定的距离，一般保持50cm到150cm的距离比较合适。

在称呼上，美国人很少用全称，他们喜欢直呼其名，以示双方关系密切，若非官方的正式交往，他们不喜欢称呼官衔，但乐于使用能反映其成就与地位的学衔、职称，如一位拥有博士学位的议员，称其“博士”比“议员”让他更乐于接受。

美国人穿着打扮的基本特征是崇尚自然，偏爱宽松，讲究着装体现个性。在日常生活中，美国人大多爱穿T恤衫、牛仔裤、运动装以及其他风格的休闲装。

②饮食习惯。

美国人的饮食习惯是一日三餐。他们注重吃得是否科学、营养，讲求效率和方便，一般不在食物精美细致上下工夫。早餐时间一般在8时，内容较为简单，烤面包、麦片及咖啡，或者牛奶、煎饼。午餐时间通常在中午12时至1时，有时还会再迟一点。午餐也比较简单。许多上班、上学人员从家中带饭菜，或是到快餐店买快餐，食物内容常常是三明治、汉堡，再加一杯饮料。晚餐是美国人较为注重的一餐，大概在傍晚6时左右，常吃的主菜有牛排、炸鸡、火腿，再加蔬菜，主食有米饭或面条等。美国饮食的发展方向是向速食发展，他们的蔬菜大多生吃，营养不会损失，更主要的是省时间，现在他们还极力提倡把蔬菜挤成菜汁喝。爱喝的饮料有冰水、矿泉水、红茶、咖啡、可乐与葡萄酒。新鲜的牛奶、果汁，也是他们每日必饮之物。

美国人用餐时一般以刀叉取用。其用餐的戒条主要有6点：其一，不允许进餐时发出声响。其二，不允许替他人取菜。其三，不允许吸烟。其四，不允许向别人劝酒。其五，不允许当众宽衣解带。其六，不允许讨论令人作呕之事。

③节庆习俗。

美国的节日比较多。7月4日为美国独立日。美国的政治性节日还有国旗日、华盛顿诞辰纪念日、林肯诞辰纪念日、阵亡将士纪念日等。2月14日为情人节，在这一天，恋人之间都要互赠卡片和鲜花。5月第二个星期日为母亲节，6月第三个星期日为父亲节，是美国的法定节日。11月第四个星期四是感恩节，也叫火鸡节，是美洲特有的节日。感恩节这一天也是家人团聚、亲朋欢聚的日子，还会有化装游行、劳作比赛、体育比赛、戏剧表演等活动，十分热闹；火鸡、红莓苔子果酱、甘薯、玉米汁、南瓜饼等节日佳肴让人大饱口福。

12月25日为圣诞节，是美国最盛大的节日，全城通宵欢庆，教徒们跟随教堂唱诗班挨户唱圣诞颂歌，装饰圣诞树，吃圣诞蛋糕。

④礼仪禁忌。

美国人忌讳"13""星期五""3""666"，认为这些数字和日期，都是厄运和灾难的象征。还忌讳有人在自己面前挖耳朵、抠鼻孔、打喷嚏、伸懒腰、咳嗽等，认为这些都是不文明的，是缺乏礼数的行为，若打喷嚏、咳嗽实在不能控制，则应避开客人，用手帕掩嘴，尽量少发出声响，并要及时向在场的人表示歉意。

美国人最喜欢白色，认为白色是纯洁的象征，他们还喜欢蓝色和黄色，忌讳黑色，黑色只在丧葬活动时使用。美国人认为狗是人类最忠实的朋友，所以他们普遍喜欢狗、象、驴，秃鹰也是他们喜欢的动物，但厌恶蝙蝠，认为它是吸血鬼与凶神，对山楂花和玫瑰花非常偏爱。

美国是一个时间观念很强的国家，各种活动都按预定的时间开始，迟到是不礼貌的。美国人也有礼尚往来的习惯，但他们忌讳接受过重的礼物，一则是美国人不看重礼品自身的价值；二则忌讳送礼过重，从家乡带去的工艺品、艺术品、名酒等是美国人喜欢的礼物。美国社会有付小费的习惯，凡是服务性项目均需付小费，旅馆门卫、客房服务等需付不低于 1 美元的小费，饭店吃饭在结账时收 15%小费。

11 月的最后一个星期四是感恩节。感恩节是美国人民独创的一个古老节日，也是美国人合家欢聚的节日。

每逢感恩节这一天，美国举国上下热闹非凡，人们按照习俗前往教堂做感恩祈祷，城乡市镇到处举行化装游行、戏剧表演和体育比赛等，学校和商店也都按规定放假休息。孩子们还模仿当年印第安人的模样穿上离奇古怪的服装，画上脸谱或戴上面具到街上唱歌、吹喇叭。散居在他乡外地的家人也会回家过节，一家人围坐在一起，大吃美味火鸡。

8.3.2 加拿大

(1) 基本情况

加拿大的正式名称即加拿大，位于北美洲北部。加拿大国土面积居世界第二，作为一个“移民之国”，加拿大人来自世界各地，主要为英、法等欧洲后裔，土著居民约占3%，其余为亚洲、拉美、非洲裔等。

加拿大现行的行政区划，是将全国分作 10 个省，3 个地区，加拿大的首都是渥太华。加拿大的官方语言是英语和法语并用，实行的是“双语制”。

加拿大作为国家的名称，出自当地土著居民的语言。在世界上，加拿大有着“移民之国”“枫叶之国”“万湖之国”“真诚的北疆”等多种美称。

加拿大的主要宗教是天主教和基督教。在加拿大，二者的影响不相上下。

加拿大目前实行君主立宪制政体。加拿大土著居民是印第安人和爱斯基摩人，从 16 世纪起被英、法瓜分建立了英、法殖民地，1867 年 7 月 1 日建立了加拿大联邦，从此，加拿大将每年的 7 月 1 日定为国庆日。其他主要节日有“元旦”等。

(2) 风俗习惯

①社交礼仪。

加拿大人不像美国人那么随便，但他们喜欢无拘无束，同时也非常讲究礼貌，他们性格开朗热情，对人朴实友好，十分容易接近，所以与加拿大人相处非常容易。加拿大人相遇时会主动打招呼，人们相见和分别通常采用握手礼，拥抱或亲吻礼也仅仅适用于亲友、熟人、夫妻之间。在一般场所，加拿大人往往喜欢直呼其名，只有在非常正式的场合才会连姓带名地称呼，并且加上“先生”“小姐”“夫人”的尊称，对于对方的头衔、学位、职务只在官方场所使用。

加拿大人在正式场合要穿西服、套裙；参加社交活动要穿礼服和时装；日常生活着装以欧式为主；休闲场所着装比较自由，随自己的喜好。在加拿大参加社交应酬活动，一定要进行仪容修饰，男士理发、修面，女士化妆，选戴一些首饰都是非常必要的，否则会被认为对交往对象不尊重。在休闲场合则讲究自由穿着，只要自我感觉良好即可。

②饮食习惯。

在饮食方面，由于英裔人和法裔人的缘故，加拿大人的习惯与英、法两国相似，面包、牛肉、鸡肉、鸡蛋、土豆、西红柿等是他们日常的食物，忌讳肥肉、动物内脏、虾酱、鱼露及一切带腥味的食品。口味方面比较清淡，爱吃酸甜、清淡的、不辣的食物，烹调中较少使用调料，各种调料放在餐桌上由用餐者随意选择，除炸烤的牛排、羊排、鸡排外，他们也爱吃野味。

在饮料的品种上与美国人的选择相仿，只是不像美国人那样强调“一定要冰镇”。加拿大人喜欢喝下午茶、喝咖啡时喜欢品尝苹果派等甜食。不少加拿大人嗜好饮酒，威士忌、白兰地等都很受欢迎。

③节庆习俗。

加拿大的主要节日有：7 月 1 日的国庆日；元旦，人们将瑞雪作为吉祥的征兆；枫糖节，加拿大盛产枫树，其中以东南部的魁北克和安大略两省枫叶最多最美。每年三四月，一年一度的“枫糖节”就开始了，几千个生产枫糖的农场装饰一新，披上节日的盛装，吸引了无数的旅游者。冬季狂欢节，在加拿大东南部港口城市魁北克，每年从 2 月份的第一个周末起，都举行为期 10 天的冬季狂欢节。狂欢节规模盛大，活动内容丰富多彩。

④礼仪禁忌。

加拿大人在数字方面，不喜欢“13”“666”和“星期五”。他们非常喜欢枫叶，枫叶被他们视为国花。枫树被定为国树，但他们不喜欢白色的百合花，在加拿大百合花是用来悼念死者的。他们非常喜欢红色，忌讳黑色和褐色。

与加拿大人交谈时，不要插嘴打断对方的话，或是与对方强词夺理。在需要指示方向或介绍某人时，忌讳用食指指指点点，而应用五指并拢、掌心向上的手势。

他们不喜欢外来人把他们的国家和美国进行比较，尤其是拿美国的优越方面与他们相比，更是令人不能接受。

不要贸然造访加拿大人的家或办公室，即使你是他们的好友，也应打电话预约或通过其他方式提前约定。

8.4 大洋洲主要国家和地区礼俗礼仪

大洋洲位于太平洋中部和中南部的赤道南北广大海域中，介于亚洲和南极洲之间，陆地面积约为 897 万平方公里，由澳大利亚大陆、塔斯马尼亚岛、新西兰南北二岛、新几内亚岛以及太平洋上的三大岛群组成。

8.4.1 澳大利亚

(1) 基本情况

澳大利亚正式的名称是澳大利亚联邦，它位于南半球，地处太平洋与印度洋之间，四面环海，是世界上唯一国土覆盖一整个大陆的国家，因此也称“澳洲”。澳大利亚是典型的移民国家，最早的原住民如今不及总人口的 1%，目前以英国及爱尔兰裔为主。

澳大利亚的行政区划，是将全国分为 6 个州和 2 个地区，澳大利亚的首都是堪培拉。澳大利亚的官方语言是英语。

澳大利亚作为国家的名称，来自于拉丁文，它的含义是“南方之地”。由于澳大利亚犹如一座大岛，故有“岛大陆”之称，因为它建国时间不长，又被称为“古老大陆上的年轻国家”。此外，它因为畜牧业发达、矿产丰富，被称为“牧羊之国”“骑在羊背上的国家”“淘金圣地”“坐在矿车上的国家”。

澳大利亚的主要宗教是基督教，澳大利亚目前实行君主立宪政体，国庆节是每年的 1 月 26 日。其他主要节日有“圣诞节”等。

(2) 风俗习惯

①社交礼仪。

澳大利亚是一个由多国移民组成的国家，其中大部分人来自英国和欧洲各国，因而其风俗礼仪带有鲜明的西欧特征。澳大利亚人说话直截了当，见面时喜欢热情握手，以名相称。路遇熟人时，除说“哈喽”以示礼节外，有时要行挤眼礼，即挤一下左眼，以示礼节性招呼。不过，有些女子之间不握手，女友相逢时常亲吻对方的脸。男人之间相处，大多数不喜欢紧紧拥抱或握住双肩之类的动作，使感情过于外露。但是，澳大利亚人喜欢与人交往，乐于与陌生人聊天，无论是在马路上还是在酒吧里，他们总是主动走到陌生人面前，打招呼问候，自我介绍一番，他们待人接物都很随和。

邀请澳大利亚人到家中做客，他们总是随身带一些礼物，如在自家花园摘几朵鲜花，或拿一些自家酿制的果酱等。到澳大利亚人家中做客，最合适的礼物是给女主人送一束鲜花或给男主人送一瓶葡萄酒。

澳大利亚人在极为正式的场合要穿西装、套裙，平时穿的大多是T恤、短裤，或者是牛仔裤、夹克衫。由于阳光强烈，他们在出门之时，通常喜欢戴上一顶棒球帽来遮挡阳光。

②饮食习惯。

澳大利亚人在饮食习惯上与英国人相似，主食以面食为主。在口味上喜清淡，不油腻，忌食辣味菜肴，有的还不吃酸味食品，但是食肉很多，喜食牛肉、羊肉、瘦猪肉、鱼、虾、鸡蛋、海味品和乳制品。澳大利亚的海味品很多，包括一些在其他地方未曾碰到过的海味。他们的菜肴多采用烤、炸、焖、烩的烹制方法，如烤牛排、油炸虾等。

澳大利亚人爱喝啤酒和葡萄酒，对中国啤酒甚为称赞。此外澳大利亚人还爱喝咖啡、矿泉水等软饮料，对中国红茶、花茶感兴趣。也爱吃水果，主要是苹果、荔枝、香蕉等。

③节庆习俗。

澳大利亚国庆日是1月26日。圣诞节时，澳大利亚正处盛夏，商店橱窗里特意装的冰雪及圣诞老人和满街的夏装形成鲜明的对照，成为澳大利亚圣诞节的特色。圣诞节夜晚，人们带着饮料到森林里举行野餐，吃饱喝足后，就跳起“迪斯科”或“袋鼠舞”直到深夜，然后在森林中露宿，迎接圣诞老人的到来。南太平洋艺术节（每隔4年举行一次），是南太平洋地区的国家为“庆祝太平洋的觉醒”，“鼓励太平洋传统文化的保持和心声”，并在“整个太平洋地区加强团结”的口号下举行的具有浓厚地方色彩的节目。

④礼仪禁忌。

在数字方面，澳大利亚跟所有信奉基督教国家一样，忌讳“13”“666”和“星期五”，他们最喜欢的动物是袋鼠与琴鸟，他们认为兔子是不吉利的动物，碰到兔子是厄运来临的预兆。

澳大利亚人对自己独特的民族风格感到自豪，因此谈话中忌拿澳大利亚与英、美进行比较，也忌谈工会、宗教、个人问题、袋鼠数量的控制等敏感话题。

澳大利亚人爱交朋友，他们非常喜欢邀请友人一同外出游玩，此类邀请千万不能拒绝，不然会被他们认为不给面子。与澳大利亚人打交道不要说“外国”和“外国人”，一定要具体到某个国家，他们认为笼统的称呼会抹杀个性，是失敬的做法，还有不要在公共场所大声喧哗，尤其是在门外高声喊人。

8.4.2 新西兰

（1）基本情况

新西兰位于太平洋西南部，由南岛、北岛及一些小岛组成。新西兰总人口中，欧洲移民后裔占比最多，其次为毛利人、亚裔。

新西兰的首都是惠灵顿，通用语为英语，但毛利人依然习惯于讲本民族的语言——毛利语。

新西兰国家的名称，来自于荷兰语，意即“新的海中陆地”，由于新西兰距离其他大陆路途遥远，并且环境十分优美，故有“世界边缘的国家”“绿色花园之国”和“白云之乡”的称号。新西兰的畜牧业发达，因此又有“畜牧之国”“牧羊之国”之称。

新西兰的主要宗教是基督教和天主教，其信徒占全国总人口的70%以上。

新西兰目前实行君主立宪政体，以英国女王为自己的国家元首，它是英联邦成员国之一，新西兰的国庆节是每年的2月6日。

（2）风俗习惯

①社交礼仪。

新西兰由于欧洲移民较多，所以他们主流社会的交际礼仪具有鲜明的欧洲特色，在多数情况下，新西兰人与朋友见面是行握手礼、鞠躬礼和面含微笑的注目礼。不过，新西兰人的鞠躬礼与我国的鞠躬礼稍有不同，他们鞠躬是抬着头的，而不是低头弯腰。在行握手礼时需要注意的是，与新西兰妇女握手必须由女方先伸出手方可。新西兰人奉行“平等主义”，他们反对讲身份、摆架子，称呼新西兰人要特别注意，直呼其名备受欢迎，称呼官衔却令人反感。

新西兰人时间观念较强，约会须事先商定，准时赴约。客人可以提前几分钟到达，以示对主人的尊敬。交谈以气候、体育运动、国内外政治、旅游等为话题，避免谈个人私事、宗教、种族等问题。会客一般在办公室里进行。在接待新西兰人时，如果端上一盘猕猴桃，会令他们非常高兴并感到亲切，因为猕猴桃是他们的“国果”，是新西兰人最爱吃的水果，也是他们待客和出口的主要水果。与新西兰人一起用餐时应注意，他们一般喜欢安静就餐，不愿意与共同进餐者边吃边聊。

新西兰人在服饰方面看重质量，讲究庄重，偏爱舒适，强调服装的TPO原则，日常生活中以欧式服装为主。新西兰妇女在外出参加交际应酬时一定会盛装，她们认为这是基本的礼貌修养。

②饮食习惯。

新西兰人以英式西餐为主，由于盛产乳制品和牛羊肉，所以他们的饮食中少不了这些食物，他们还爱吃瘦肉、鸡肉、鱼肉，忌狗肉。新西兰是世界上最大的奶制品国之一，其奶酪、黄油、乳酪、冰激凌十分丰富。由于环海，水产品也很多，这些为新西兰的餐食提供了丰富的资源。在口味上，他们喜欢清淡、不油腻。菜肴的制作一般以烤、焖、烩的烹制方法居多。

新西兰人非常爱饮酒，很喜欢威士忌、葡萄酒和啤酒。他们也喜欢喝咖啡和红茶。

受英国人习俗的影响，他们每天必饮红茶，甚至有“一天六饮”的习惯，分别是早茶、早餐茶、午餐茶、下午茶、晚餐茶和晚茶。

毛利人在一般情况下都爱吃一种叫做“夯吉”的食物，它是利用地热蒸熟的牛羊肉和土豆一类的东西。

③节庆习俗。

新西兰主要节日有：国庆日（怀坦吉日）是2月6日，为纪念1840年签订怀坦吉条约。新年是1月1日。复活节是4月14—17日。澳新军团日是4月25曰，为纪念澳新军团在加利波利登陆日。女王诞辰日是6月5日。劳动节是10月25日。圣诞节是12月25日。

④礼仪禁忌。

受基督教、天主教的影响，新西兰人同样讨厌数字“13”“666”和“星期五”，新西兰人非常喜爱动物，特别看重几维鸡和狗。新西兰的毛利人信奉原始宗教，相信灵魂不灭。所以非常忌讳拍照、摄影。

在与新西兰人聊天时，要避免涉及有关政治立场和宗教信仰以及职务方面的问题。

与新西兰人打交道，注意不要当众闲聊、剔牙、吃东西、喝饮料、嚼口香糖、紧腰带，他们认为这些都是不文明的行为。另外，新西兰人在男女交往方面较为拘谨保守，男女同场活动往往遭到禁止，即使是看电影也要分男女场。

8.5 非洲主要国家和地区礼俗礼仪

非洲位于东半球西部，地跨赤道南北。非洲面积约3020万平方公里，为世界第二大洲。在地理上，习惯将非洲分为北非、东非、西非、中非和南非5个地区。非洲是世界上民族成分最复杂的地区，大多数属于黑种人。居民多信奉原始宗教和伊斯兰教。

历史上非洲各国的经济曾经长期遭受西方发达国家的控制，使得非洲是世界上经济发展水平最低的大洲，大多数国家经济落后。

8.5.1 埃及

(1) 基本情况

埃及的正式名称叫做阿拉伯埃及共和国，它位于中东地区，地跨亚、非两大洲，大部分国土位于非洲的东北部，由阿拉伯人、科普特人、贝都因人、努比亚人等多个民族所构成，阿拉伯为主体民族。

埃及目前的行政区划是将全国分为27个省。首都开罗是非洲第一大城市。埃及的国语是阿拉伯语。埃及之名来自英语。在阿拉伯语里，它的含义是“辽阔的国家”，埃及在世界上有着“文明古国”“金字塔之国”“棉花之国”等美称。

埃及的主要宗教是伊斯兰教。埃及宪法规定伊斯兰教为国教，并且声明伊斯兰教的教义是立法的主要依据。

埃及目前实行的是总统制共和政体，国庆日是每年的 7 月 23 日。其他节日有“惠风节”“忠诚节”等。

（2）风俗习惯

①社交礼仪。

阿拉伯人好客是有名的，埃及人也不例外，尤其是住在沙漠中的人，不论贫富，都有“客留三日”的习俗，即为过路人提供膳宿的习惯。埃及人好客、慷慨大方。他们在见面打招呼时，常称对方为“阿凡提”，即阿拉伯语中的“先生”“阁下”之意。到埃及人家中做客，如果你赞美主人家中的某样财物或衣服漂亮，主人就会把东西送给你。所以，到埃及人家中要慎赞主人的东西。与埃及人交谈时，不要谈论宗教纠纷、中东政局和男女关系。

在人际交往中，埃及人见面的礼节主要是握手礼，埃及人在其他场合也会使用拥抱礼和亲吻礼。埃及人在初次见面时，喜欢双方互致问候，像“真主保佑你”“祝你平安”“早上好”“晚上好”等都是他们常用的问候语，在埃及见面问候时，一般是年轻的先问候年长者，位低者先问候位高者，单个人要先问候多数人。

埃及在人际交往中的称呼礼节非常有特色，为了表示尊敬或亲切，老年人将年轻人叫做“儿子”“女儿”，学生管老师叫“爸爸”“妈妈”，穆斯林之间互称“兄弟”，当然国际上通行的称呼他们也采用，如果能够使用一些阿拉伯语的尊称会让他们更高兴，如“赛义德”即“先生”可称呼所有男性，“乌斯塔祖”即“教授”称呼有地位的人，“答额突拉”即“博士”称呼政府官员。

埃及人不忌讳外国人家访，甚至很欢迎外国人的访问，并引以为荣。但异性拜访是禁止的，即使在埃及人之间，男女同学、同事也不能互相拜访。除贫困户外，埃及人家里都有客厅，卧室作为私房是不欢迎外人入内的。家访时应主动问候老人并与之攀谈，埃及人乐于天南海北的神侃，一般应在聊完一个话题后告辞。

埃及人的穿着主要是长衣、长裤和长裙。又露又短的奇装异服，埃及人通常是不愿问津的。埃及城市里的下层平民，特别是乡村中的农民，平时主要还是穿着阿拉伯民族的传统服装——阿拉伯大袍。同时还要头缠长巾，或是罩上面纱。埃及的乡村妇女很喜爱佩戴首饰，尤其是讲究佩戴脚链。他们不穿绘有猩猩、猪、狗及熊猫图案的衣服。

②饮食习惯。

埃及的主食为“耶素”，即一种不用酵母制作的扁平圆形大饼。它同我国北方人爱吃的烙饼和馒头一样十分普遍，无论是寻常百姓家，还是高档酒店餐厅或者海鲜馆，大饼蘸酱都是头一道食品。埃及人爱吃羊肉、鸡肉、鸭肉、土豆、豌豆、南瓜、洋葱、胡萝卜等。忌食猪肉、狗肉、驴肉、龟、虾、蟹、鳝、整条和带刺的鱼、动物的血液和内脏、自死动物。埃及人口味偏淡，不喜欢油腻，他们特别爱吃甜食，其宴会和家庭正餐最后一道菜总是甜食。他们的甜食主要是用核桃仁、杏仁、葡萄干、甘蔗汁、石榴汁、柠檬汁和橄榄等做成的糯米团或油炸的馅饼。他们除了在一些正式场所用餐时使用刀叉和勺子，平时多用手取食，因此用餐前一定要洗手。

在饮料上，埃及人爱喝咖啡，它是埃及人每天不可或缺的饮料。他们有时一杯咖啡加上几块点心，便是一顿简单的午餐。他们也喝茶，尤其爱喝一种加有薄荷、冰糖、柠檬的绿茶，认为它是解渴提神的佳品。埃及也生产红、白葡萄酒，质量都不错，但他们都信仰伊斯兰教，忌讳饮酒。

埃及人办喜事是喜欢大摆宴席，除了邀请贵宾亲友外，有些平时与主人无甚交往者也可光临，同样也会受到热情款待。习惯上是先摆出巧克力和水果，然后诵“古兰经”，吃肉汤泡馍、米饭和煮肉。最后上点心和小吃。埃及人请客，坐席也很讲究身份与等级，主人还习惯用发誓的方式劝客人多吃，自始至终非常热情。菜肴越多越好，哪怕是原封不动地端上来又端下去，宾主都十分高兴，因为这是慷慨好客的表现之一。

③节庆习俗。

埃及的国庆节为 7 月 23 日。4 月下旬（科普特历 8 月中旬）是埃及传统节日——惠风节，人人都要吃象征春风绿地的生菜，象征生命开始的鸡蛋和有关崇拜的腌鱼。8 月，当尼罗河水漫过河堤时，举行泛滥节，欢庆尼罗河定期泛滥带来沃土。众人聚集在尼罗河边进行祷告，唱宗教赞歌，跳欢快的舞蹈。6 月 17 日或 18 日是尼罗娶媳妇节，人们纷纷来到尼罗河边载歌载舞。穆斯林在斋月（伊斯兰教历 9 月）实行斋戒，从日出到日落均不得进食。斋月结束后举行开斋节，连续 3 天，举行盛大庆祝活动，到清真寺做礼拜，亲友互相走访。这 3 天也是举行婚礼的吉祥日子。伊斯兰教历 12 月 10 日为宰牲节，也是盛大节日，各家各户根据经济实力，宰牛杀羊，馈赠亲友，招待宾客，送给穷人。

④礼仪禁忌。

埃及人在数字方面没有特别的禁忌，少数信奉基督教的科普特人忌讳“13”这个数字，但都对“5”和“7”非常青睐，认为它们分别是吉祥和完美的代表。

埃及人非常喜爱莲花，将它定为国花，他们非常喜欢猫和仙鹤，猪和大熊猫则让他们非常厌恶。在颜色方面，他们非常喜欢绿色和白色，讨厌黑色和蓝色。他们在表示美好的一天时，称为“白色的一天”，而不幸的一天，则称之为“黑色或蓝色的一天”。在埃及，人们非常看重葱，认为它代表真理，而忌讳“针”，“针”在埃及是骂人的字。

与埃及人打交道时要注意：①不要主动与女子攀谈，不能夸奖女子身材苗条，她们以丰满为美；②不称赞埃及人家中之物，他们会以为你想索要此物。

8.5.2 南非

(1) 基本情况

南非的正式名称是南非共和国，它位于非洲大陆的最南端，从人口构成上讲，南非人可分为黑人、白人、有色人和亚裔人四大种族。其中黑人是南非人的主体。南非的亚洲人主要是印度人与华人。南非拥有3个首都，它们分别是行政首都（中央政府所在地）比勒陀利亚，立法首都（议会所在地）开普敦，司法首都（最高法院所在地）布隆方舟。

南非的官方语言为英语。南非作为国家之名，得名于它所处的地理位置。由于南非盛产钻石，它是举世闻名的“钻石之国”。南非的主要宗教为基督教，白人、有色人的绝大多数和约60%的黑人都信仰基督教。南非现今实行总统制共和政体，国庆日是每年的5月31日。

(2) 风俗习惯

①社交礼仪。

在南非与不同肤色的人打交道要区别对待，南非的黑人和白人所遵从的社交礼仪差别很大。南非黑人往往会感情外露，形体语言十分丰富，而南非白人则大多较为矜持，往往喜怒不形于色。

目前南非的社交礼仪讲究绅士风度、女士优先、守时践约等英式礼仪，见面时采用握手礼，称呼主要是“先生”“小姐”“夫人”。如果称呼南非黑人，在其姓氏之后加上相应的辈分，他们会非常高兴。

服饰方面，南非人在正式场所都讲究端庄、严谨，在公务活动和商务活动中着装遵从国际惯例，穿着深色的西装或裙装，在日常生活中大多爱穿休闲装。白衬衣、牛仔裤、短裤都是他们喜爱的，而且他们偏爱艳丽的颜色，还特别喜欢穿花衬衣。另外，南非人也有穿他们本民族服装的习惯。

②饮食习惯。

南非人在饮食方面也有黑白之分。白人主要以西餐为主，爱吃牛肉、鸡肉、鸡蛋和面包，爱喝咖啡和红茶；南非黑人的主食是玉米、薯类、豆类，爱吃牛肉和羊肉，不吃猪肉和鱼，并且不爱吃生食。其餐食在烹调方面基本是欧式的，主要受荷兰和英国的影响较大。

南非有一种名叫“南非国饮”的如宝茶，备受南非各界人士推崇，它与钻石、黄金一道称为“南非三宝”。

③节庆习俗。

南非节庆活动较多，新年是 1 月 1 日，人权日是 3 月 21 日，耶稣受难日为复活节前的星期五，家庭节为复活节后的第二天。自由日是 4 月 27 日，全国举行盛大的纪念活动，各种族人民都有不同的活动。劳动节是 5 月 1 日，举行传统仪式及活动，是典型的宗教节日，有宗教活动，和西方相似。青年节是 6 月 16 日，全国适龄青年举行欢庆活动，是青年迈向成年的仪式。南非的妇女节是 8 月 9 日。和解节是 12 月 16 日，举行大型纪念仪式及活动，忘怀种族之间的隔离政策。圣诞节是 12 月 25 日，友好节是 12 月 26 日。

④礼仪禁忌。

信仰基督教的南非人，最为忌讳“13”这一数字。对于“星期五”，特别是与“13 日”同为一天的“星期五”，他们更是忌言忌提，并且尽量避免外出。与南非人打交道一定要了解他们的宗教信仰，很多南非黑人都信仰本部族传承下来的原始宗教，南非女子地位非常低下，一些被视为神圣宝地的地方，如火堆、牲口棚等是绝对禁止女子靠近的。

内容小结

作为从事旅游业的人员来说，必须了解、熟悉主要客源国和地区的相关情况，特别要熟悉、掌握主要客源国家的文化、民俗风情、旅游业等方面的内容，这样才能理解客人、尊重客人，在工作中更好地为游客服务，提高服务质量，促进我国旅游业的进一步发展。本项目详尽介绍了我国主要客源国的基本概况、风俗习惯、礼仪禁忌。通过学习能使学生基本掌握我国主要客源国的概况。

☞ 课后思考

1. 请对日本的饮食习惯进行归纳、总结。
2. 泰国人忌讳什么颜色？为什么不能摸小孩的脑袋？
3. 法国人对花卉、图案、颜色有哪些忌讳？
4. 美国的典型饮食文化是什么？谈谈自由的美国人有哪些禁忌？

☞ 实训项目

项目一：主要客源国礼仪风情表演

1. 步骤和要求：

（1）表演前分好小组抽签表演。各小组同学根据抽到的国家，首先介绍该国的基本概况、国家风俗；其次就拜访、见面礼仪进行表演。

（2）教师选择一个代表性的国家进行示范表演。

2. 训练目的是熟悉所学各主要客源国的礼仪风俗习惯，加强学生灵活运用所学知识的能力，提高学生的兴趣及检验教学成果。

项目二：主要客源国游客实训演练

1. 步骤和要求：

（1）训练前老师把联系好的旅游团队介绍给各小组同学，并就客源情况进行简单介绍。

（2）给同学们2天的时间陪同各国游客游览本城市有代表性的景点，品尝地方有特色的饮食，欣赏当地民俗表演。

（3）游览结束后要求各位同学总结带团记录，进行小组讨论，分析不同客源国游客的旅游行为。

2. 训练目的是分析各主要客源国游客的旅游行为，注意不同客源国游客的差异，强化旅游服务工作的差异化，提高服务质量。

第九章
世界主要宗教礼仪

《案　例》

宗教礼仪的无知

2000年5月，东北某集团与新疆某著名企业要进行合作。一切准备就绪后，对方派来了全权代表。既是远道的客人，又是将来的合作者，礼遇可想而知。在欢迎晚宴上，某集团特别安排了东北名菜"猪肉炖粉条"和朝鲜族的特色菜狗肉来招待几位远道的客人。

本来气氛和谐而热烈的晚宴，在压轴菜"猪肉炖粉条"和狗肉上来后，客人们的脸色一下子变了，用本民族语言叽叽咕咕地说了几句后，便气愤地甩袖而去。

两天后，他们发来一份声明，郑重地说，他们是伊斯兰人，居然用猪肉和狗肉来招待，这是对他们民族的不敬、对伊斯兰教的轻蔑、对神灵的亵渎！

就这样，这桩合作彻底泡了汤。

因为民族、宗教信仰的不同，往往有不同的习俗。交往中，熟悉并灵活运用宗教习俗礼仪，不仅是对交往对象的理解和尊重，更能使对方对你留下深刻的良好印象，使交往效果事半功倍。

宗教是一种社会意识形态，是人类社会发展到一定历史阶段的产物。旅游服务工作中要接待各种各样的客人，许多客人有不同的宗教信仰，这是客观现实。我国宪法明确规定："中华人民共和国公民有宗教信仰的自由""国家保护正常的宗教活动"。旅游从业人员了解宗教礼仪和禁忌，能够更好地完成旅游接待，这是旅游服务工作得以顺利进行的必不可少的条件。

各种宗教都相信现实世界之外，存在着超自然、超人间的神秘境界和力量，主宰着自然和社会，因而对之敬畏和崇拜，祈求神灵保佑自己。最早的宗教产生于原始社会，是原始人群的一种自发信仰。当时，由于社会生产力低下，人们对自然现象不理解，便产生了一种幻想，幻想有一个超人间的力量主宰一切，赐福于人类，于是产生了最原始的崇拜。随着社会和历史的发展，宗教不断演变，由对日、月、山、川等自然物的崇拜，发展为图腾崇拜、祖先崇拜和神灵崇拜，由多神崇拜发展为一神崇拜，由部落宗教如中国赫哲族、鄂温克族的萨满教发展为民族宗教（如印度教、犹太教），由民族宗教发展为世界宗教（如佛教、基督教、伊斯兰教）。

当今世界上，信仰宗教的人占世界总人口的1/2以上，遍布世界上每一个国家和地区。一些著名的民族宗教，如犹太教、摩尼教、印度教、耆那教、锡克教、圆佛教、神道教、大本教、天理教、萨满教、道教、波斯教等。流传最广泛、影响最大的宗教，是佛教、基督教和伊斯兰教。

我国是一个多种宗教并存的国家，主要有佛教、基督教、伊斯兰教、道教等。另外，在我国黑龙江省和新疆维吾尔族自治区，还有少量的东正教信徒。在我国，佛教已有 2000 年左右的历史，在藏、蒙、傣等少数民族中几乎是全民族信佛教，在汉族中也有一定的影响；基督教在唐代就传入中国，到鸦片战争后得到较大发展；伊斯兰教有 1300 多年的历史；道教有 1800 年的历史。在我国总人口中，宗教信徒约占 1/10，职业人员有 8 万余人，宗教活动场所共 4 万多座（所）。

9.1 佛　　教

在世界三大宗教中，佛教创立最早，传入中国也最早。佛教在长期的传播发展过程中，形成了具有各国地区和民族特色的教派，确立了佛教各派共同认可的基本教义和佛教教徒共同遵守的礼仪习俗和节日。

9.1.1 佛教概述

佛教起源于公元前 6 世纪至公元前 5 世纪的古代印度，相当于我国的春秋时代，距今已有 2500 年的历史，在世界各大宗教中，佛教创立的时间最早。佛教的创始人释迦牟尼，出生于北印度迦毗罗卫国（今尼泊尔南部提罗拉科特附近），名悉达多，姓乔达摩（约公元前 565—前 485 年），差不多与我国的孔子是同代人。释迦牟尼是佛教徒对他的尊称，意思是释迦族的“圣人”。

汉明帝永平七年（公元 64 年）派遣使者 12 人前往西域访求佛法。公元 67 年他们同两位印度的僧人迦叶摩腾和竺法兰回到洛阳，带回经书和佛像，开始翻译了一部分佛经，相传就是现存的《四十二章经》，即《阿含经》的节要译本。同时建造了中国第一个佛教寺院，就是今天还存在的洛阳白马寺。在以后很长时间中，佛教与我国儒家的封建宗法思想逐渐融合，因而得以广泛传播。隋朝以后，产生了天台宗、华严宗、净土宗、法相宗、律宗、禅宗、密宗、三论宗等许多宗派，形成了五台山、峨眉山、普陀山、九华山四大佛教圣地名山。

中国的佛教包含了北传佛教、南传佛教和藏传佛教三大体系，全面继承了印度三个时期的佛教。世界上完整的佛教在中国，世界上完整的佛教经典也都在中国，可以说，佛教诞生在印度，发展在中国。

佛教的经典包括经藏（释迦牟尼说法的言论汇集）、律藏（佛教戒律和规章制度的汇集）、论藏（释迦牟尼后来大弟子对其理论、思想的阐述汇集），故称三藏经，或称

“大藏经”。

释迦牟尼悟出的“真理”，即为佛教的基本教义，主要包括“三法印”“四圣谛”“八正道”“十二因缘”。

“三法印”即“诸行无我”“诸法无我”“涅槃寂静”。“四圣谛”即“苦谛、集谛、灭谛、道谛”。

“八正道”是指佛教认为通向最高境界“涅架”的8种正确途径：正见（正确的见解）、正思维（正确的思考）、正语（正确的语言）、正业（正确的行为）、正命（正确的生活）、正精进（正确的努力）、正念（正确的意念）、正定（正确的自我精神）。

“十二因缘”，也称为“十二缘起”，是：无明、行、识、名色、六处、触、受、爱、取、有、生、老死十二支。

佛教中崇拜的偶像主要有：佛、菩萨、罗汉、护法天神。

9.1.2 佛教礼仪

（1）称谓

佛教的称谓由于佛教的教制、教职在各国不尽相同而有所不同。在我国寺院中按职务称谓：主持和尚称为“方丈”“长老”或“主持”，负责处理寺院内部事务的称为“监院”，负责对外联系的称为“知客”。按修行水平称谓：对水平较高的僧人，则根据具体情况称为“法师”（通晓佛法的僧人）、“经师”（通晓经藏或善于诵读经文的僧人）、“论师”（精通论藏的僧人）、“律师”（通晓律藏的僧人）、“三藏法师”（精通经、律、论三藏的僧人），对有高超造诣、崇高地位的著名僧人则称为“大师”，对德行高的僧人尊称为“高僧”。一般佛门弟子依受戒律等级的不同，可分为出家五众和在家两众。

在与佛教徒交往时应注意使用尊称，僧尼出家后一律姓释，由师父赐予法名，受戒时，由戒师赐戒名，因此，问僧尼名字时，可问“法师法号”，而不使用“师父尊姓大名”。

（2）法事礼仪

①剃度。

剃度是出家人剃除须发接受戒条的仪式，含有超越生死之意。以前，出家僧尼受戒时，要在头上烫香疤，由于佛制本无此规定，加之东南亚佛教国家僧人受戒也不烫香疤，所以中国佛教协会决定僧人受戒时不必再烫香疤。

②布萨。

布萨意即“清净戒住，常增功德”。教规要求教徒在每月农历初一、十五以及这两日后的八日共举行4次布萨仪式。仪式中教徒应去寺院参拜，检查戒律的执行情况，遵守八戒。

③戒律。

佛教的戒律较多。在家修行的男女应终身遵守五戒，即不杀生、不偷盗、不邪淫、不饮酒、不妄语，并在一定时期守八戒，即在上述五戒外，再加上不眠坐高广华丽大床、不服饰打扮及视听歌舞、不非时食（过午不食）等。但八戒不需要像五戒那样终身受持，而是临时奉行，多则几天、几周，少则一昼夜。

④四威仪。

四威仪指佛教徒的举止行动处处要端庄严肃，不允许有丝毫轻浮，对佛教徒的行、站、坐、卧都有一定的要求，即行如风、站如松、坐如钟、卧如弓。

⑤“合十”“绕佛”与“顶礼”。

“合十”，亦称“合掌”，指十指并拢，两掌对合放在胸前，稍稍低头，佛教徒以“合十”表示对对方的敬意。一般是掌位越高，尊敬程度越深，但不可高过双眼，还礼时要“合十”回敬。如参拜佛祖或拜见高僧时要行跪合十礼，行礼时，右腿跪地，双手合掌于两眉中间。

“绕佛”是指围绕佛按顺时针方向行走，一圈、三圈或百圈、千圈，表示对佛的尊敬。

“顶礼”，俗称“五体投地”，是佛教徒拜佛、拜菩萨最尊敬的礼节。行顶礼时双膝跪下，两肘、两膝和头着地，而后两手掌翻上承尊者之足，出家的教徒对佛像必须行顶礼，表示恭敬至诚。

⑥功课。

在寺庙里，僧尼每日早晚按时诵经念佛为做功课，又称早晚功课。一般寺庙早4时起床，僧尼盥洗完毕，齐集大雄宝殿，恭敬礼佛，念诵忏文称为早课。晚课在下午4时左右念诵忏悔文等。因寺庙在做早晚功课时要撞钟敲鼓，由此产生“晨钟暮鼓”的说法。

（3）饮食

①过午不食。

按照佛制，僧尼每日仅进一餐，后来也有进两餐的，但必须在午前用毕，过午就不能进食，在佛教中为“过午不食戒”。在东南亚一带，僧尼和信徒一日两餐，过了中午不能吃东西，午后只能喝白开水，连牛奶、椰子汁都不可以喝。我国汉族地区因需要自己在田里耕作，体力消耗较大，所以在少数寺庙里开了“过午不食戒”，但晚上所进的食称为“药食”。

②不吃荤腥。

荤食和腥食在佛门中是两个不同的概念。荤专指那些气味浓烈、刺激性强的食品，如葱、蒜、辣椒等，吃了这些东西不利于修行，所以为佛门所禁。腥则指鱼、肉类食品。东南亚国家僧人多信仰小乘佛教，或者到别人家托钵乞食，或是由附近人家轮流送饭，无法挑食，所以无论素食、肉食，只能有什么吃什么。我国大乘佛教的经典中有反对食肉的条文。而汉族僧人是信奉大乘佛教的，所以汉族僧人乃至很多在家居士都不吃肉。在我国蒙、藏地区，僧人虽然也信奉大乘佛教，但由于地处高原，气候寒冷，蔬菜短缺，不食肉无法生存，所以藏传佛教徒一般也食肉。无论食肉与否，大小乘教派都禁忌荤食。

③不喝酒。

对佛教徒来讲有不饮酒的戒律，因为酒后会乱性，不利于修行，故严格禁止。

(4) 非佛教徒与佛教界人士交往礼仪

佛寺被佛教徒视为清净的圣地道场，非佛教徒进入寺庙烧香拜佛参观必须衣冠整洁，赤膊或穿背心、短裤进入都会被视为玷污圣堂、亵渎神灵。在寺庙内要肃静，不得喧哗吵闹、吐痰、吸烟，不能用手指指、戳佛像或摸弄佛像、法器，也不能在佛灯上取火。尊重佛教徒的宗教信仰和风俗习惯，严禁将一切荤腥及其制品带入寺院，以保持寺庙清净。为了尊重佛教徒不杀生的宗教信仰，不得在寺庙附近宰杀生灵。与佛教徒见面时，不能触摸佛教徒的头顶；不能主动与其握手，应双手合十以致敬意，如果对方向你合十致意，你要合十回敬。当寺内举行宗教仪式或做道场时，不能高声喧哗。未经寺内执事人员允许，不可随便进入僧人寮房等地方。交接物品时禁单用左手递拿东西，尤其是食品。

《案　例》

粗心触犯了客人禁忌

某饭店中餐会厅，饭店总经理宴请西藏一位高僧。中午11点，一群人簇拥着西藏高僧步入厅堂，两名服务员上前迎接，引领客人入席，并麻利地做好了餐前服务工作。点菜是预订好的，按照程序依次上菜，一切服务在紧张有序地进行。

食之过半，宾客要求上主食，三鲜水饺很快端上了桌面。在大家的建议下，高僧用筷子夹起一个水饺放入口中品尝，但他很快就吐了出来，面色仍旧温和地问："这是什么馅的?"服务员马上意识到问题的严重性，心里说坏了！事先忘了确认是否是素食。三鲜水饺虽是清真，但仍有虾仁等原料，高僧是不能食用的。忙向高僧道歉："实在对不起，这是我们工作的失误，马上给您换一盘素食水饺。"

服务员马上通知厨房上一盘素食水饺。由于是VIP（重要客人）客人，部门经理也赶来道歉。高僧说："没关系，不知者不为怪。"这次失误虽然很严重，但由于高僧的宽容大度，最终得以顺利解决，但留给服务员的是一个深刻的教训。

9.1.3 佛教主要节日和习俗

(1) 佛诞节

佛诞节又称花节、泼水节、浴佛节，是纪念佛教创始人释迦牟尼诞生的节日。佛教根据佛生时"龙喷香雨浴佛身"的神话传说，在这一天一般要举行法会，以香水灌洗佛像，施舍僧侣或者举行拜佛祭祖、赛龙舟以及互相泼水祝福等活动。因为对佛陀的生日说法不一，所以世界各国佛诞节的时间也不相同，我国汉族地区的佛教徒以农历四月初八为佛诞日；傣族佛教徒则在清明后 10 天举行泼水节；藏族佛教徒以农历四月十五日为"萨噶达瓦节"(佛诞节)。

(2) 成道节

成道节是纪念释迦牟尼成佛的节日。我国汉族地区，每逢农历十二月初八（腊八）要以大米及果物煮粥，称为"腊八粥"供佛，并逐渐演化为腊月初八吃"腊八粥"的民俗。世界各国佛寺及僧众每逢此日都要举行以诵经为中心的纪念活动。

(3) 涅槃节

涅槃节是纪念释迦牟尼逝世之日。相传释迦牟尼 80 岁时在拘尸那迦城结束最后一次传法逝世。由于南北佛教对释迦牟尼逝世年月的说法不一，所以过节的具体日期不尽相同。中国、朝鲜、日本等国的大乘佛教，一般以每年农历二月十五日为涅槃节。每年此日，各佛教寺院都要悬挂佛祖图像，举行涅槃法会，诵《佛遗教经》等。

(4) 盂兰盆节

每逢夏历七月十五。"盂兰"，倒悬的意思，倒悬形容苦厄之状，盆是指盛供品的器皿，"盂兰盆"即"解倒悬"之意，佛教认为供此具可解救已逝去父母、亡亲的倒悬之苦。节日期间，除施斋供僧外，寺院还会举行诵经法会以及举办水陆道场、放灯等宗教活动。

(5) 世界佛陀日

世界佛陀日即"哈舍会节"，又称"维莎迦节"。1954 年"世界佛教徒联谊会"规定，每年公历 5 月间的月圆日为"世界佛陀日"，即把佛的诞辰、戚道、涅槃合并在一起的节日。每到这时，一些佛教盛行的国家举行全国性的大规模庆祝活动。

9.2 基 督 教

9.2.1 基督教概述

基督教是对信奉耶稣基督为救世主之各教派的统称，该教与佛教、伊斯兰教并称为世界三大宗教。基督教发源于犹太教的一个小教派。公元 392 年，狄奥多西一世以罗马帝国的名义正式宣布基督教为国教，基督教得以更广泛的传播，最终成为当代世界信徒最多的宗教。

基督教于 1054 年分成罗马公教和东正教。16 世纪，在罗马公教会内再次分出不承认罗马教皇统治的新教各派，由此形成基督教内罗马公教、基督教新教和东正教三大派。罗马公教亦称天主教，除信仰天主和耶稣基督外，还尊奉耶稣之母玛利亚为圣母。基督新教在我国学术界称为新教，宗教界译为基督教，民间则称为耶稣教。基督新教不承认罗马教皇的权威，不尊圣母玛利亚为神，对基督教义、仪式、教会管理方式做了一些改革，允许教士婚娶。

东正教以君士坦丁堡（今土耳其伊斯坦布尔）为中心，自称“正教”，意为正统教会。信奉上帝、基督和圣母，但不承认罗马教皇有高出其他主教的地位和权力，并允许主教以外的教士婚娶。

基督教在其产生和发展的过程中逐渐传播到欧洲、非洲、美洲、大洋洲，并曾 4 次传入中国。

基督教基本经典是以《旧约全书》（与犹太教经典相同）和《新约全书》两大部分构成的《圣经》。

基督教教义的核心是“三位一体”论，即信仰“圣父”“圣子”“圣灵”三而一的上帝。基督教中崇拜的偶像是上帝（天主）。

9.2.2 基督教礼仪

（1）称谓

基督教信徒之间可称平信徒，指平常、普通的信徒。我国平信徒之间，习惯称“教友”。新教的教徒，可称兄弟姐妹（意为同是上帝的儿女），或称同道（意为共同信奉耶稣所传的道）。

教会神职人员因其教派不同，称谓也不尽相同。天主教最高首领称教皇或教宗，最高级主教称枢机主教（俗称红衣主教），管理一个教省的负责人称大主教，管理一个教区的负责人称主教，管理一个堂区的负责人称神父（司铎）。新教称教区负责人为主教，教堂负责人为牧师。东正教最高首领称牧首，重要城市的主教称都主教，地位低于都主教的称大主教，教堂负责人也有称主教或神父的。基督教三大教派离家进修会的男教徒统称修士，离家进修会的女教徒统称修女。

（2）法事礼仪

①礼拜。

基督教最普遍的崇拜仪式，是在每周星期日举行主日礼拜。主日礼拜一般都在教堂举行，由神职人员主持，内容主要有唱赞美诗、祈祷、诵读《圣经》选段、讲道、祝福等。在礼拜时教堂内常置有奉献箱，或传递收捐袋，信徒可将钱放入其内，作为对上帝的奉献。除每周一次的主日礼拜外，还有圣餐礼拜、追思礼拜、结婚礼拜、安葬礼拜、感恩礼拜等。

②守斋。

天主教规定在耶稣复活节前 40 天为封斋期，教徒在此期内的特定日期守大斋和小斋。大斋日为耶稣受难节和圣诞节前一天，只能吃一顿饱饭，其余两顿要吃半饱或更少。小斋为每星期五，不食肉类。

③圣事。

基督教的某些重视礼仪被称为圣事（天主教、东正教）或圣礼（新教），被认为是耶稣亲自订立，共有 7 项，包括圣洗、圣振（坚信礼）、告解（忏悔礼）、圣体（圣餐礼）、终傅（沐膏礼）、神品（神父受职礼）、婚配（婚礼）。

教会通过圣事严密控制教徒的日常生活，维护本身的威仪。新教一般只承认洗礼和圣餐礼是耶稣亲自设立的圣礼，不承认其他五项为正式的圣礼。

④戒律。

据《圣经》记载，南耶和华所授，并命摩西颁布实施了十条戒律。内容是：不许拜别神，不许制造和崇拜偶像，不许妄称耶和华的名，不许奸淫，不许偷盗，不许作伪证，不许贪恋他人财物，不许杀人，需守安息日为圣日、孝敬父母等。

（3）饮食禁忌

不吃血可以说是基督教信徒生活中一个比较明显的禁忌。不吃血成为《圣经》对基督徒的一种要求。对于大多数中国基督徒而言，因有圣经明训，所以当然视吃血为禁忌。

9.2.3 基督教主要节日和习俗

(1) 圣诞节

圣诞节即基督教纪念耶稣诞生的重要节日，亦称耶稣圣诞瞻礼、主降生节等。耶稣诞生的日期《圣经》中并无记载。公元 336 年罗马教会开始在每年的 12 月 25 日守此节。5 世纪中叶以后，圣诞节作为重要节日，成为教会的传统，并在东西派教会逐渐传开。因各地教会使用的历书不同，具体日期不能统一，于是把 12 月 24 日到第二年的 1 月 6 日定为圣诞节节期，各地教会可以根据当地具体情况在这段节期之内庆祝圣诞节。目前大多数教会公认 12 月 25 日为圣诞节。随着基督教的广泛传播，圣诞节已成为各教派基督徒，甚至广大非基督教徒群众的一个重要节日。在欧美许多国家里，人们非常重视这个节日，把它和新年连在一起，而庆祝活动之热闹与隆重大大超过了新年，成为一个全民的节日。

(2) 复活节

复活节又称“主复活节”或“耶稣复活瞻礼”，是基督教为纪念“耶稣复活”而规定的仅次于圣诞节的重大节日。根据《圣经・新约》记载，耶稣被钉死在十字架后第三天“复活”。基督教徒认为该日为星期日（称“主日”）。公元 325 年尼西亚会议（基督教第一次主教会议）规定，每年春分月圆后的第一个星期日为“复活节”。东正教和一些东方教会由于历法不同，复活节的具体日期与天主教、新教常相差一两个星期。复活节的庆祝方式各个国家和地区有所不同，最普遍的是人们互赠复活彩蛋。

(3) 受难节

受难节即基督教为纪念耶稣受难而规定的节日。按《圣经・新约全书》记载，耶稣是被犹太当局拘捕，送交罗马驻犹太地区总督彼拉多，钉死在十字架上的，基督徒谓之耶稣受难。《圣经》中对此并无明确日期，后来基督教徒声称，耶稣受难的日子是在犹太人“安息日”的前一天，并以此规定每年复活节前的星期五为受难节。

(4) 圣灵降临节

圣灵降临节亦称“圣神降临节”或“降灵节”，是基督教纪念所谓“耶稣门徒领受圣灵”的节日。据《圣经・使徒行传》记载，耶稣“复活”后第 40 日“升天”，第 50 日差遣“圣灵”降临，门徒领受圣灵后开始传教。由此，基督教会规定，每年复活节后第 50 天为圣灵降临节，又称五旬节。

基督教的教堂允许非教徒参观，但先应当尊重对方的意愿，征得同意。进入教堂后，应当脱帽，并且不能大声喧哗，不得妨碍正当的宗教活动。要尊重其宗教信仰自由，不可对其尊崇的上帝基督，以及圣事和教义妄加评论。

9.3 伊斯兰教

伊斯兰教是世界性的宗教之一，与佛教、基督教并称为世界三大宗教。伊斯兰教世界的国家遍布亚、非两个大洲，总体算来大约有 50 个。此外，在各大洲很多国家里都有信仰伊斯兰教的人民（穆斯林）。

9.3.1 伊斯兰教概述

伊斯兰教于 7 世纪初产生于阿拉伯半岛。伊斯兰一词原意为“顺从”，指顺从安拉（中国穆斯林亦称真主）的意志，为穆罕默德所创。

伊斯兰教于唐高宗永徽二年（公元 651 年）传入中国，旧称回教、清真教或天方教等，广泛流传于回族、维吾尔族、哈萨克族、乌孜别克族等 10 多个民族。

伊斯兰教的经典为《古兰经》和《圣训》。《古兰经》是伊斯兰教的根本经典，其信徒认为它是真主降示的天经，同时也是立法、道德规范、思想学说的基础。《圣训》是穆罕默德的言行录，被视为天启的第二来源，是《古兰经》的补充和阐释。

9.3.2 伊斯兰教礼仪

（1）称谓

伊斯兰教信徒称“穆斯林”，其阿拉伯原文的意思为“顺服者”，特指顺服真主旨意的人。伊斯兰教对宗教职业者和具有伊斯兰专业知识者，尊称为“阿訇”（“阿訇”是波斯文的音译）。在我国，新疆地区，称阿訇为“毛拉”（是阿拉伯语的音译）。汉语地区称主持清真寺寺务的阿訇为“教长”或“伊玛目”，年老者尊称为“阿訇老人家”。对于阿訇、教长的夫人、主持清真女寺教务或教学的妇女，可称为“师娘”。对管理事务和办经学教育的穆斯林，称“管寺乡老”“社头”“学董”。一般信徒之间，无论在什么地方，不分职位高低互称兄弟。对在清真寺里求学的学生称“满拉”“海里发”。到麦加朝圣过的穆斯林，都在姓名前冠以“哈吉”的称号，享有较高的威望。

（2）法事礼仪

①净礼。

净礼是穆斯林在礼拜或斋戒前必须遵守的规定，具体指“大净”“小净”和“土净”。每逢主麻日、宗教节日等活动，进行大净被认为是可嘉的行为。

②五功。

每个穆斯林除信仰外还必须履行五项基本功课，中国穆斯林通称为念、礼、斋、课、朝“五功”。这些功课或“五功”既是基本教义和制度，也是神圣义务和职责，体现了对真主独一和全能的承认，被视为伊斯兰教的基础或柱石。

一是念功。原意是“作证”，亦称“信仰的表白”，即口诵“清真言”或“作证”。这是伊斯兰教基本信仰的纲领性表达，是每个穆斯林一生中诵念最多的话。任何人只要接受并当众念诵“清真言”，就可以成为穆斯林。

二是礼拜。穆斯林必须每天朝向麦加克尔白做5次固定时间的礼拜：破晓一次，称晨礼；中午一次，称晌礼；下午一次，称晡礼：日落后一次，称昏礼；夜间一次，称宵礼。每周星期五（主麻日）中午举行公众集体礼拜，称聚礼。每年开斋节和古尔邦节要举行会礼。

三是斋戒。伊斯兰教规定一年中必须斋戒一个月，教历9月称为斋月。在斋月里黎明前吃“封斋饭”，直到日落“开斋饭”，自黎明至日落禁绝所有食物和饮料，戒除抽烟及房事，但年老病弱、途中旅行、怀孕及哺乳的妇女、从事繁重工作者等可不守斋，但应以延缓补斋或施舍的办法罚赎。

四是课功。《古兰经》强调的自愿捐赠的慈善行为，后来由教法规定为“奉主命而定”的宗教赋税，中国伊斯兰教称“天课”，征收的天课，“只归于贫穷者、赤贫者、管理赈务者、心被团结者、无力赎身者、不能还债者、为主道工作者、途中穷困者”。现大部分地区已变成多少带有鼓励性质的自愿捐赠。

五是朝觐。每个穆斯林在身体健康、旅途安全、经济条件许可的条件下，一生至少要去麦加朝觐一次。最初，朝觐相当于阿拉伯民族的宗教节日，后来成为世界穆斯林统一的象征，对伊斯兰教的发展起着重要的作用。

③戒律。

伊斯兰教的戒律在《古兰经》以及《圣训》里都有规定。作为穆斯林只能虔诚信奉安拉一神，不能顺从私欲，不能骄傲自大，不能饮酒和赌博，不能淫乱，不能虐待妇女，禁止高利盘剥，不能撒谎作假见证，不能杀人，不能偷盗等。教徒在去朝觐时要在指定地点履行受戒仪式，淋浴净身，着戒服（两幅无接缝白布，一幅围腰，一幅披肩）。在朝觐期间戒修饰、戒房事、戒争吵、戒流血、戒狩猎和损伤树木等。

④葬仪。

伊斯兰教的穆斯林具有独特的丧葬仪式和习俗。穆斯林去世，忌称死亡，而要称之为“归真”，意思是说人去了天堂，“回归至真主”。一位穆斯林归真后，要为之举行一整套丧葬仪式。

（3）饮食禁忌

伊斯兰教认为，饮食之物有善者有不善者，有洁者有不洁者。穆罕默德曾说过，“一口不洁，废四十日之功”。因此，伊斯兰教对穆斯林的饮食做出了许多具体规定。《古兰经》中明确规定禁食的有：自死物、血液、猪肉及非诵真主之名宰杀的动物。除《古兰经》中明令禁止的饮食外，教法学家还提出了很多禁止食用的动物，历来为穆斯林所遵守。按伊斯兰教规定，酒是严格禁止饮用的。

（4）非伊斯兰教徒与伊斯兰教人士交往礼仪

清真寺是穆斯林举行宗教仪式、传授宗教知识的地方，穆斯林视为圣洁之地，进入寺内，衣着整洁，不能袒胸露臂，不得短衣短裤。与其他宗教寺庙不同的是，非穆斯林不能随便进入清真寺，更不能进入礼拜大殿。不得在清真寺内抽烟、喧哗、歌舞，不得将伊斯兰教禁忌的食物或任何人与动物的偶像带进去。伊斯兰教是严格禁止偶像崇拜的，所以在赠送礼品时，不应送雕塑、画像之类的物品，也不要送洋娃娃给他们的孩子。穆斯林妇女地位较低，在许多国家，一般不外出参加社交活动。出入公共场合与人见面时必须戴上面纱，因此，在与穆斯林的交往中不能主动问候女主人，或向女主人赠送礼品。在穆斯林妇女面前，着装方面应该避免袒胸露臂，穿短衣短裤。伊斯兰教徒很讲究清洁，他们把住处打扫得非常干净，所以到伊斯兰教朋友家里做客，一定要注意整洁，不能将禁食的物品带进去。伊斯兰教禁止喝酒，所以同他们交往，不能以酒相待，也应避免在他们面前饮酒。伊斯兰教规视左手为不洁，宗教界人士尤为重视，切忌用左手给他们拿吃的东西或食具。与伊斯兰教徒交谈，忌用他们禁忌的东西打比喻，也切忌不要谈论他们憎恶的东西。对其禁忌的东西，不可出于好奇而寻根问底，应当充分尊重其风俗习惯。

9.3.3 伊斯兰教主要节日和习俗

（1）圣纪节

圣纪节是纪念穆罕默德诞辰的节日，日期是伊斯兰教历 3 月 12 日，相传穆罕默德也死于 3 月 12 日，因此该日又称为“圣忌日”。圣纪活动具有纪念穆罕默德诞生与逝世的双重意义，庆祝活动一般在清真寺举行，由阿訇诵经、赞圣，讲述穆罕默德的生平业绩等。有的穆斯林炸油香、熬肉粥、邀请亲朋好友聚餐纪念。

（2） 开斋节

开斋节是穆斯林的一个重大节日，始于伊斯兰教纪元第二年，在伊斯兰教历 9 月 29 日或 10 月 1 日。斋戒结束的一天要寻看新月，见月的次日开斋；如未见月，开斋顺延，但一般不超过三天。节日期间，穆斯林前往清真寺参加会礼，听伊玛目宣讲教义；会礼之后，人们走亲访友，互送自己做的节日食品油香、馓子。中国新疆地区称开斋节为“肉孜节”。

（3） 古尔邦节

古尔邦节又称宰牲节、忠孝节，是伊斯兰教盛大节日，在伊斯兰教历 12 月 10 日这天，穆斯林举行会礼，宰牲献主。古尔邦节亦是伊斯兰教朝觐仪式之一。

（4） 阿舒拉节

阿舒拉节又称阿舒拉日，在伊斯兰教历 1 月 10 日，传说是古代许多先知得救之日。穆罕默德迁徙麦地那后，定该日为斋戒日，后改为自愿斋戒日。公元 680 年的阿舒拉日，第三代伊玛目侯赛因在卡尔巴拉殉教，遂被什叶派穆斯林定此日为蒙难日和哀悼日。纪念活动隆重悲壮，是什叶派的最大节日。

（5） 盖德尔夜

盖德尔夜，意即高贵之夜或平安之夜，时间是伊斯兰教历 9 月，即斋月的第 27 夜。据说该夜为真主始降《古兰经》启示之夜，在该夜的一件善行胜过平时的 1000 个夜。故伊斯兰教鼓励信徒在此夜多行善功，以期获得安拉的千倍厚赏。该夜，清真寺张灯结彩，举行礼拜、诵经、赞主、赞圣、发表劝善演说等。

（6） 拜拉特夜

拜拉特夜，意即“赦免之夜”，在伊斯兰教历每年的 8 月 15 日，传说真主在该夜大开饶恕、怜悯之门，凡忏悔补过者得获赦免，故又称恕罪夜、超脱夜。穆斯林多在白天封斋，夜晚诵经、礼拜、祈祷、施舍，以求真主恩赐和赦罪。

9.4 道　教

道教是中国土生土长的宗教，创立于东汉。道教是以“道”作为最高信仰，奉老子为教主，以老子的《道德经》为主要经典，追求修炼成为神仙的一种宗教。

9.4.1 道教概述

道教形成于东汉时期，绵延至今已 2000 多年。道教起源于民间，派系众多，经唐、宋两代发展，金元时期，全真道兴起，道教形成“全真道”和“正一道”两大教派。道教不仅为广大民众所信奉，而且渗入统治阶层，一度为封建皇帝、达官贵人所器重。唐代以后，道教还远渡重洋，流传于朝鲜、日本、越南和东南亚一带，道教经籍也远传欧美，影响深远。

道教的经典是《道藏》，道书之正式结集成“藏”，始于唐开元（713—741 年）。此后宋、金、元、明诸朝皆曾编修《道藏》。清代编有《道藏辑要》。当代编有《藏外道书》《敦煌道藏》《中华道藏》。

“道”是道教徒信仰的主体，道教的全部信仰和修行都是以“道”为核心的，概括起来，主要有四个方面：“道”是宇宙万物的原动力，造化之根；“道”是神明之本，由三元之气化为三清，聚形为太上老君；“道”有最伟大的德行，它以虚无为体、清静为宗、柔弱为用，无为不争；“道”真常永恒、无生无灭，无时不在，无处不有，长存于天地间。道教的偶像为：尊神、神仙、护法神符将。

9.4.2 道教礼仪

（1）法事礼仪

①诵经。

诵经是道教的主要宗教活动。道士每天在早晚各诵经一次，称早晚功课。早诵清净经，晚诵救苦经。

②道场。

道场是一种为善男信女祈福、消灾、超度亡灵而设坛祭祷神灵的宗教活动，称为斋醮道场，即供斋醮神，借以求福免灾。道教的斋醮道场分为祈祥道场和度亡道场。

③上殿。

道士上殿，必须穿戴整洁、禁止谈笑，并要保持殿宇整洁。道士在道观内的饮食、起居和作息，均须按各道观内的清规执行。如饭前念“供养经”，吃饭时不准讲话，碗筷不要有响声，饭后念“结斋经”等。

④戒律。

道教的戒律主要是“三皈五戒”。“三皈”即皈道、皈经、皈师，其作用是皈依道，常侍天尊，永脱轮回；皈依经，生生世世，得闻正法；皈依师，学以上乘，不入邪念。“五戒”是：一不杀生，二不偷盗，三不邪淫，四不妄语，五不酒肉。

(2) 称谓

对道教教徒，一般可尊称为“道长”“道人”，女道士则可称为“道姑”“仙姑”。因道士所戴束发之冠，一般用金属或木类制成，其色尚黄，故道士又称“黄冠”，又因道士多有求飞升天成仙，而羽含有飞升之意，故道士又称为“羽士”“羽客”“羽衣”等。因唐代出家的女道士戴黄冠，而古代的女子不戴冠，戴冠者必为女道士，故女道士又称为“女冠”，偶有称“女黄冠”。此外，还可以根据其职务称其为法师、炼师、宗师、监院、知客等，也可在其职务前冠以姓氏。

(3) 饮食禁忌

道教主要分为正一和全真两大派别。全真道士茹素吃斋，入全真道观决不能夹带荤菜。正一道士平日可以吃荤，唯逢斋日必须吃素，因此，在香期内入正一道观，也不能带入荤菜。

(4) 非道教与道教界人士交往须注意的礼俗

道教中信奉全真派的道士必须出家，饮食禁荤；信奉正一派的道士一般不出家，如同常人一样吃荤娶妻，俗称“火居道士”或“俗家道士”。同道教界人士交往，先要弄清对方是哪一派，免得发生差错。

道士在与同道或与外客的接触中，习惯于双方擎拳胸前，以拱手作揖为礼，向对方问好致敬，这是道教相沿至今的一种古朴、诚挚、相互尊重和表示友谊的礼节。与道教界人士交往时，也应双手擎拳于胸前，以拱手作揖为礼，向对方致意问好。

9.4.3 道教主要节日和习俗

(1) 老君圣诞

老君圣诞是纪念老子的诞生日。老子的生卒年月已不可考，后世道教关于老子传记的书，如《犹龙传》《混元》《太上老君年谱要略》等，都说老子生于殷武丁九年二月十五日。后世道教就于每年此日做道场，诵《道德经》以示纪念。

(2) 玉帝圣诞

玉皇圣诞是纪念道教所奉玉皇大帝的诞生日。据传玉皇生于丙午年正月初九日（见

《道藏辑要》和《续道藏》)。后世道观于每年此日举行祭祀,以示纪念。

(3)蟠桃会

蟠桃为古代神话中的仙桃。相传夏历三月三日为西王母诞辰,此日西王母以蟠桃大开盛会,宴请诸仙,诸仙从四方赶来为她祝寿。后世道教于每年此日举行盛会,俗称蟠桃会。

(4)吕祖诞辰

吕祖诞辰是纪念八仙之一吕洞宾的诞生日。相传唐贞观十四年四月十四日巳时,众见一白鹤,自天而降,飞入吕母房中。时吕母正寐,亦梦此,惊觉,随即吕洞宾降生。后世道观于此日举行斋醮,以示纪念。

内容小结

佛教、基督教、伊斯兰教并称世界三大宗教,道教为我国的本土宗教。本项目对我国的四大宗教的产生和发展,以及其教义、经典、供奉对象和主要节日做了详尽的介绍。重点介绍了三大宗教的礼仪规范,尤其是非教徒在与信教人士交往时应注意的礼仪要求。通过对本章的学习将使学生们对宗教有更进一步的认识。

☞ 课后思考

1. 简述佛教徒的饮食禁忌。
2. 非佛教教徒与佛教界人士交往需注意哪些礼仪?
3. 简述基督教的称谓。
4. 简述伊斯兰教的主要节日。

☞ 实训项目

模拟接待宗教客人

训练要求:

(1)熟悉掌握我国四大教礼仪及禁忌。

(2)全班4人一组进行分组,抽签(佛教、基督教、伊斯兰教、道教)决定选择的宗教种类。

(3) 分小组自编、自导、自演餐厅接待礼仪情景剧。

(4) 其他各小组为该小组的表演进行评议并打分。

参 考 文 献

[1] 孙素，陈萍. 旅游服务礼仪 [M]. 北京：北京理工大学出版社，2010.

[2] 李嘉珊，刘俊伟. 旅游接待礼仪 [M]. 北京：中国人民大学出版社，2006.

[3] 姜红，侯新冬. 商务礼仪 [M]. 上海：复旦大学出版社，2011.

[4] 陈刚平，周晓梅. 旅游社交礼仪（第 2 版）[M]. 北京：旅游教育出版社，2003.

[5] 李欣. 旅游礼仪教程 [M]. 上海：上海交通大学出版社，2004.

[6] 陆永庆，王春林，郑旭华，斯惠文. 旅游交际礼仪 [M]. 大连：东北财经大学出版社，2004.

[7] 徐兆寿. 旅游服务礼仪 [M]. 北京：北京大学出版社，2013.

[8] 国家旅游局人事劳动教育司. 旅游服务礼貌礼节 [M]. 北京：旅游教育出版社，1999.

[9] 李妍. 酒店服务礼仪 [M]. 北京：中国人民大学出版社，2019.

[10] 孙乐中. 导游实用礼仪 [M]. 北京：中国旅游出版社，2005.

[11] 金正昆. 接待礼仪 [M]. 北京：中国人民大学出版社，2009.

[12] 吴新红，董洪莲. 旅游服务礼仪 [M]. 北京：清华大学出版社，2013.

[13] 陈丽荣. 旅游接待礼仪 [M]. 北京：人民邮电出版社，2010.

[14] 王明景. 旅游服务礼仪 [M]. 北京：科学出版社，2011.

[15] 吴新红. 实用礼仪教程 [M]. 北京：化学工业出版社，2011.

[16] 朱彩云. 旅游服务礼仪 [M]. 郑州：郑州大学出版社，2012.

[17] “会展策划与实务”岗位资格考试系列教材编委会. 会展礼仪 [M]. 北京：旅游教育出版社，2007.

[18] 钟敬文. 中国礼仪全书 [M]. 合肥：安徽科学技术出版社，2000.

[19] 邹昌林. 中国礼文化 [M]. 北京：社会科学文献出版社，2000.

[20] 李旭香，刘军华. 旅游服务礼仪 [M]. 北京：北京师范大学出版社，2011.